普通高等教育土建学科专业"十五"规划教材
高等学校工程管理专业规划教材

建设项目投资决策理论与方法

刘晓君　编著

中国建筑工业出版社

图书在版编目（CIP）数据

建设项目投资决策理论与方法/刘晓君编著. —北京：
中国建筑工业出版社，2009
普通高等教育土建学科专业"十五"规划教材
高等学校工程管理专业规划教材
ISBN 978-7-112-10789-6

Ⅰ. 建… Ⅱ. 刘… Ⅲ. 基本建设投资-经济决策-高等学校-教材 Ⅳ. F282

中国版本图书馆 CIP 数据核字（2009）第 031426 号

本书系统介绍了建设项目投资决策理论与方法及其应用。主要内容包括：建设项目投资决策前提，建设项目的提出与规划，建设项目系统分析及关键问题的确定，建设项目实施方案的产生，建设项目现金流量的确定，建设项目融资决策，建设项目经济评价，建设项目多目标决策，建设项目不确定性与风险分析，建设项目多主体决策等内容。本书遵循的主导思想是：将问题提出、环境分析和投资主体行为模拟贯穿于决策过程的始终，让决策技能和方法为在特定环境下解决关键问题的个性化决策主体服务。形成了问题导向、环境依赖、方法支持、过程控制、风险分担的建设项目投资决策模式。本书配有较多案例，便于读者理论联系实际理解相关内容。

本书适宜用作管理科学与工程、工程管理、项目管理等专业的研究生教材，同时还可作为高级工程技术人员、工程管理人员和经济管理人员的参考书。

* * *

责任编辑：张　晶
责任设计：董建平
责任校对：安　东　孟　楠

普通高等教育土建学科专业"十五"规划教材
高等学校工程管理专业规划教材
建设项目投资决策理论与方法
刘晓君　编著
*
中国建筑工业出版社出版、发行（北京西郊百万庄）
各地新华书店、建筑书店经销
北京红光制版公司制版
廊坊市海涛印刷有限公司印刷
*
开本：787×1092 毫米　1/16　印张：12¼　字数：298 千字
2009 年 7 月第一版　2015 年 8 月第四次印刷
定价：22.00 元
ISBN 978-7-112-10789-6
（18042）

版权所有　翻印必究
如有印装质量问题，可寄本社退换
（邮政编码 100037）

前　言

新中国成立59年来，我国对国民经济特别是对基础产业、基础设施、支柱产业以及社会事业等各个方面开展了全方位、多层次、大规模的投资建设，取得了举世瞩目的辉煌成就。2007年，中国国内生产总值达到24.66万亿，经济总量已跃升到世界的第四位。基础设施明显改善，仅2002～2007年的5年间就新增电力装机容量3.5亿kW，是1950～2002年的53年间中国电力增加容量的总和；新增公路19.2万km，其中高速公路2.8万km，新增铁路运营里程6100km，建成万吨级以上泊位568个，西部地区基础设施和生态环境建设也取得了明显进展。

21世纪对于中国人来说充满着希望与梦想，党的十七次全国代表大会描述了中华民族伟大复兴的宏伟蓝图，提出了全面建设小康社会新的更高的要求。在科学技术快速进步，尤其是高新技术突飞猛进，世界经济一体化的背景下，建设项目投资领域也正处在巨大的发展和变化之中，对高素质建设项目投资决策人才的需求也会不断增多，加强建设项目投资决策方面的专业教育是满足这一需求的重要措施。

本人从事建设项目投资决策方面的教学、科研及社会实践已有26年，给研究生主讲"建设项目投资决策理论与方法"课程也有13个年头。本书融入了自己对建设项目投资决策的咨询经验、诸多思考和研究体会，参考了不少国内外近年来的著作和文献，借鉴了著名管理大师的经典之作，试图对建设项目投资决策问题进行比较系统的论述。

本书编撰的主导思想是：将问题提出、环境分析和投资主体行为模拟贯穿于决策过程的始终，让决策技能和方法为在特定环境下解决关键问题的个性化决策主体服务，形成体现问题导向、环境依赖、方法支持、过程控制、风险分担的建设项目投资决策模式。

西安建筑科技大学管理学院研究生任志胜、李玲燕、颜维成、杨继先、冯菲、赵文兵、张兆良、孙海林、董红亮、霍现涛等同学为本书的出版作了许多有益的工作，在此一并表示谢意。

本书成稿虽历经数载，但面对收益与风险并存、成功与失败同在、复杂多变的投资环境，自己仍不免诚惶诚恐。本书不足之处如能得到读者的指正和赐教，将不胜感激。

目　　录

第一章　导论
- 第一节　建设项目投资 1
- 第二节　建设项目投资决策 4
- 第三节　建设项目投资决策程序 7
- 第四节　建设项目投资决策理论体系 9
- 思考题 11

第二章　建设项目投资决策前提
- 第一节　建设项目投资决策的事实前提 12
- 第二节　建设项目投资决策的价值前提 21
- 思考题 27

第三章　建设项目的提出和规划
- 第一节　政府投资主体建设项目的提出 28
- 第二节　企业投资主体建设项目的提出 29
- 第三节　非营利组织建设项目的提出 32
- 第四节　建设项目的规划部署 35
- 思考题 38

第四章　建设项目系统分析
- 第一节　建设项目系统结构分析 39
- 第二节　建设项目系统动力学分析 42
- 第三节　建设项目的多维综合研究 50
- 思考题 54

第五章　建设项目实施方案的产生
- 第一节　项目与方案的关系 55
- 第二节　战略规划方案的产生 56
- 第三节　建设实施方案的产生 57
- 思考题 61

第六章　建设项目现金流量的确定
- 第一节　现金流量及其分类 62
- 第二节　建设项目的现金流量 63
- 第三节　建设投资估算 65
- 第四节　估算营业收入的市场调查法 71
- 第五节　估算营业收入的市场预测法 78
- 第六节　无形产品或服务现金流量的估算 84

思考题 ··· 88
第七章　建设项目融资决策 ··· 89
　　第一节　融资主体及其融资方式 ·· 89
　　第二节　既有法人内部融资 ·· 91
　　第三节　项目资本金的融通 ·· 92
　　第四节　项目债务资金的融通 ·· 94
　　第五节　项目融资 ··· 103
　　第六节　融资方案分析 ·· 107
　　思考题 ··· 112
第八章　建设项目经济评价 ··· 113
　　第一节　建设项目财务评价 ·· 113
　　第二节　建设项目国民经济评价 ·· 120
　　思考题 ··· 125
第九章　建设项目多目标决策 ··· 126
　　第一节　问题的提出 ·· 126
　　第二节　多目标决策的特征 ·· 127
　　第三节　指标值规范方法 ·· 129
　　第四节　权重系数确定方法 ·· 130
　　第五节　多目标综合决策准则 ·· 133
　　思考题 ··· 135
第十章　建设项目不确定性与风险分析 ··· 136
　　第一节　不确定性与风险 ·· 136
　　第二节　建设项目不确定性分析 ·· 139
　　第三节　建设项目风险分析 ·· 145
　　思考题 ··· 158
第十一章　建设项目多主体决策 ··· 159
　　第一节　建设项目博弈决策 ·· 159
　　第二节　建设项目组织决策 ·· 162
　　第三节　建设项目社会决策 ·· 163
　　思考题 ··· 165
附录Ⅰ　案例 ·· 166
　　案例一　崇明岛东滩生态城建设规划 ··· 166
　　案例二　迪拜棕榈岛项目的提出 ·· 171
　　案例三　苏通大桥关键性技术难题及其对策 ··································· 174
　　案例四　三峡工程实施方案的制定 ·· 176
　　案例五　北京地铁四号线项目融资方案 ··· 178
　　案例六　风险导致铱星陨落 ·· 179
　　案例七　未能分担的风险击垮大博电厂 ··· 181
附录Ⅱ　附表 ·· 183

目录

标准正态分布表 ……………………………………………………………… 183
随机数表 …………………………………………………………………… 185
随机正态偏差表 …………………………………………………………… 186
参考文献 ………………………………………………………………… 187

第一章 导 论

【本章导读】 本章旨在让读者对全书内容有一个总体把握，为后续内容的学习奠定基础。主要内容包括：建设项目投资决策的基本概念；建设项目投资决策的类型；建设项目投资决策的基本程序；建设项目投资决策的方法论。

第一节 建设项目投资

一、投资的概念

投资（Investment），是投资人（政府、企业、非营利机构或个人）根据详尽的分析，在确信本金安全和回报满意的情况下，垫付目前所拥有的金钱或资源，以换取未来的利益的活动。投资活动主要表现出主体多元化、目的广泛性、结果不确定的特征。

投资包括直接投资和间接投资。

直接投资，系指对厂房、机械设备、交通工具、通信、土地或土地使用权等各种有形资产的投资和对专利、商标、咨询服务等无形资产的投资活动。

间接投资，系指投资者以其资本购买公司债券、金融债券或公司股票等各种有价证券，以期获取一定收益的活动，由于其投资形式主要是购买各种各样的有价证券，因此间接投资也被称为有价证券（Securities）投资。

二、建设项目投资的概念

建设项目投资属于直接投资的范畴，且有广义和狭义之分。

广义的建设项目投资，系指项目法人（Project Company）受项目主办方（Project Sponsor）委托，通过形成综合生产或服务能力获取投资效益，而垫付资本或其他资源于某工程建设项目的活动。这里的项目法人通常是一个确定的法律实体，它是为了项目的建设和满足市场需求而建立的自主经营、自负盈亏的经营实体；项目主办方又称项目发起人，是项目公司的投资者，是股东，项目主办方投入的资本金形成项目公司的权益，现代社会项目发起人可大致分为四大类：企业、政府、非营利机构及个人；投资效益包括财务、经济、社会、环境等四个方面。

狭义的建设项目投资，一般是指进行某项工程建设花费的全部费用。

本书内容是以广义建设项目投资为基础展开论述，其中也涉及狭义建设项目投资的内容。

三、建设项目投资的要素

建设项目投资包含四大要素：投资主体、投资项目、投资环境以及投资收益。

1. 投资主体

投资主体是指垫付权益资本、承担投资风险和还贷风险、享受直接投资收益的项目法人和项目主办方（项目发起人或项目投资者）。项目法人包括新设法人和既有法人。新设法人是指建设项目所需资金来源于项目公司股东投入的资金和项目公司承担的债务资金。既有法人是指建设项目所需资金来源于原有既有法人内部融资、新增资本和新增债务资金。

2. 投资项目

投资项目是建设项目法人实现既定设想的载体。由于不同类型投资主体的目标存在着明显差异，因而其选择投资项目的类别也不同。如政府目标一般通过提供社会服务来改善环境，包括：社会经济的可持续发展、就业水平的提高、法制的建立健全、社会安定、币值稳定、环境保护、经济结构的改善、收入分配公平等，因此政府投资项目主要是基础性项目和公益性项目。企业的目标以实现利润为主，包括：利润最大化、市场占有率、应变能力和品牌效应等，因此企业投资项目主要是竞争性项目。

3. 投资环境

投资环境是指影响投资的客观条件，它包括经济体制、政治体制、法律制度、诚信道德、传统文化、精神文明、国际一体化、金融服务、市场进入与退出条件以及劳动力市场弹性等社会政治经济条件组成的投资软环境；也包括自然地理条件、交通运输、邮电通信、供水供电等物质技术条件组成的投资硬环境。投资环境是可以改变的，设施不断完善、环境日益优美、社会和谐安定的投资环境，能有效提高投资效果，增加对投资的吸引力，是促进区域经济发展的先决条件。

当然，建设项目投资在一定的时空中也受到自然、技术、经济等方面的制约，自然条件决定了投资的客观物质基础，技术、经济条件显示投资活动成果的价值。建设项目投资固然必须要遵循自然环境中的各种规律，只有这样才能赋予物品或服务使用价值。但是，物品或服务的价值取决于它带给人们的效用，效用大小往往要用人们愿意为此付出的货币数量来衡量。无论技术系统的设计多么精良，如果生产出的物品或提供的服务不受市场上消费者的青睐，或者成本太高，这样的建设项目投资效益就会很低。

4. 投资效益

投资效益是指投资活动所取得的成果与所占用或消耗的投资之间的对比关系。投资效益包括财务效益（微观经济效益）、国民经济效益（宏观经济效益）和社会效益。

投资的财务效益，是指投资项目的投入与产出相比较，能否获得预期的盈利，是从投资主体的角度衡量投资活动是否值得。投资的国民经济效益，是指投资项目对国民经济有效增长、结构优化的贡献。投资的社会效益，是指投资项目的建设和运行对社会发展、资源、生态、环境、就业、分配等方面带来的影响。

一项投资活动的财务效益、国民经济效益和社会效益有时会是冲突和对立的。例如对一个经济欠发达地区进行开发和建设，如果只进行低水平的资源消耗类生产，就有可能在取得企业财务效益的同时，造成严重的环境污染和生态平衡的破坏。

人类社会的一个基本任务，就是要根据对客观世界运动变化规律的认识，对自身的活动进行有效的规划、组织、协调和控制，最大限度地提高投资活动的收益水平，降低或消除负面影响，而这正是建设项目投资决策的主要任务。

四、建设项目的特点

建设项目作为一个系统，它与一般的系统相比具有以下明显的特点：

1. 一次性建设

每个建设项目都有其特定的用途、功能、规模，每个建设项目的内容和实物形态都有其差异性，每项工程的结构、空间分割、设备配置和内外装饰都有不同的要求，常常没有完全可以照搬的先例，将来也不会再有相同环境下的完全重复。这是建设项目与其他重复操作、运行工作的最大区别。有些项目即使所提供的产品和服务是类似的，但它们的地点和时间、内部和外部环境、自然和社会条件都会有所差别，同样的建设项目处于不同的地区，其产品市场需求、消费者偏好、人工、材料、机械等投入物的消耗也有差异。因此建设项目投资过程总具有自身的独特性，另外类似的项目产品和服务总是在不断地更新和完善，所以项目建设是一种富有创造性和挑战性的工作任务。

2. 建设目标明确

建设项目必须有明确的目标，目标的涵义不仅指工期、质量、进度等刚性目标，也包括产品销路、企业核心竞争力、企业技术创新和组织创新能力等柔性目标，还包括污染物达标排放等其他需要满足的约束条件。当然，在建设过程中目标也允许修改。不过，一旦建设项目目标发生实质性的变动，它就有可能不再是原来的项目，而将产生一个新的项目。

3. 投资数额巨大

建设项目可以是矿山、油气田的开发，也可以是钢铁、石油、化工等大型联合企业的建设，大型设备的引进和制造，运输网络的规划和建设等。这些建设项目规模庞大，投资数额巨大，动辄上千万，数十亿。建设项目投资数额巨大的特点使它关系到国家、行业或地区的重大经济利益，对国计民生也会产生重大的影响。

4. 建设周期较长

建设项目全寿命周期的延续时间较长，一般由决策阶段、实施阶段和运营阶段组成，各阶段的工作任务和工作目标不同，其参与或涉及的单位也不相同。

5. 内部结构复杂

建设项目是由多个相互制约和相互影响的子系统有机结合的整体。要使系统效益全面发挥，必须全部完成各子项目和相应的配套工程。例如，在确定工程项目总投资时，需分别计算分部工程投资、分项工程投资、单位工程投资、单项工程投资，最后才形成建设项目总投资。建设项目是按照一个总体设计进行建设的各个单项工程汇集的总体。单项工程是具有独立的设计文件、竣工后可以独立发挥生产能力或工程效益的工程。各单项工程又可分解为各个能独立施工的单位工程。考虑到组成单位工程的各部分是由不同工人用不同工具和材料完成的，又可以把单位工程进一步分解为分部工程。最后还可按照不同的施工方法、构造及规格把分部工程更细致地分解为分项工程。

6. 外部影响广泛

由于建设项目规模庞大，大型建设项目与政治、经济、社会和生态系统等自然环境和社会经济环境之间的相互影响也较大，从这一点来看，建设项目往往不只是一个自然的物理系统，而是一个物理系统和事理系统的综合体。同时，每个建设项目从立项到竣工都有一个较长的建设期，在此期间会出现一些不可预料的变化因素对建设项目产生影响。如国家利率、汇率调整，重大技术创新导致替代产品的出现，原材料涨价引起的国内外市场行情突变，设备、材料、人工价格变化等。

7. 后果不可挽回

建设项目不像其他事情可以试做，不成功可以重来。建设项目规模庞大、结构复杂、涉及面广、影响深远，建设风险大，而且非常集中，稍有疏忽，就会造成难以弥补的损失。因此决策人员必须精心的设计，精心的制作和精心的控制，随时进行动态跟踪、调整，以达到预期的目标。

8. 项目组织开放

一个建设项目的任务往往由多个单位共同完成，它们之间多数不是固定的合作关系，且利益不尽相同，甚至相对立。因此项目建设过程中潜伏着各种不和谐的风险，必须动员各种优质资源，精心组织。建设项目开始时要从系统内外聘请得力人员组建项目部，建设前期、设计、施工过程中项目部人员的数量、专业、职能会根据需要不断变化。参与项目建设的组织往往有多个，几十个，甚至上百个，它们通过合同、协议以及其他的社会联系组合在一起。项目组织没有严格的边界，或者说边界是弹性的、模糊的和开放的。这是与一般企业事业单位组织的显著区别。

建设项目的以上特点使建设项目决策的难度和压力大大增加，也说明了掌握建设项目投资决策理论和方法的必要性和重要性。

第二节　建设项目投资决策

一、决策的概念和特点

1. 决策的概念

对决策概念的界定有很多种，归纳起来，基本有以下三种理解：一是人们为实现特定目标，根据客观可能性，在一定量的信息和经验的基础上，借助一定的工具、技巧和方法，对影响目标实现的诸因素进行分析，进而提出问题、确立目标、设计和选择方案的过程，这是广义的理解。二是把决策看作是从几种备选的行动方案中作出最终抉择，是决策者的拍板定案，这是狭义的理解。三是认为决策是对不确定条件下发生的偶发事件所做的处理决定，这类事件既无先例，又没有可遵循的规律，做出选择要冒一定的风险。也就是说，只有冒一定风险的选择才是决策。这是对决策概念最狭义的理解。

决策是一个被广泛使用的概念，每一个人、营利组织、非营利组织或政府机构都离不开决策。个人决策关系到个人成败得失，组织决策关系到组织生死存亡，国家决策关系到国家的兴衰荣辱。

2. 决策的要素

决策通常要涉及以下五个构成要素：

（1）决策主体。决策主体分为分析人员和决断人员两类。分析人员可以是系统内部的人员，也可以是接受委托的系统外部人员，他们在决策过程中承担提出问题、系统优化和评价方案的任务。决断人员往往是系统组织中的领导者，他们在决策分析过程中能够也必须进行最后的拍板定案。

（2）决策目标。决策目标是决策主体综合考虑客观环境和内部资源而确定的希望达到的目标，决策是围绕着目标展开的，决策的开端是确定目标，终端是实现目标。决策必须至少有一个希望达到的目标。

（3）决策方案。决策必须至少有两个为达到的目标而制定备选方案。备选方案可以是只有约束条件的控制性规划方案，也可以是具体明确的设计方案、实施方案或运营方案。

（4）自然状态。自然状态也称结局，每个决策中的备选方案实施后可能发生一个或几个可能的结局，如果每个方案都只有一个结局，就称为"确定性"决策；如果每个方案至少产生两个以上可能的结局，就称为"风险型"决策或"不确定性"决策。

（5）效用。每个方案各个结局的价值评估值称为效用。通过各个方案效用值的大小可以评估方案的优劣。

3. 决策的特点

（1）不确定性。任何一项决策都是面向未来的，都存在一定的不确定性。事实上，决策的后果完全符合预期情况的很少，总是或多或少地偏离原先期望，甚至截然相反，这就要求决策者必须具有较强的洞察力和前瞻性，深谋远虑，高瞻远瞩，并能正确认识和对待决策后果与预期目标的偏差。

（2）追求成功率。技术问题往往允许进行大量试验，可以经历数百次的失败，但只要最后成功就是胜利。而决策特别是战略决策多属一次性的活动，失败有可能导致难以逆转的严重后果。这就要求决策者必须学习科学决策的基本理论，掌握并正确应用科学决策的方法和技术，不断总结经验，改善决策质量。

二、决策的分类

由于经济社会活动非常复杂，因而，决策也具有不同的类型。

1. 按决策的作用分类

（1）战略决策。是涉及组织生存与发展的全局性、长远性重大方案的论证和选择，如新项目的建设、新产品的研制和新市场的开发等。战略决策具有的特点是：一般都是系统顶层管理部门的重大决策；常涉及系统内复杂关系的处理；决策问题一般都具有半结构化或非结构化的特征；决策的水平高低与高层管理人员的素质关系密切。

（2）管理决策。为保证组织总体战略目标的实现而解决局部问题的策略决策，由中层管理人员作出。如新建钢铁联合企业中厂区道路系统的设计、工艺方案和设备的选择。

（3）业务决策。是指基层管理人员根据管理决策的要求为解决日常工作和作业任务中的问题所作的执行决策。如生产中产品合格标准的抉择，日常生产调度的决策等。

本书内容是以战略决策为研究对象，其中也会涉及管理决策和业务决策的内容。

2. 按决策的结局分类

按决策过程中自然状态的多少及信息条件的充分程度分为确定决策、风险决策和不确定决策。

（1）确定决策是指那些自然状态唯一确定，有精确、可靠的数据资料支持的决策问题。

（2）风险决策是指那些具有多种自然状态，且能得到各种自然状态发生的概率但难以获得充分可靠信息的决策问题。

（3）不确定决策是指那些难以获得多种自然状态发生的概率，甚至对未来状态都难以把握的决策问题。

现实的战略决策，一般都属于风险决策和不确定决策，确定决策只能存在于某些假设下作为风险和不确定分析的基础，或存在于管理决策和业务决策中。

3. 按决策目标性质分类

(1) 刚性决策。决策过程中，如果目标是可以用货币、时间、技术标准等定量描述的，就称之为刚性决策。刚性决策也可以被认为是以客观信息为基础，理智的、定量的、目标明确的结构化决策。柔性决策也可能被认为是以主观经验为基础，感性的、整体的、目标模糊的非结构化或半结构化决策。

(2) 柔性决策。如果决策目标是管理效率、生态环境、人文精神等，难以用金钱量化，就称之为柔性决策。当然在一个决策过程中，可以既包括刚性决策，又包括柔性决策。

4. 按决策主体的多少分类

(1) 个体决策。决策过程中，如果只考虑一个主体的目标和策略，则称为个体决策；

(2) 博弈决策。如果同时考虑两个主体的目标和战略，则称为博弈决策；

(3) 群体决策。如果同时考虑多个主体的目标和策略，则称为群体决策。

5. 按决策过程的连续性分类

(1) 单项决策。指整个决策过程只作一次决策就得到结果，通常指重大的战略决策。

(2) 全程决策。指整体决策由一系列决策组成，通常指策略型的管理决策，因为管理活动是由一系列决策组成的。但在这系列决策中，往往有几个关键环节要做决策，每一关键环节的决策可分别被看成是单项决策。

三、建设项目投资决策的特征

建设项目投资决策，指建设项目投资主体根据客观需要和主观认识，借助系统评价和分析的理论、方法和工具，对获取的信息进行科学的分析和梳理，为建设项目科学决策和实现既定目标提供依据和建议。投资决策具有以下特征：

(1) 属于上层管理部门的战略决策。上层管理部门不仅是中央、省、市等领导部门，而是指任何系统的上层管理部门。一个企业、一个学校以及任何一个单位的战略决策可以很多，但建设项目几乎毫不例外地都被作为战略决策，因为这涉及该单位的未来生存和发展的方针和谋划。

(2) 具有全局性和长远性影响。由于建设项目投资决策解决的问题都是涉及系统全局性发展的重大问题，常常反映了系统一定时期要达到的主要目的和目标及所要采取的步骤和措施。所以其后果必将会影响系统全局的发展或系统一个较长时期的发展。

(3) 涉及系统内复杂的组织关系的处理。建设项目投资决策一般都涉及到系统内多个部门和方面的利害关系。如三峡工程决策必须处理好上下游两个地区间的矛盾关系以及航运、发电、防洪、旅游等方面的矛盾关系。所以建设项目投资决策过程不仅贯穿于本部门的活动中，而且必然受到其他部门或政治力量的制约和干预，常常不得不利用一些政治和外交手段去处理大量复杂的组织关系问题。

(4) 一般都是半结构化或非结构化的决策问题。建设项目投资决策中要考虑的大量因素中，除极少数的可以定量分析外，大多数都包含政治、权力、情感及决策者个性和素质等因素的影响，使这些问题无法结构化为规范性的问题去求解。这是建设项目投资决策区别于日常决策最显著的方面。

(5) 决策结果与分析人的因素关系密切。日常决策可以按照经验、惯例、固定的程序和方法进行，即使决策者素质不高，决策也不会出现大问题。建设项目投资决策由于其影响重大，涉及许多组织、行为和心理因素，而且很难结构化，故其决策的质量很大程度上依赖于决策分析人员和决策者的素质。这就要求决策分析人员具有敏锐的洞察和谋划能力，决策者要有开拓精神、创新意识和善断能力。

四、建设项目投资决策及其必要性

世界上任何一个国家在经济腾飞过程中，都必须兴建一大批建设项目，才能构成独立、系统的、有特色的国民经济体系。例如，我国从 1950 年至 1998 年，累计完成基本建设投资 72112 亿元，更新改造投资 32466 亿元，建成投产的基本建设项目 120 多万个，其中大中型项目约 6200 个。

建设项目投资的后果可分为两类，一类是对国民经济的迅速发展起积极的推动作用。我国正是通过这些项目的成功建设，才使我国的经济增长速度和一些主要产品产量都已跃居世界前列，综合国力明显增强，人民生活不断改善，中国经济发生了翻天覆地的变化。另一类是效益不佳，亏损严重，使国民经济发展背上"包袱"，甚至破产消亡。据统计，截止 2000 年 12 月 29 日，美国纳斯达克市场共进行了 5053 次公开发行，但上市公司只存在 4734 家，其余 300 多家公司因各种原因退市。有的降级转入场外交易市场，有的退市摘牌，乃至破产关门。可见，建设项目的成败与这些建设项目投资决策紧密相关。

当今社会正处在世界一体化、经济全球化、信息网络化的时代，建设项目投资将处于更大的风险范围中，决策因素众多，相互关系复杂，环境变化多端，后果影响重大、深远，使得建设项目投资决策变得愈来愈困难，并且对决策的正确性提出了愈来愈高的要求。为了防止在大型工程项目决策上的片面性和盲目性，避免由于决策的失误而造成社会资源浪费，很有必要研究建设项目投资决策问题。

为了保证建设项目决策的科学化和民主化，我国建设项目主管部门规定：各类投资主体都要根据自身的特点建立科学的投资决策程序，严格按程序进行投资决策。国有企业和集体所有制企业的重大投资决策，要听取职工意见。政府投资决策要经过咨询机构评估，重大项目要实行专家评议制度，特殊重大项目要经过人民代表大会进行审议。同时，要进一步强化和完善法人治理结构，并建立严格的责任约束机制，投资成败要与决策者的考核与奖惩挂钩。

第三节　建设项目投资决策程序

如上所述，建设项目投资决策是一个发现问题、分析问题和解决问题的过程。建设项目投资决策就是从根据国民经济发展需求确定投资决策目标开始，到工程建设方案的确定和实施控制为止的全过程。这一过程包括建设项目决策目标确定、方案创造、综合评价和过程控制四个阶段，其主要环节如图 1-1 所示。

建设项目决策目标的确定，是指在一定外部环境和内部环境条件下，在市场调查和研究的基础上所预测达到的结果。决策目标是根据所要解决的问题来确定的，因此，必须把握住所要解决问题的要害。只有明确了决策目标，才能避免决策的失误。这一阶段的决策任务是要确定什么时间、什么地点、建设什么样的项目。要考虑国民经济现状和发展，国际局势的变化，国内外市场的变动，我国在国际经济中的地位、实力，还要考虑国民经济的发展战略和生产力布局等。这一过程的基本环节如图 1-2 所示。

投资目标虽要考虑每个具体工程的可行性，但其重点仍在于考虑总体布局的合理性、

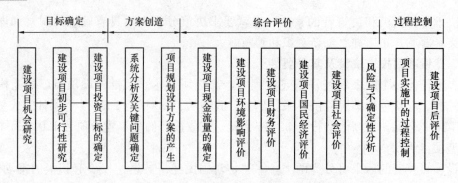

图 1-1　建设项目投资决策过程

协调性和经济性，对于某建设项目只能给出一个较粗略的结论。因此，具体的建设项目还需要在战略部署的指导下进行方案的创造。这一过程的基本环节如图 1-3 所示。

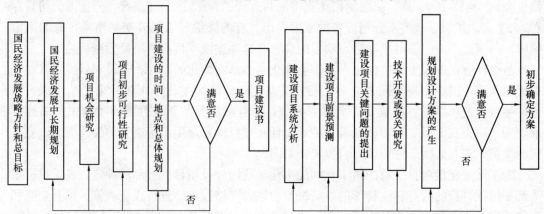

图 1-2　建设项目战略部署阶段决策过程　　　　图 1-3　建设项目方案创造阶段决策过程

初步方案确定后，就可估算建设项目可能产生的后果和影响，然后根据定量和定性的结果，对建设方案进行客观、全面的综合评价，选择最满意的建设实施方案。这一阶段的基本环节见图 1-4。

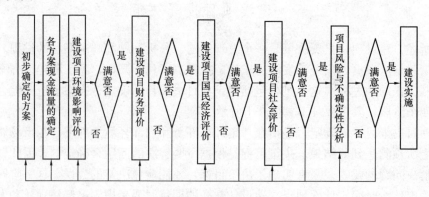

图 1-4　建设项目综合评价阶段决策过程

如前所述，每个建设项目从立项到竣工都有一个较长的建设期，在此期间都会出现一些不可预料的变化因素对建设项目投资目标产生影响。因此，必须在项目的设计阶段、发包阶段、施工阶段以及竣工阶段，随时纠正发生的偏差，以保证建设项目投资目标的实现。过程控制阶段的基本环节见图 1-5。

综上所述，建设项目投资决策不是独立的一次性事件，而是贯穿于建设项目每个阶段的整体的、渐进的动态过程，上一个阶段决策的成果都是下一个阶段决策的依据，而下一个阶段决策又是上一个阶段的延续和深化，并创造出新成果作为再一个阶段的工作基础。即上一阶段决策指导下一阶段决策，下一阶段决策不断修改、补充前一阶段的工作，以使其逐步完善。

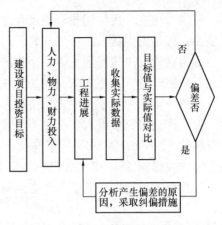

图 1-5 建设项目过程控制阶段决策过程

本书的编排基本上是按照建设项目投资决策的基本程序展开的。重点对建设项目投资决策各环节可采用的理论与方法进行有针对性的描述，并结合实例说明这些理论与方法的具体应用。

第四节 建设项目投资决策理论体系

一、建设项目投资决策的方法论特点

上节建设项目投资决策的特征告诉我们，建设项目投资决策一般都是比较新颖的、涉及复杂的组织关系以及行为、心理和政治诸多因素的非结构化的重大问题，并且常有多人参与决策。科学的决策方法能对战略决策给予很大的帮助和支持，但对非结构化的决策问题来说，并不是万能的。特别是一些具体的决策技术只能对决策过程中某些细节的分析有用，而对总体决策作用不大。另外，针对具体决策问题开发的理论方法对战略投资决策的作用也是很有限的，因为战略决策问题往往是多变的和较少重复的。根据建设项目投资决策的特征，我们认为可以从以下六个方面提高投资决策的正确性。

1. 明确关键问题所在

建设项目投资决策归根结底就是要解决具体的问题，因此，投资决策要有明确的投资目标，搞清实现目标的最大障碍，才能实现决策的有的放矢。也就是说，建设项目投资决策必须坚持问题导向，提出问题，面对问题，研究问题，解决问题，从问题中来到问题中去。

2. 收集足够的信息资料

建设项目投资有很强的环境依赖性，同样的投资项目在不同的环境下可能获得完全不同的效果。所以，建设项目投资不能脱离建设项目所处的环境。这就需要掌握大量的环境信息资料。这些资料包括：国民经济发展的战略方针、政策、现状、趋势及远景规划；工程所在区域内的各种动力资源——水力、煤、石油、核能，以及主要矿产资源和农业、林业资源等；建设项目所在区域内现有的各种工业、通信、电力、交通运输情况与发展前景，以及该区域和全国其他区域的联系；建设项目产品及其同类竞争产品的需求和发展情况；有关建设项目的调查统计资料和设计材料。

3. 严格执行健全的决策程序

科学、民主、集体的投资决策程序是有效控制的保障。事实上，建设过程中失控的许多项目，都是由少数人拍板或形式经过"集体"决定，但没有按严格、科学的程序决策。这是因为在重大决策问题上，一个人的能力有时是非常有限的，往往需要充分调动集体的智慧，集思广益，方能有效避免重大失误。完善并严格执行的决策程序能够分散决策风险，避免决策权力过于集中，给决策者们提供相互沟通、相互交流、相互启发的机会和平台。大量理论研究成果和实例表明，建设项目决策、规划阶段的累计投资额，只占项目总投资额的5%～10%，却决定了高达75%～90%的投资额；施工阶段，通过技术经济措施只能节约或影响5%～15%的投资额。可见项目建设前期可行性研究、评估等基础性工作，是建设项目投资决策程序中必须坚持的重要环节，务必以科学的、实事求是的态度去做。

4. 合理设计经济机制

建设项目投资决策一般都涉及整个系统的运行，决策的作出和决策的执行往往有系统中多个部门或单位的参与，这些部门或单位通过合同参与到建设项目的投资活动中。由于系统部门间的分工不同，组织关系和利益关系的界限会造成信息不完全，任何人甚至是上级部门也不可能掌握其他人的所有信息，这一方面难以保证有效的决策，另一方面也难以保证决策目标的实现。因此，就需要设计一系列的经济机制，使每个建设项目的参与部门能够获得应有的激励，让他们在追求自身利益的同时也能满足建设项目投资总目标。

5. 不断提高决策者的综合素质

建设项目投资决策与价值判断关系密切，投资决策能否成功与决策分析人员的"谋"和决策者的"断"的能力有直接关系。因此，从决策者的行为、心理和素质等方面改进决策的质量。

6. 充分利用科学的决策技术

成功的决策者的足智多谋当然与其渊博的知识和丰富的信息有关，但更重要的是他们善于利用科学的方法和工具从中得出有用的东西，以显示出深谋远虑的魅力。这些科学的方法和工具统称为决策技术，包括系统分析技术、系统性能与环境变化预测技术、工程技术、评价与分析技术、决断技术。

建设项目投资决策上述六个方面的需求从不同侧面说明，尽管投资决策新颖、涉及因素复杂、问题的非结构化，仍可以通过决策的问题导向、环境依赖、技术支撑和过程控制，提高决策的正确性。从理论上讲，问题导向、环境依赖、技术支撑和过程控制的方法有助于非结构化问题的有效解决。

二、建设项目投资决策学科体系

建设项目既受自然环境的影响，也受社会环境的影响，这一非常复杂的物理和事理系统的综合体如何运动，是投资决策前要搞清楚的，对该系统的认识深度直接影响到决策结果的正确性，而要把握这一系统的运动和变化，做好决策研究，还必须了解建设项目决策学科体系。

决策研究虽然历史悠久，但决策理论与方法真正作为一门学科，得到广泛研究和普遍应用还是由于信息技术的出现，信息论、系统论、控制论的产生，使得自然科学中的严格的定量分析和推理论证方法有可能渗透到社会科学领域，并有可能解决一些社会学科本身所不能解决的复杂问题。这一切为确立一套科学的决策方法奠定了基础。

随着经济社会的发展，决策问题变得愈来愈复杂，不仅涉及因素众多，影响重大深远，而且这些因素和影响常常很难准确地预测、描述和评价。此外，决策者的气质、知识结构、所处的背景和环境以及心理活动不同，所做的决策也不同。这就使得决策研究不得不开阔视野，不仅要重视定量分析技术的开发，而且要重视决策者的行为和心理的研究，以及文化、组织关系、决策者素质等对决策的影响研究。不仅要研究个体决策，而且要研究群体决策、组织决策。不仅要帮助决策者分析最优或最满意的方案，而且要为决策者提供分析判断的信息以及支持决策者分析、判断的技术和工具。如管理信息系统（MIS）、决策支持系统（DSS）和专家系统（ES）等。

建设项目投资决策学科体系如图1-6所示。

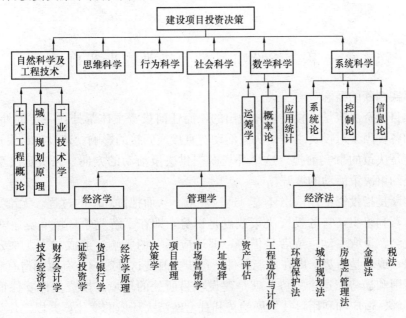

图1-6 建设项目投资决策学科体系

思 考 题

1. 建设项目投资决策理论与方法提供给决策者的建议，决策者应该严格履行吗？为什么？
2. 建设项目投资决策过程中应该在多大程度上遵循会计惯例？
3. 从建设项目投资科学决策的角度看，为什么说资本市场能准确反映企业或股票的价值是至关重要的？

第二章 建设项目投资决策前提

【本章导读】 本章旨在让读者了解：建设项目投资决策必须考虑不以决策者主观意志为转移的环境，必须考虑决策主体自己追求的方向和目标，在此前提下选择实现目标所采用的方法和手段。主要内容包括：建设项目投资决策的事实前提；建设项目投资决策的价值前提。

第一节 建设项目投资决策的事实前提

一、事实判断的概念

建设项目投资决策是由投资主体做出的，而任何投资主体都处在一定的外部环境中，外部环境的各种因素对投资主体的决策活动有直接或间接的影响。建设项目投资决策系统的外部环境是决策的事实前提。这个环境既提供决策活动的方向，又决定决策活动的条件，同时还约束决策活动的展开。

事实判断是指投资主体认识环境、适应环境，从而把握环境的过程。无论是政府、企业，还是非营利组织，它的投资决策或者是识势，即在了解竞争环境和竞争对手的前提下，把握机会，争取主动；或者是借势，即适应环境的影响，造成"飞龙乘云、腾蛇游雾"的效果；或者是造势，即在可能条件下逐步去改变这种影响，有意创造有利于投资目标实现的氛围和局势。这个"势"就是建设项目所处的环境。投资主体要保证决策的成功，必须了解、适应和利用科技发展趋势和社会经济大环境的变化，并以之作为开展投资决策的前提条件。

二、经济环境

经济环境是一个国家或地区所拥有的经济资源的综合系统，是经济发展赖以依托的物质和非物质的基础，这些经济资源的优良状况直接影响和制约着该国家或地区经济规模和发展速度。

经济环境分特殊和一般两部分。

1. 特殊经济环境

对投资主体而言，特殊的经济环境指既提供投资决策条件，同时又约束投资决策活动展开的特定经济环境，包括：政府的财政和税收政策，项目建设和运营所需生产要素的供给及价格，与项目有关的协作者、竞争者、需求者，以及投资项目产出的价值。

(1) 资本供给，包括设备及工器具生产及租赁、原材料及能源、现金的来源与机会成本。

(2) 劳动力供给，包括专业技术人员、行业工人、服务人员的数量、素质和机会成本。

(3) 知本供给，包括企业家、职业经理、高级管理人员、专职研发人员的素质、才能、创造力和机会成本。

（4）协作条件，包括金融、外贸、加工、运输、广告、销售等方面渠道的畅通程度及机会成本。

（5）市场需求，包括消费者的需求和爱好。

（6）政策导向，包括政府的外贸、价格、财政、税收等政策。

2. 一般经济环境

一般经济环境不是对特定的投资主体而言的，而是对大量经济主体普遍存在的经济影响，包括：经济硬环境和经济软环境。

（1）经济硬环境

经济硬环境是指易于用统计数据反映的影响投资主体经营利益的物质资源及社会经济基础因素，公共产品供给水平和经济结构是其最主要的组成部分。

①公共产品。公共产品是指那些可供全体居民或部分居民消费（享有）或受益，但不需要或不能够让这些居民（受益者）按市场方式分担其费用或成本的产品。一般而言，公共产品有两个重要的特征，即非竞争性和非排他性。公共产品硬环境包括以下三个方面。

生产型公共设施。生产型公共设施可能完全是不收费的，如城市道路，也可能是收费的，如自来水，但必须是各投资主体自身无法独立承担的。由政府提供这类设施的目的是节约投资主体的生产成本，降低投资主体的进入壁垒。这些设施往往是所有投资主体的必备要素，包括通信、交通、供水、供电、供气、供热等。

生活型公共设施。舒适的生活环境，可以吸纳高素质的人才。生活型公共设施主要包括医疗卫生设施、公园和娱乐设施、旅游风景以及商业、饮食网点等。

发展型公共设施。有助于要素发展，方便要素流动的公共设施可以吸引投资和其他要素的流入，包括职业培训机构、产权市场、科技与企业家人才市场、劳动力市场、不动产市场等。

②市场结构。市场结构包括主导产业集中度、行业分散度和行业进入壁垒等。主导产业的集中度以行业的若干最大公司的销售额比例或市场占有率来衡量；行业分散度分析社会的主要收入由多少行业提供；行业进入壁垒表明一个城市创办新企业和新企业发展的困难程度。

③第三产业的发展状况。第三产业包括金融、保险、会展、商业零售、信息、家政等现代服务业，该产业可以大大增加投资的关联效应，拉长产业链，提高产品附加值，引发国内需求，吸纳制造业过剩的劳动能力。如果第三产业不发达，内部结构不够完整，各种服务的专业化程度低，政企不分，行业垄断，各投资主体就不得不自己去兼营完成这些服务工作，会导致成本的大幅度上升，极大地降低了经济效益，影响企业生存发展，所以第三产业的发达以及产业体系的完整，对经济发展起着决定性作用。

（2）经济软环境

经济软环境由生产要素可获得性、商业信用和商业道德、政府行政效率等影响投资主体利益的难以量化评价的因素组成。软环境对投资主体利益的影响有长期性、间接性、隐蔽性和决定性的特点。

①生产要素的可获得性。每个投资主体都必须考虑所需生产要素获得的难易程度，考虑的因素包括要素供给的多少、种类、价格、供给的弹性、运输的方便程度，要素品质及

其信息等。对于优化经济环境来说,最重要的是劳动力要素和资金要素的供给情况。

劳动力是否丰富决定了获得劳动力的便捷性,决定了投资主体对劳动力雇用的灵活性和自由程度;劳动力是否有多样性和多层次性,决定了投资主体能否按需要选择各种工种的合适劳动者;劳动力素质则构成人力资本;这些因素与劳动力的价格一起构成劳动力供给和成本状况。

资金供给也相似,不能只看贷款利率高低,还要考虑信贷机构的多少、信贷种类的多少和贷款条件的松紧;发行股票和债券是投资主体筹资的重要途径,是否容易发行股票债券,也是资金供给是否便利的表现。

②商业信用。现代经济发展不仅需要银行信用及证券融资,商业信用的地位也日益重要起来,其发达程度如何,往往反映着社会经济的现代化水平。企业销售和采购时常要求交货与付款分离,以提高交易效率;有时也作短时期的资金融通,以缓解支付困难。发达的商业信用环境是经济快速、健康发展的必要条件。

③商业道德。它是商业活动应遵循的基本伦理规范,即其行为是否符合行规,是否为多数人所认同。它一般表现为是否有商业欺诈,是否讲信誉,质量是否合乎要求等。商业活动的许多责任和利益都无法以契约明确表达出来,这些责任和利益只能依赖于商业道德的约束。社会的商业道德状况构成其商业道德环境,它影响着一个地区的整体形象,因而也是经济软环境的重要内容。

④政府行政效率。如同市场本身有缺陷、会失灵一样,政府同样会因决策失误、实施不力而失灵,而且由于政府全局性的特点,它的失灵比市场失灵往往会给社会经济造成更大的资源浪费。所以应该从政府立法、内部竞争机制的形成、对税收和支出的约束、激励机制的引进等方面评价政府的行政效率。

3. 对城市经济环境的评价

城市是投资项目的重要载体,城市经济环境对投资项目的影响最为明显。评价城市经济环境的指标体系大致包括以下三方面的内容。

(1) 经济规模。经济规模是反映城市的面积、人口、增加值、消费、财政、对外经济和投资等方面的总体规模,这些方面的指标不仅能够直观地反映城市的自身规模大小,还能够间接地反映出城市的经济集聚程度,显示城市经济主体能共享多少外部规模经济的效益,从而反映城市的投资环境。评价经济规模的指标,包括:①城市面积;②建成区面积;③年末总人口;④GDP;⑤地方财政预算内收入;⑥固定资产投资总额;⑦社会消费品零售总额;⑧当年外商直接投资总额。

(2) 经济发展素质。主要包括城市的经济效益、产业结构、经济景气情况和地方财政用于进一步优化经济发展环境的能力。评价经济发展素质的指标,包括:①人均GDP;②百元资金实现利税;③第三产业占GDP的比重;④GDP增长率;⑤人均财政收入。

(3) 经济运行环境。经济运行环境是城市经济环境的基础部分,包括城市基础设施建设、城市劳动力的供给和人力资源结构状况、金融的可供给性、城市环境的可持续性、城市文化卫生事业的发展等因素。评价经济运行环境的指标,包括:①人均道路面积;②万人拥有公共汽车数;③货运总量;④人均用电量;⑤人均供水量;⑥人均液化石油气家庭用量;⑦每百人拥有电话机数;⑧人均居住面积;⑨人均年末储蓄存款余额;⑩人口密度;⑪万名人口大学生数;⑫每万人拥有病床数;⑬人均绿化面积;⑭建成区绿化覆盖率;⑮每百人拥有公共图书。

三、法制环境

营造一个公平有效的法律环境是市场经济的基本要求之一。法律环境是指国家或地方政府所颁布的各项法规、法令和条例等,它是企业营销活动的准则,企业只有依法进行各种营销活动,才能受到国家法律的有效保护。企业的营销管理者必须熟知有关的法律条文,才能保证企业经营的合法性,运用法律武器来维护企业与消费者的合法权益。

1. 法律体系

我国的法律体系由法律、行政法规、地方性法规三个层次,宪法及宪法相关法、民法商法、行政法、经济法、社会法、刑法、诉讼与非诉讼程序法七个法律部门组成。和企业经营密切相关的经济法有:《公司法》、《中外合资经营企业法》、《合同法》、《专利法》、《商标法》、《税法》、《企业破产法》等。改革开放以来,由全国人大及其常委会颁布的法律文件有229件;由国务院制定的行政法规,仍然有效的有960多件;由各地方人大及其常委会制定的地方性法规有8000多件。另外,还有上万部由国务院各部委制定的部门规章、地方政府制定的地方政府规章。这些构成了中国现有的法律体系。❶

我国的法律体系是在改革开放中,在国际经济一体化的大形势下,为满足社会经济发展的需要逐步完善的。例如,我国1991年4月9日第七届全国人民代表大会第四次会议通过了《中华人民共和国外商投资企业和外国企业所得税法》,其中规定外商投资企业的企业所得税和外国企业就其在中国境内设立的从事生产、经营的机构、场所的所得应纳的企业所得税,按应纳税的所得额计算,税率为30%;地方所得税,按应纳税的所得额计算,税率为3%。国务院于1993年12月13日发布了《中华人民共和国企业所得税暂行条例》,其中规定境内企业应纳税额按33%的税率计算。以上两个法规还明确了减免税条款,如国务院批准的高新技术产业开发区内的高新技术企业,按15%的税率征收所得税,新办的高新技术企业自投产年度之日起免征所得税两年;设在经济特区的外商投资企业、在经济特区设立机构、场所从事生产、经营的外国企业和设在经济技术开发区的生产性外商投资企业,按15%的税率征收企业所得税。2004年8月,财政部、国家税务总局、民政部联合发文,规定自2004年1月1日起到2008年12月31日,符合相关条件的生产和装配伤残人员专门用品的企业可以免征企业所得税。为了进一步规范我国各类企业的纳税行为,2006年12月24日全国人大常委会对内外资企业所得税并轨的草案进行首次审议,将内外资企业所得税税率统一为25%,对符合条件的小型微利企业将实行20%的照顾性税率。草案还对现行税收优惠政策进行了修改,实行鼓励节约资源能源、保护环境以及发展高新技术等以产业优惠为主的税收优惠政策,其中对国家需要重点扶持的高新技术企业实行15%的优惠税率。

我国现行的《环境保护法》颁布于1989年,2007年迎来了18年间的首次修订。在这18年间,中国的环境问题在经济持续高速增长下日益严峻,而由于现行《环境保护法》对政府的约束软弱无力,致使一些地方政府选择了"先发展、后环保"的道路,甚至提出"宁可呛死,不要饿死"的口号,还有的地方政府出台各种"土政策"阻挠和干预环保执法,包庇纵容污染行为。据国家环保总局的一项调查显示,目前全国的7500多个化工石

---

❶ 2008年6月24日乔新生[湖北日报]中国法律体系的构造——公民权利的实现途径。

化建设项目,许多布设在江河水域、人口密集区等环境敏感区域[1]。2005年11月,位于松花江上游吉林省的中吉化双苯厂发生爆炸,严重污染松花江,使下游黑龙江的哈尔滨经历了为期4天的大停水。2006年,发生了甘肃徽县数百村民血铅超标、湖南岳阳饮用水源砷超标两起重大环境事件。在漳卫新河的上游,河南、河北超标排污,致使下游污染严重,酱稠、浑浊的河水散发着刺鼻的臭味,抽水浇土,庄稼立即枯萎发黄,地里松结,一层白碱,污染造成土质下降,使下游山东的无棣县小麦亩产量由原来的平均800斤下降到不足300斤。修订后的《环境保护法》将强化政府责任,规范和约束政府行为,并将实行超总量地区暂停开发制度,即对超过污染物总量控制指标、生态破坏严重或者尚未完成生态恢复任务的地区,不得审批新增污染物排放总量和对生态有较大影响的建设项目。

2. 执法力度

我国的执法机关主要有法院、检察院、公安机关以及各种行政执法机关。与企业关系较为密切的行政执法机关有工商行政管理机关、税务机关、物价机关、计量管理机关、技术质量管理机关、专利机关、环境保护管理机关、政府审计机关。执法公正是法律权威的最终体现,执法的严格与否,公正与否,对人们的行为具有本质性的影响。如果城市执法公正、严明,企业决策时可以有明确的依据,就会大大减少企业决策风险,使企业的预期较稳定,有助于吸引投资和鼓励追加投资。相反,如果执法不严或者不够公正,则使城市法律不稳定,会扩大企业风险,扰乱市场,抑制投资。在中国,一般违法行为由行政主管部门进行处罚;而犯罪行为则要进入刑事司法程序,追究刑事责任。一段时间以来,由于在知识产权保护领域行政执法和刑事司法相衔接的机制还不够完善,致使一些涉嫌犯罪的案件被"以罚代刑",这是导致目前中国侵犯知识产权的违法犯罪活动较为严重的主要原因之一。所以,在投资环境中,执法比立法更具决定性。

3. 法律意识

法律意识是法律观、法律感和法律思想的总称,是人们对法律制度的认识和评价。经济主体的法律意识,最终都会物化为一定性质的法律行为,并造成一定的行为后果,从而构成每个企业和个人不得不面对的法律环境。

对从事国际营销活动的企业来说,不仅要遵守本国的法律制度,还要了解和遵守国外的法律制度和有关的国际法规、惯例和准则。例如,2002年4月31日,欧洲议会通过了CR法案,该法案以法律形式强制性规定,价格在2美元以下的打火机,必须设有儿童防护开启装置,否则一律不准进入欧洲市场销售。CR法案的通过,意味着占有世界打火机市场70%的中国温州厂商,将会失去相当大的一部分市场份额,除了10%左右高档打火机以外,长期以低廉价格竞争市场的温州大部分打火机生产、销售商,都面临着被驱逐出欧洲市场的危机,CR法案构筑了一道难以逾越的技术壁垒。日本政府也曾规定,任何外国公司进入日本市场,必须要找一个日本公司同它合伙,以此来限制外国资本的进入。因此,只有了解掌握了这些国家的有关贸易政策,才能制定有效的营销对策,在国际营销中争取主动。

四、技术环境

投资项目的技术环境指的是项目所处的社会环境中的科技创新要素及该要素与经济发

---

[1] 2007年2月27日21世纪经济导报。

展结合的紧密程度。

现在越来越多的人承认如下的公式：

$$生产力=（生产者+生产对象+生产资料）×科学技术$$

公式等号右边的四大生产力要素中，在不同历史时期，都有一个起着主导作用。在原始社会和奴隶社会，生产者、劳动者是财富的标志，有了劳力就有了财富，如奴隶主是把奴隶数量作为自己的财富的象征。进入封建社会后，劳动生产的主要对象是土地，这时候土地成为财富的标志，封建地主以土地多少作为衡量财富的尺度。进入资本主义社会，大机器生产成为主要生产方式，占有的财富主要是机器、厂房等生产资料，财富的标志也就由生产对象转换为生产资料。

当今社会，生产力中起主导的因素又发生了变化，虽然以上这三个要素仍然是生产力的基本要素，但科学技术已成为起决定性作用的首要因素。美籍奥地利人熊彼特提出，世界范围内经济兴衰的五十年周期与科学技术的重大突破性进程有着密切的关系。以蒸汽机、发电机、计算机和高新技术为代表的新技术群的兴起与普及，带来人类社会的四次经济繁荣。科学技术成为经济发展的"有力杠杆"。

我国资源总量有限，环境承受能力不足。无论从能源、矿产、土地和水资源上看，我国的人均拥有量均大大低于世界平均水平。水和耕地资源人均拥有量仅为世界平均水平的四分之一和三分之一，45种主要矿产资源人均占有量不足世界平均水平的一半，石油储量仅为世界人均水平的11%。资源的高强度消耗，给环境带来越来越大的压力。白春礼指出，我国正以历史上最脆弱的生态环境承载着历史上最多的人口，担负着历史上最空前的资源消耗和经济活动，面临着历史上最为突出的生态环境挑战。我国目前的二氧化硫排放量（2004年达2200万吨）、废弃物和污水排放量均居世界第一；二氧化碳排放量居世界第二，仅次于世界第一大经济体美国。污染排放已经大大超出环境容量。而我国投资占GDP的比重是西方主要国家的2至4倍，近几年投资率一直保持在40%以上，而投资效益与发达国家相比有较大差距，粗放式增长尚未根本转变。低水平重复建设的情况仍然严重，企业产能大量增加，而国内消费增长相对稳定，出口受阻时有发生，导致某些产品积压，部分企业盈利降低。资源环境约束与经济快速增长的尖锐矛盾，更凸显了我国科技创新的迫切性。

技术环境大体包括四个基本要素：科技发展水平，科技创新能力，科技创新体制，科技创新政策和立法。

1. 科技发展水平

科技发展水平是构成技术环境的首要因素，它包括科技研究的领域、科技研究成果门类分布及先进程度和科技成果的应用和推广三个方面。权威部门2007年完成的对信息、生物、新材料、能源、资源环境和先进制造六大领域的调查表明，我国科技总体研发水平落后发达国家5年左右，直接影响了我国资源利用率。据统计，目前我国万元工业产值用水量是国外先进水平的10倍。与国际先进水平相比，炼钢的综合能耗高21%、水泥高45%、乙烯高31%。目前我国能源利用率为33%，每创造1美元国民生产总值，消耗的煤电等能源是世界平均值的3至4倍，美国的4.3倍，德国和法国的7.7倍，日本的11.5倍。工业排放严重，单位工业产值产生的固体废弃物比发达国家高10倍。因此，解决经济增长速度与增长质量不和谐、资源环境约束与经济快速增长的尖锐矛盾成了我国科技发展必须面对并解决的问题。例如深圳市在依靠自主创新推动区域经济结构调整和构建自主创新型城市过程中，大力发展高新技术产业，目前已成为中国高新技术产业最为发达和集中的地区之一，尤其是电子信息产业已具有先行优势。经过10年的发展，在深圳举办的中国国际高新技术成果交易会成为中国高新技术领域对外开放的重要窗口之一。

技术创新工作最大的主体应是企业，因为科技创新的根本目的是发展经济。企业要密切关注与本企业的产品有关的科学技术的现有水平，发展趋势及发展速度。对于新的硬技术，如新材料、新工艺、新设备，企业必须随时跟踪掌握；对于新的软技术，如现代管理思想、管理方法、管理技术等，企业要特别重视。

2. 科技创新能力

科技创新能力是指一个国家或地区的科技研究与开发的实力。我国是世界经济大国，但远不是经济强国。突出表现在我国相当一部分的产业缺乏核心竞争力，与发达国家相比存在较大差距；绝大多数企业的国际竞争力不强，还不具备与大型跨国公司较量的实力。其他国家的企业在中国申请的专利总量是中国企业的6.4倍，而我国每百万人获得的专利数是1项，远远低于日本的994项，韩国的779项和美国的286项，甚至还低于巴西2项。与此同时，也应该看到我国已经具备了提高自主创新能力、建设创新型国家一定的基础。虽然我们还处在人均GDP为1000多美元的时期，但是科技创新综合指标已相当于人均GDP为5000至6000美元国家的水平。我国现有科技人才3200万人，具有研发能力的科技人才105万人，科技人力资源总量和研发人员总数分别居世界第一和第二位，这是自主创新的最大优势；我国有13亿人口，市场需求无可比拟，这是自主创新的最强动力；我国已经建立了大多数国家不具备的比较完整的学科布局，具备了一定的自主创新能力，在某些领域研究开发能力已跻身世界先进行列，这是走创新型国家发展道路的重要基础。❶

3. 科技创新体制

科技创新体制指一个国家社会科技系统的结构、运行方式及其与国民经济其他部门的关系状态的总称，主要包括科技事业与科技人员的社会地位、科技机构的设置原则与运行方式、科技管理制度、科技推广渠道等。例如，深圳市大胆改革科技管理体制、加快改革科技资源配置方式、坚决改革科技决策体制，在"已经形成的以企业为主体的创新体系"的基础上，进一步加快建设"五大服务平台"：以重点实验室、工程中心为核心组成的"公共研发平台"，以高新技术武装传统产业为重点的"公共技术平台"，以提供检测条件为主要服务内容的"公共检测平台"，以提供科技文献、情报、信息服务为主的"科技信息平台"，以促进高新技术产权交易、风险投资为目的的"技术产权交易平台"，以更好的服务、更高的效率促进企业自主创新。

4. 科技创新政策与立法

科技创新政策与立法，指凭借行政权力与立法权力，对科技事业履行管理、指导职能的途径。我们应该创造良好的科技政策与产业发展环境，制定一系列有利于自主创新环境建设的政策法规，形成一套完善的自主创新法律体系，在鼓励创新精神的同时，培养宽容失败的氛围，使企业家们、技术人员们的创新潜能得到最大限度的发挥。

---

❶ 白春礼：提升我国科技自主创新能力的思考，中国科学院网站，2006年3月17日

五、国际化环境

国家、地区、企业的活力，在于机动灵活地适应国际大环境的主流需要，对大趋势有个明确认识。随着信息技术的普及和发展，资金、技术与人才的"流量"、"流速"的继续加大，以及各国极力吸收跨国企业的投资建实业的势头，各国执行国际化与开放政策是大势所趋，必将继续升格，世界从来没有像现在这样需要国际的相互理解、互相支持、广泛交流、共同发展。在这样的国际背景下，科技与经济、社会、贸易、文化等领域交叉渗透，科技发展与经济社会协调的整体性与一元化的共同趋势也就日益明显。今日之世界，任何国家、地区和企业都与周围、甚至世界有着千丝万缕的关系。世界任何一个角落发生的大事，都会波及影响到全球。

国际化环境主要涉及国际化政策环境、国际化人文环境和国际化生活环境三个方面。

1. 国际化政策环境

国际化政策环境，是指适应我国工业化现代化进程，以推动生产要素跨境流动，在全球范围内更好地优化资源配置为目标，实现"走出去"与"引进来"的协调发展，显著提升企业国际化水平，参与经济全球化竞争的政策措施。例如，我国国务院各相关部门制定鼓励企业"走出去"的相关管理法规和配套措施，涉及简化审批程序、提供资金支持、扩大进出口经营权范围、财税管理、外汇管理、外派人员审批、海外经营保险等，为全面实施"走出去"战略奠定了基础。

2. 国际化人文环境

国际化的人文环境，是指最适合外国人居住、最能吸引国际资本扎根的环境。一个设有海关、出口加工区和保税区的城市可以为该城市带来更多的投资机会。外国政府机构、金融组织、世界500强企业在一个城市设立办事机构能够为国外资本到该城市投资建厂提供便利条件。另外语言和文化交流也是国际化人文环境的重要方面。比如，小区管理处有没有说英语的工作人员，能否得到高档次的文化享受，比如说一年四季不间断的电影节、艺术节、体育赛事、巡回演出等，让人们能过上无国界的文化生活。

3. 国际化生活环境

国际化的生活环境，是指外国人"无障碍"生活环境。这首先要有国际化的购物环境，起码外国家庭所需要的生活用品都能买得到，不至于厨房里的常用食物都要到香港去买。其次是指方便外国人生活的环境，比如说，很多外国家庭担心，到了深圳能不能请到菲佣，能否找到国际化的社区租用高级公寓，能否让子女就读国际学校，有病时能否就诊国际诊所等。

六、社会环境

一个国家经济和社会的发展应该是同步的、协调的。如果经济发展了，社会依然落后，经济的进一步发展就会受到制约，到头来还得通过调整社会结构来改善经济状况。社会环境具体包括政府的行政效率、政治安定性、社会贫富差距、产权受到保护的程度、人口和受教育水平等方面。

1. 政府行政效率

政府的行政效率包括以下四个方面：

（1）财政资金的有效利用，削减财政赤字的措施，改善和优化财政收支结构；

（2）公务员的工作能力、工作业绩、工作态度和工作责任心；

(3) 公共服务市场化程度，公共产品和服务的质量，公共服务资金和非资金成本，公民的受益程度和满意程度；

(4) 信息公开机制。包括是否通过新闻发布会、社会公示、听证会、培训会以及专家咨询等形式公开绩效信息，并通过互联网、电话、邮件的方式建立切实可行的公众投诉渠道，接受社会公众的监督与制约。信息公开有利于打破传统行政管理的封闭独断，有利于消除政府和公众之间信息不对称现象，是建设透明型政府的必然选择。

2. 政治安定性

政治安定性包括以下三个方面：

(1) 社会群体对社会环境、政府的方针政策是否拥护和赞成；

(2) 个人对收入增长和社会保障等生活质量方面状态的满意程度；

(3) 低收入群体对收入差距拉大和富裕阶层所持的态度。

在以上内容中应特别关注低收入群体对收入差距拉大的态度。因为一方面，贫富差距拉大易使低收入群体中的人们出现内心焦虑与矛盾，容易产生心理失衡，给这一群体带来失落、自卑感等一系列不良反应，从而产生厌恶、对抗社会的心态，甚至作出一些偏激的行为，成为社会不稳定因素。另一方面，低收入群体的不满情绪容易导致情感失控，会对家庭关系的稳定、子女的健康发展产生重大影响，对其个人也有很大的影响。尤其是一些性格内向、敏感的人如果心理压力超出自己的承受能力又求助无门时，甚至会发生自杀等内罚性行为，而一些具有反抗心理的人甚至会走上犯罪的道路。

3. 社会贫富差距

社会贫富差距主要通过洛伦兹曲线和基尼指数来测度。

波士顿咨询公司推出的 2007 年度全球财富报告对于中国社会财富增长有以下的描述："其实中国社会财富增长很快是必然的，因为中国是一个后起的、生机勃勃的国家。中国的现代化，我可以把它分成两个阶段。截至目前，中国发展的重点是增加国家的财富，主要是 GDP、经济总量的增长。从现在往后进入第二个阶段。这个阶段主要应该解决国富民穷和收入分配的问题。"中国社会科学院在今年出版的《中国社会形势分析与预测》蓝皮书中指出，"收入差距过大、贫富分化"是当前中国执政者面临的最突出的三大社会问题之首。

世界银行 2007 年公布的一项报告说，中国有大约 1.3 亿人，总人口的十分之一每天收入不足一美元，处于绝对贫困状态。世行的统计数字显示，尽管中国经济从 2001 年后每年都保持了 10% 左右的高速增长，但是中国最贫穷的十分之一人口实际收入却下降了 2.4%。

面对这种情况，我国政府近年来在提倡构建"和谐社会"的同时，开始把改革分配制度列入政策选项。

4. 个人权力受到尊重的程度

现代化有两个核心问题，一个是发达的市场经济，一个是民主政治，这两点背后共同的东西就是社会的个人本位化，也就是一个共同体为本位的传统社会过渡到个人本位、尊重公民个人权力和个性价值的社会。通常人们说的人文主义，实际上也是基于对个人权力的尊重，对个性自由发展的尊重。尽管长期以来一直有人认为，西方文化的特点是个人本位的，中国文化或东方文化或亚洲价值的特点是整体本位的。但就传统社会本质而言，不论中国社会还是西方社会，都是共同体本位的社会。个人本位是现代化的特征而不是某个文化的特征。

5. 人口数量与质量

人口数量与质量具体包括：人口数、出生率、教育程度、地理分布、年龄分布和老龄化程度、家庭形态、健康状态、守法程度、学习能力、勤奋程度等。人口数量和结构的变化会带来潜在的投资机会。有关机构通过对2003～2006年四年间人口普查市场资料的分析，中国0～3岁的婴幼儿有将近6800万人，其中城市婴幼儿数量大约1090万人。我国城市婴幼儿用品家庭月平均消费达900多元。根据计生部门预测，从2006年开始的5年内，我国会迎来人口出生的一个小高峰。2006年出生人口约为1700多万人。据专家估计，2007年仅我国内地就将会有超过2200多万的"金猪宝宝"降生，一年间将多增500万的新生婴儿，新产生250～450亿元的市场需求。按照目前市场供给能力，只能满足这个市场的20%，这就将出现80%的市场缺口。2006～2010年期间，我国婴幼儿用品市场将以平均递增12.4%的速度发展。可见这是一个其后5年内发展潜力较大、收益较丰厚的投资机会。

第二节　建设项目投资决策的价值前提

在一定环境中做出的任何决策，都受决策环境的影响，它不能违背事实前提，事实前提回答的问题是："是什么？"。

同时，还有一个问题是事实前提没有回答的，就是决策者根据自己的价值观念要回答的："应如何？"。这个问题本质上是对是非曲直的标准取舍，决策者由此确定自己追求的方向和目的，也由此判断自己的方案和行动的好坏。

一、价值观念

（1）价值。价值是指客体与主体需要之间的关系。它不能离开客观事物而单独存在，也不能离开主体，正是决策者根据自己的需要去建立这种关系——价值。

（2）价值观念。价值关系在人的思想上的反映就是价值观念。价值观念是由复杂的历史、地理、心理、文化和社会经济因素决定的主观思维定势，它一般是决策的前提，而不是抉择的结果。

（3）价值系统。由于在社会中的人对价值关系的体验和认识纷繁复杂，价值观念会包括文化传统、世界观、情感、信念和意志等丰富的内容，这样就构成了价值观念的整体——价值系统。决策者的价值系统支配着他的直觉，影响着他的信念和选择，因而制约着决策活动过程和方式，可以说，决策者是通过价值观念确定投资目标和评价备选方案的。

（4）个人价值系统。个人价值系统的主要内容有以下几方面：

①关于社会秩序的观念；

②人在社会中的责任和权利意识；

③效益意识——付出与获得的权衡；

④道德规范；

⑤审美趣味；

⑥价值的主导内容与核心标志（如不同社会对权、钱、贡献的看法）；

⑦目的、手段和代价的观念。

评价个人价值系统的指标及范围参见表 2-1。

个人价值系统的评价指标及标准范围表　　　　　　　　表 2-1

序号	评价指标	指标的标准范围	
		一种极端状态	另一种极端状态
1	处事方式	冒险的	稳健的
2	对风险的态度	乐观的	悲观的
3	行为方式	锋芒毕露	含而不露
4	意志品质	坚韧不拔	生性懦弱
5	性格特征	外向开朗，广结朋友	喜欢清静，离群索居
6	责任心	言必信，行必果	不讲信誉
7	作风	脚踏实地，虚怀若谷	投机取巧，夸夸其谈
8	情感	冷漠	热情奔放
9	在权势面前	屈从	宁折不弯

（5）企业价值系统。我们可将企业的价值系统概括为以下内容，如表 2-2 所示。

企业价值系统评价指标及标准范围表　　　　　　　　表 2-2

序号	评价指标	指标的标准范围	
		一种极端状态	另一种极端状态
1	企业的最终目的	利润最大化	使社会各界满意
2	组织行为方式	封闭自立	开放合作
3	对工作质量的态度	事后再说	事前控制、过程管理
4	企业文化	以行政权力的法规为中心	以人道、情感、知识为中心
5	对形势的估计	悲观保守	乐观自信
6	激励措施	物质上的	精神上的
7	实现目标的途径	通过控制强制达到	通过激励相容达到
8	对危机的态度	被动应付	主动应对
9	权力分布	以行政级别为基础的层级配置	以实力为基础的民主配置
10	决策方式	长官意志的统一决策	尊重民意的群体决策

二、价值观念的形成

价值观念是人在成长过程中逐渐形成的，家庭、生活环境、工作经历、学校、同事、朋友对个人的价值观念的形成和改变有直接或间接的影响。同时价值观念又影响着做人的基本原则、生活态度和工作作风。

一些管理学家根据美国的调查，概括出个人价值观念的几种类型：

（1）以有效实惠和物质享受为中心的经济性价值观；

（2）以权力地位为中心的政治性价值观；

（3）以信仰为中心的宗教性价值观；

(4) 以形式调和为中心的美学价值观；

(5) 以群体他人为中心的社会性价值观；

(6) 以知识真理为中心的学术、理论价值观。

一个人的价值观念类型可以是以上类型中的一项，也可以是以某一项为主，兼顾其他若干项。而且在不同的场合，它们的优先顺序会发生变化。例如一个在商界与交易对方为合同价款争得面红耳赤的企业家，在大的自然灾害面前完全可能变成一个斥巨资帮助灾民重建家园的慷慨捐赠者。

一个人的主导价值观念类型也会随着时间的推移发生改变。例如一个锋芒毕露、满腔热忱、冲劲十足、敢于冒险的年轻人，会在经历数次挫折后变成冷静、理性和沉稳。

一个人的价值观念也会随着经济状况的改变而改变。例如，经济学上有一个假定，是说人们对风险的态度随着收入不同而不同。当人在收入很低时首先需要的是生存和安全，而这种需要的前提之一就是收入的稳定性，从而不喜欢风险。当收入较高时，由于有了基本的生活保证，人们开始从厌恶风险转变成喜欢风险，因为高风险会带来意外的高收益。所以有钱人会跑到拉斯维加斯去豪赌。一个人的价值观念也会随着特定的环境和风险状态而变化。例如，诸葛亮"平生谨慎，不曾弄险"，却在司马懿大兵突进时大开城门，采用了高风险的"空城计"。又比如，在市场上低价格的彩票买的人较多，而高价格的彩票则买的人较少。这说明当风险损失不大时，人们通常表现为风险偏爱；而当风险损失大到一定程度时又都表现为风险回避。

个人有自己的价值观念，一个社会的多数人所持有的价值观念就形成了主导的价值观念，也称为社会价值观念。

社会价值观的变革是指大多数人从原有的观念过渡到新的价值观，它是社会变迁的结果，没有社会现实的变动和对旧的价值观念的批判，社会的主导价值观的变革是难以发生的。例如，在文化大革命的十年浩劫中，人们信奉的是"人定胜天"，所以违背大自然的规律去"战天斗地"，结果受到了大自然的惩罚。在当今社会，人们信奉的是"天人合一"，资源、社会、经济可持续发展，决策者必须在尊重自然规律的前提下考虑环境友好、资源节约。人们如果改变了环境的事实，并且建立了新的价值关系，改造原有的、不合理的价值关系，社会就会完成重大的改革，就会造就新的一代管理者和决策者。

三、决策环境对价值观念的选择

在决策活动中，不同职位对不同价值观念的管理者是有优先选择的。例如，跨国公司对总经理责任心的要求是非常高的。因为在新技术条件下，总经理的决策在时间和空间跨度上所涉及的风险，对企业都是生死攸关的，同时对社会经济也会产生巨大的影响，因此总经理必须能把企业和社会的共同利益置于个人利益之上，他必须把自己的每一个行动、每一项决策都建立在坚实的原则基础之上，他不但应该通过知识、能力和技巧来实施领导，他更应该通过洞察力、勇敢精神、负责态度及正直品格来领导好他的部门。因此，要想成为一名成功的公司管理者，不管他受到什么层次的教育，最终起决定作用是他的正直品格。对公司管理者而言，"智力比知识更重要，素质比智力更重要，觉悟比素质更重要"。[1]

---

[1] 彼得·杜拉克：成功管理者，黑龙江人民出版社，2002年4月。

经济学家的职业专长在于分析认定事实，进行深入的逻辑推理判断，包括从社会认可的基本价值判断出发分析一些非基本的价值判断的正确性。回答"应当是怎样"的问题，他只能说"如果你的基本价值判断如此，那么这件事就应当是这样的……"，在涉及政治和伦理的价值判断时，经济学家同街上任何一个提着篮子购物的家庭主妇一样，并不具有特殊的资格。例如斯密将经济人作为其微观经济学理论体系的前提假设，他首先假定作为经济人的主要心理促动机理是自利动机；其次，他假定宇宙中所存在的自然秩序使得个人的自利行为有利于社会福利的形成；最后他总结了一个原理：最好的管理是让经济活动自由运转，即众所周知的自由放任、经济自由或非干预主义思想。

四、偏好对决策的影响

在决策中，决策者经常对备选方案中的各种方案表现出不同的爱好倾向，这就是管理决策中时常使用的"偏好"（Preference），它是在一定价值观驱使下的选择表现，它制约决策目标和决策方案的选定。

"偏好"一般比较抽象、笼统，用来衡量决策者对某事件或某方案偏好程度的是"效用"（Utility），它是后果对决策者愿望的满足程度。程度的度量可以通过效用标准评分、效用曲线、效用函数来实现。效用并没有固定的、统一的计量单位，所以很难确定"效用绝对值"，往往通过比较定出它的相对值。

在决策中人们总是希望项目以及实施方案能使系统实现价值最大化。但在有些场合，必须考虑决策者的偏好，从而追求满足决策者偏好的效用最大化。请看以下三例：

【例 2-1】 某决策者面临两种投资机会，选择机会 A 将会给其带来 10000 元的净收益；选择机会 B 会给其带来 8000 元的净收益。那么无疑这个人会选择机会 A。事实上，在这种情况下每个人都会作出同样的选择，这时是不需要使用效用概念的。

【例 2-2】 假设某项竞赛的获胜者可从两辆同样价格、同样型号、同样档次但厂家不同的轿车中间挑选一辆，一款是通用汽车公司生产的雪佛兰轿车，另一款是福特汽车公司生产的福特轿车。那么，获胜者的选择完全有赖于他的主观爱好和品味了。在这种情况下要比较所作选择对决策者偏好的满足程度，需要使用效用概念。

【例 2-3】 假设某人要买一辆汽车，选择是在一辆经济实用的马自达和一辆奢华的卡迪拉克之间进行，马自达车除不具备卡迪拉克牌汽车所具有的那些奢华特征外也具备了卡迪拉克牌车所具备的全部实用功能。马自达的车价为 15 万元，卡迪拉克的车价为 30 万元。这时，作出这项决策所依据的就是卡迪拉克车的奢华特征对于购车者的效用（偏好程度）与 15 万元对于购车者所能增加效用之间的比较。

从上面三个例子中，我们可以得出以下结论：

（1）如果决策时依据的价值均为交换价值（如例 2-1），那么决策者就可能直接在价值之间选择具有较大交换价值的方案，不必采用效用。

（2）如果决策者依据的价值均为使用价值（如例 2-2），那么在使用价值之间的比较就类似于在效用之间的比较。因为一种物品对于一个人的使用价值自然的也就是该种物品对于他的效用。这样的选择有赖于主观的偏好，而这种偏好则是由需要、品味等决定的。

（3）如果一种价值是交换价值，另一种是使用价值（如例 2-3），那么，有关的比较就是在效用之间比较，而选择也同样根据的是主观的偏好。

五、风险态度与效用函数

在风险条件下的决策行为首先取决于决策者的风险偏好，通常决策者对风险的偏好类型可分为三种：风险厌恶（Risk Avoiding）、风险中性（Risk Neutral）和风险偏爱（Risk Seeking）。个人风险偏好不同，有的人可能是不愿冒险，有的人则不在意是否冒险，还有的人乐于冒险。对于两个的净现值均为1000元的投资方案，方案 A 有确定的净现值1000元，方案 B 可能状态有两种，一种净现值2000元，概率50%，另一种净现值是0，概率50%，期望净现值1000元。风险厌恶者会乐于选择 A 方案，风险偏爱者会选择 B 方案，风险中性者则对 A、B 方案无差异。

投资风险对投资者的目标贡献取决于投资者的风险类型：对于风险厌恶型投资者，风险对其产生负作用，即风险愈大效用愈低；对风险中性的投资者，风险对其无影响；而对风险偏爱型的投资者，风险愈大效用愈大。将上述关系用数学方法加以描述就引出了效用函数的概念。设投资方案的效用为投资收益（V）和风险（σ）的函数：$U(v, \sigma)$。对应上述三种典型的风险态度，效用函数表现出三种不同的特征：

（1）对风险厌恶者而言，风险的边际效用为负值，即 $\partial U/\partial \sigma < 0$，其风险/收益无差异曲线表现为上凹曲线，如图 2-1（a）所示，其风险/收益边际替代率大于零，这表明回避风险的投资者在承担风险时会要求有相应的超额收益作为风险的报酬。

（2）对风险中性的投资者，风险的边际效用为零，即 $\partial U/\partial \sigma = 0$。他们以期望收益最大为唯一的决策准则，无差异曲线为一族平行线，如图 2-1（b）所示。

（3）对风险偏爱型的投资者其效用函数是风险的增函数，$\partial U/\partial \sigma > 0$，即风险越大，其满足程度越高。显然，这种类型的人以冒险为乐事，其无差异曲线表现为一族下凹曲线，如图 2-1（c）所示。他们的风险/收益边际替代率小于零，即当承担较大风险时不仅不要求额外的风险补偿，而且还愿意支付一定的"风险补贴"。

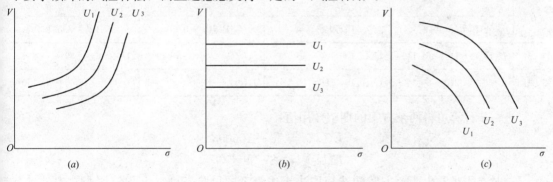

图 2-1 效用无差异曲线

（a）风险厌恶者的无差异曲线；（b）风险中性者的无差异曲线；（c）风险偏好者的无差异曲线

六、期望效用决策原则

在风险决策条件下，确定投资决策者的效用函数后，就可以采用期望效用值进行投资方案的决策了。具体过程如下：

（1）首先分析确定各种可能的客观状态（θ_j）及其概率 P_j（分布）；

（2）分析确定各方案在各状态下的效果（损益）值，并将结果列于决策矩阵中（如表 2-3 所示）；

(3) 确定效用函数。效用函数有多种表现形式，其中常用的是：二次效用函数：$U(x) = x - \beta \cdot x^2$，指数效用函数：$U(x) = -e^{-\beta x}/\beta$ 以及对数函数：$U(x) = \lg x$。其中对数函数是典型的风险规避者的效用函数，二次效用函数和指数效用函数代表的风险态度取决于函数中的参数 β，β 值越大越代表风险规避，β 值越小越代表风险偏爱；

(4) 计算各方案在不同状态下的效用值：$u_{ij} = U(v_{ij})$；

(5) 计算各方案的期望效用值 $E(U_i) = \sum\limits_{j=1}^{n} P_j \cdot U(v_{ij})$，具有最大期望效用值的方案为最优方案。

【例 2-4】 表 2-3 是某建设项目的两种方案在四种市场状态下的净现值及其概率分布，市场销售状态 θ_1、θ_2、θ_3、θ_4 分别代表项目建成后面对的市场状态：产品旺销；销路一般；销路不好；没有销路。

某建设项目的两种方案的净现值表　　　　表 2-3

方案	市场状态	θ_1	θ_2	θ_3	θ_4
	概率 P	$P(\theta_1) = 0.3$	$P(\theta_2) = 0.4$	$P(\theta_3) = 0.2$	$P(\theta_4) = 0.1$
A_1	损益值	140	100	20	-80
A_2	损益值	240	180	-200	-160

假定决策者的效用函数为二次型，即 $U(x) = x - \beta \cdot x^2$，各方案在各状态下的效用值计算结果如表 2-4 所示。

某建设项目的两种方案的效用值表　　　　表 2-4

方案	θ_1	θ_2	θ_3	θ_4
	$P(\theta_1) = 0.3$	$P(\theta_2) = 0.4$	$P(\theta_3) = 0.2$	$P(\theta_4) = 0.1$
A_1	$U_1(\theta_1) = 140 - \beta \cdot 140^2$	$U_1(\theta_2) = 100 - \beta \cdot 100^2$	$U_1(\theta_3) = 20 - \beta \cdot 20^2$	$U_1(\theta_4) = -80 - \beta \cdot 80^2$
A_2	$U_2(\theta_1) = 240 - \beta \cdot 240^2$	$U_2(\theta_2) = 180 - \beta \cdot 180^2$	$U_2(\theta_3) = -200 - \beta \cdot 200^2$	$U_2(\theta_4) = -160 - \beta \cdot 160^2$

进一步计算可得两个方案的期望效用值：
$$E(U_1) = 78 - 10600\beta$$
$$E(U_2) = 88 - 40800\beta$$

这时，不难看出两个方案的选择取决于决策者的风险态度（上述效用函数中的参数 β）。当 $\beta = 0$ 时，方案 2 优于方案 1，结果等同于期望值原则。当 $\beta \neq 0$ 时，令 $E(U_1) = E(U_2)$，得临界 $\beta_0 = 3.31 \times 10^{-4}$。根据 β 值所在的范围不同有以下不同的结果：

(1) 当 $\beta < \beta_0 = 3.31 \times 10^{-4}$ 时，有 $A_2 > A_1$；

(2) 当 $\beta > \beta_0 = 3.31 \times 10^{-4}$ 时，有 $A_1 > A_2$。

根据效用期望决策的结果如图 2-2 所示。

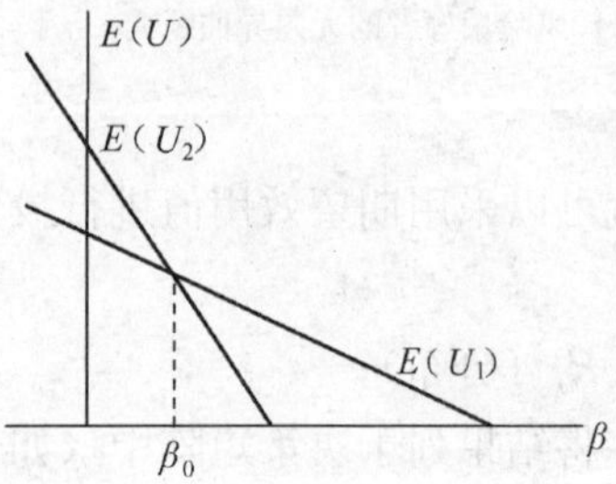

上述结果表明，如果决策者很保守（β 值较大）则方案 A_1 最佳；如果决策很有冒险精神，则方案 A_2 最佳。

图 2-2 风险态度对决策的影响

思 考 题

1. 怎样使决策中事实判断与价值判断紧密联系、相互协调？
2. 在建设项目投资决策中,"灵活应变"与"以不变应万变"是矛盾的吗？
3. 为什么在价值判断时要了解决策主体的需求,在事实判断时要了解客体的需求？

第三章 建设项目的提出和规划

【本章导读】 本章旨在让读者了解：建设项目是投资主体根据投资目标精心策划出来的，不同类型的投资主体提出的项目类别有所差异。主要内容包括：政府投资主体建设项目的提出；企业投资主体建设项目的提出；非盈利组织建设项目的提出；建设项目的规划部署。

第一节 政府投资主体建设项目的提出

一、政府的职能

政府投资主体建设项目的提出与政府的职能是密不可分的。政府职能包括基本职能、校正市场失灵的职能和特殊时期的职能。

政府的基本职能包括：维护国家主权和领土完整；制定法律和维护法律；界定产权和保护产权；监督合同执行；维护本国币值稳定。

政府校正市场失灵的职能包括：建立公共商品提供机制；制定经济可持续发展战略；实现宏观调控，保持经济稳定发展；内部化外部效益；行业管理；促进社会的相对公平；弥补市场的不完全和信息不对称；在国际竞争中驾驭经济的发展。

政府在特殊时期的职能包括：推动市场建立和完善市场机制；促进社会保障体系的建立和完善；对国有资产进行管理；紧急事件或意外自然灾害发生后的善后处理。

二、政府投资项目的类别

（1）基础性项目。包括自然垄断性、建设周期长、投资量大而收益低的项目，如铁路、公路、港口、民航机场、邮电通信、农业水利设施和城市公用设施的建设；需要政府扶植、关系国计民生、国民经济"瓶颈"产业、跨地区的项目，如电站、通信工程、煤矿、石油、天然气、农业、机电产品出口等项目；直接增强国力的支柱产业项目，以及重大高新技术在经济领域应用的项目，如生物、信息、新材料、新能源、空间技术、海洋技术等。

对于基础性项目建设，政府一般通过控股、参股、鼓励社会民间资本参与、集中必要的财力通过项目法人承担。

（2）公益性项目。主要包括科技、教育、文化、卫生、体育、环保等事业的建设；公、检、法、司等政权机关的建设；政府机关、社会团体办公设施的建设；国防设施的建设等。

公益性项目的建设主要由政府直接承担。

三、政府投资项目的产生渠道

1. 国民经济持续稳定发展的需要

（1）根据国民经济长期发展规划和产业政策拟定投资目标。

(2) 社会经济发展中有某种需求，而实际中还没有这种产品或不能满足这种需求，因而需要建设某类工程来弥补发展中的薄弱环节，如高新科技在生产当中应用的产业化项目，以及大型高新科技产业园区的建设。

(3) 存在或新发现某种未被利用的资源，如果合理开发，会给社会和经济建设提供某种服务，恰好国家建设也正需要这些服务，则可开发这些资源或利用这些资源建设相应的工程，如煤炭、矿产资源的开发，利用水利资源建造大型水利水电工程等。

(4) 已有工程其产品或服务已不能适应国民经济发展的需要，则还需建设同类大型工程或改造、扩建原有工程，以满足这些需求，如建设新的水电站、核电站、火电站及大型国有企业生产线，以及铁路运输线的改造和扩建等。

2. 从国民经济结构调整的角度观察

(1) 根据生产力重新布局的要求拟定投资目标；

(2) 根据产业结构调整的要求拟定投资目标。

3. 从社会公平和可持续发展的角度观察

(1) 根据民族团结和不同地区经济社会均衡发展的要求拟定投资目标；

(2) 根据改善生态环境的要求拟定投资目标；

(3) 根据减灾防灾的要求拟定投资目标；

(4) 各种人类文化遗产的保护和综合利用。

4. 战略家的远见卓识

革命先驱孙中山在"建国方略"中提出建三峡大坝和宁波北仑港；毛泽东提出"一定要根治海河"；林则徐发配新疆修渠挖坎儿井。这些后来经时间证明为成功的建设项目，无不饱含着战略家的雄韬伟略。

政府建设项目的提出过程如图3-1所示。

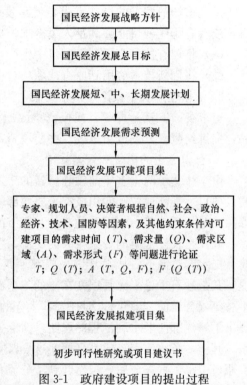

图3-1 政府建设项目的提出过程

第二节 企业投资主体建设项目的提出

一、企业的定义和特征

1. 企业和企业投资主体

企业（Firm）：指市场经济中商业组织的基本单位，它通过融合生产要素，承担风险及有计划、有系统、有组织地经营来达到创造利润的目的。

企业投资主体：指从事投资活动，具有资金来源和自主的投资决策权力，享受投资收益、承担投资责任和风险的经济实体。

2. 企业的目的

企业的基本目的是利润最大化或股东财富最大化。除此之外，企业还有派生目的，如提高生产率水平；技术创新，技术发明；组织设计及组织创新；保证收益达到基准收益率的要求；弹性或适应性；扩大市场容量或创造市场；生产规模扩大。

3. 现代企业的特征

现代企业的主要特征有：具有独立于政府以外的权力；生产规模化；分工合作；生产组织严密；大量采用高新技术；所有权与经营权分离；产品标准化；风险共担；政府宏观间接调控；企业集团大量出现。

二、企业投资主体建设项目类别及项目的提出

企业投资主体的建设项目一般为竞争性项目。建设项目的提出主要有以下途径：

1. 依据消费者主权论，发现市场上消费者潜在的需求

发现市场消费者的潜在需求，就是发现和研究人民物质文化生活的改善需要哪些项目，或者有哪些项目能够满足人民需求，提高人民生活水平。

(1) 将现有技术应用到新项目中生产新产品，扩大产品或服务的市场供给规模；

(2) 将创新技术应用到原有或新项目中，生产出质量和性能更好或成本更低的产品。

2. 依据生产者主权论，追求突破，为消费者创造市场需求

追求突破，就是投资者或投资集团通过技术创新、技术发明，应用新技术生产新产品，提供新服务，创造新市场，并使消费者接受，从而产生新的市场需求。

3. 有识之士的勇气和智慧

由李冰父子两千多年前领导修建的千古都江堰水利枢纽工程已成为世界最伟大的工程建设项目。都江堰位于四川成都平原西部的岷江上，是由"宝瓶口"、"分水鱼咀"、"飞沙堰"三个相互依赖、相互制约、相互调节的主要工程组成的规模巨大的灌溉系统。

岷江是长江上游的一条较大的支流，发源于四川北部高山地区。每当春夏山洪暴发之时，江水奔腾而下，从灌县进入成都平原，由于河道狭窄，古时常常引起洪灾，洪水一退，又是沙石千里。灌县岷江东岸的玉垒山又阻碍江水东流，造成东旱西涝。秦昭襄王五十一年（公元前256年），时任蜀郡太守的李冰凭借过人的胆略，邀集有治水经验的农民，提出了修建都江堰水利工程的思路：凿穿玉垒山形成"宝瓶口"引水，将岷江水流分成两条，其中一条水流引入成都平原，这样既可以分洪减灾，又达到了引水灌田、变害为利。宝瓶口引水工程完成后，虽然起到了分流和灌溉的作用，但因江东地势较高，江水难以流入宝瓶口，李冰父子率众又在离玉垒山不远的岷江上游和江心筑分水堰，用装满卵石的大竹笼放在江心堆成一个狭长的小岛，形如鱼咀，岷江流经鱼咀，被分为内外两江。外江仍循原流，内江经人工造渠，通过宝瓶口流入成都平原。为了进一步起到分洪和减灾的作用，在分水堰与离堆之间，又修建了一条长200米的溢洪道流入外江，以保证内江无灾害，溢洪道前修有弯道，江水形成环流，江水超过堰顶时洪水中夹带的泥石便流入到外江，这样便不会淤塞内江和宝瓶口水道，故取名"飞沙堰"。

李冰父子领导修建的都江堰是我国现存的最古老而且依旧在灌溉田畴，造福人民的伟大水利工程。

4. 实业家的胆略和远见

香港合和有限公司董事总经理胡应湘，因最早来内地投资，兴建交通能源等大项目，并取得令人瞩目的成绩而受到中外人士的赞赏，被誉为有眼光、有胆识的实业家。

1981年胡应湘来到北京，他认为，祖国经历文革，百废待兴，建设机会不少，作为

一个爱国的港人,应当为祖国的强盛献力。胡氏投资内地第一个项目是邀请李嘉诚等共建广州中国大酒店。他亲任工程建筑和技术总管,中国大酒店很快落成,并成为内地十佳宾馆之一。宾馆建好了,胡应湘又发现一个问题:中国大酒店每天竟耗去广州市2%的电力。缺电,已成为阻碍广东发展的最大瓶颈。胡应湘决心在广东投资电厂,当时中国从无外资兴办电厂的先例。经中央特批,合和公司以"十年经营期"为条件获取兴建沙头角B电厂,胡应湘拉了45家国际银行,组成银团向该项目贷款40亿港元。这座装机容量达70万kW的电厂竟在22个月内竣工发电,打破了电厂兴建的世界纪录,他也成了将BOT项目融资模式引进中国内地的第一人。

早在20世纪50年代,他留学美国之时,就详细分析考察了高速公路对美国经济发展所起的巨大作用,并为此写了数万字的论文。胡应湘认为,珠江三角洲与港澳紧密相连,随港澳及内地经济发展,三地之间关系越加密切,发展高速公路势在必行。这是三地经济发达的重要标志和有力的保障。1978年,他带了广州—深圳—珠海高速公路的建设图纸来到北京,向时任国务院副总理的谷牧建言:有三条高速公路中国非修不可。一是北京至天津,一是沈阳到大连,一是广州—深圳—珠海。他说,决心下得越慢,对经济发展越不利。这以后,他还多次到国内外考察,进行可行性研究。1984年投资达15亿美元的广、深、珠高速公路方案获广东省批准;1987年2月,国务院批准了该项目。4月,胡应湘在深圳铲了第一锹土,广、深、珠高速公路正式破土动工了!1994年,广深段高速公路全线竣工。广珠段亦于1996年通车。

从1979年起,胡应湘为国家兴建的项目如表3-1所示。

胡应湘为国家兴建的项目　　　　　　　　　　表3-1

序号	项目名称	建成年代	总投资	建设规模	资金来源
1	广州中国大酒店(五星级)		1亿元人民币	1013间客房	五位香港知名地产商
2	广东深圳火力发电厂(沙头角B电厂)	1987	44亿元人民币	70万kW	在中国内地首次采用BOT方式,45家银行联合融资
3	广东深圳火力发电厂(C厂)	1996	155亿元人民币	198万kW	
4	广州—深圳高速公路	1994	122亿元人民币	122km	
5	广东顺德四路八桥	1996	36亿元人民币	102km	
6	虎门大桥	1997	27亿元人民币	16km	
7	105国道顺德段	1999	14亿元人民币	32km	
8	广州东南西环高速公路	2000	45亿元人民币	38km	
9	广珠西线高速公路	2004	17亿元人民币	15km	
10	深圳罗湖火车站联检大楼				
	皇岗口岸边检综合检查站				

5. 科学家的创新性劳动

由已故两院院士、"当代毕昇"王选教授主持研制的我国第一台计算机激光汉字照排系统,使《经济日报》印刷厂于1988年卖掉了全部铅字,成为世界上第一家彻底废除了中文铅字的印刷厂。1989年华光Ⅳ型机开始在国内新闻出版、印刷业推广普及,这年年底,所有来华研制和销售照排系统的外国公司全部退出中国内地市场。到1993年,国内

99％的报社和95％以上的书刊印刷厂采用了国产系统，我国报业和印刷业掀起了一场"告别铅与火、迎来光与电"的技术革命。

6. 投资者受到某种启发产生的想法或灵感

某人参观英吉利海峡隧道工程，赞叹之余，联想到我国有台湾海峡，为什么不在那里也建一隧道？回国之后，便写出关于台湾海峡隧道的构思。如今，此项目建议已经得到了国内外积极的响应。

三、企业选择或确立建设项目时应考虑的约束条件和准则

1. 约束条件

(1) 项目优势，特别对项目公司而言；
(2) 投入物的资源优势或产出物的市场优势；
(3) 地缘优势；
(4) 技术优势；
(5) 环境优势；
(6) 信息资源优势；
(7) 早期进入优势等。

2. 企业提出建设项目时应遵循的准则

(1) 没有投资就没有收益，不付出努力就不会有收获；
(2) 缺乏自信者只能得到低回报，而轻信者则有可能落入陷阱；
(3) 主动积极地自主决策；
(4) 投资领域不需要完美主义者。

四、世界经济发展趋势下的企业投资目标

(1) 知识经济引发对迅捷高效的信息产品的广泛和超强度的需求；
(2) 关注下一代而引发的教育投资热；
(3) 环境意识提高引发的环保投资；
(4) 安全投资；
(5) 生物技术投资。

第三节 非营利组织建设项目的提出

一、非营利组织的分类

非营利组织是不以营利为目的的社会组织。按照组织服务对象范围的不同，非营利组织分为社会性组织和集团性组织两类。社会性组织如卫生事业、教育事业、科研机构、宗教团体、文化组织、慈善事业等社会组织。集团性组织如各种政治党派、基金会、工会、商会、学会、企业联合会等。

非营利组织的具体表现形式如图3-2所示。

二、非营利组织的特点

非营利组织与企业和政府相比具有以下一些不同的特点：

(1) 以社会和集团利益为目标，不以盈利为目的，不追求利润最大化；
(2) 主要提供公共商品或服务，一般不提供私人商品或服务；

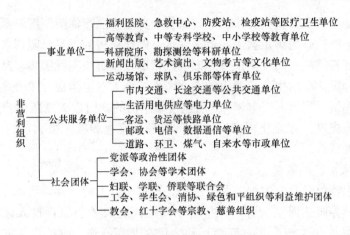

图 3-2 非营利组织的形式

（3）收入具有非价格来源，在财务上对客户的依赖性较小，资金一般源自于服务性收入、政府拨款、各种捐赠和资助等款项；

（4）常常可获得政府的减免税收并享受某些特殊政策的优惠；

（5）在世界范围内，非营利组织有逐步民营化和企业化的趋势。

三、非营利组织建设项目产生渠道

1. 扩大服务范围的需要

非营利组织建设项目产生的主要渠道之一是：满足社会经济快速发展，扩大服务范围，例如，高等教育在整个教育事业中处于龙头地位。高等教育的发展程度和发展质量，不仅影响整个教育事业，而且关系到社会主义现代化建设的未来。为实现中华民族的伟大复兴，在最短的时间内迅速提升我国人力资源整体水平，满足广大人民群众日益增长的接受高等教育的需求，1999年初，党中央国务院按照"科教兴国"的战略部署，作出了高等教育大扩招的重大决策。经过三年大扩招，我国高等学校在校生总规模从1998年的643万人，增加到2001年的1214万人，净增571万人，四年间几乎翻了一番，创造了世界高等教育发展史上的奇迹。随着高校扩招政策的实施，全国普通高校在办学的"硬件条件"建设方面，通过采取超常规发展的筹资思路和举措，拨、贷、筹、租并举，克服了制约高教规模扩张的资源投入瓶颈，高校校舍建筑面积实现了与扩招的同步，成效显著。从1999年到2001年，全国普通高校占地面积增长了80%，新增校舍建筑面积1亿多平方米，增长了70%，相当于1990年至1998年8年间新增校舍建筑面积总和5500多万平方米的近2倍，也相当于新中国成立后、改革开放前30年高校校舍建筑面积总和4000多万平方米的2.5倍。❶

2. 改善服务质量的需要

许多非营利组织建设项目的提出是源于改善服务质量的要求，例如，某市第一人民医院成立于1961年，现已发展成为科室设施齐全、技术力量雄厚、医疗设备一流的综合性医院，担负着市、区以及周边县市部分人民群众医疗健康服务的职责，承担着市、区突发公共卫生事件的应急处理和救治工作，肩负着对医科大学教学和培训义务。随着社会的快

---

❶《中国教育事业统计年鉴》。

速发展,特别是党的农村新型合作医疗、城镇居民基本医疗保险制度不断实施,该院原有的诊疗环境已不能较好地满足病人的就医需要,医疗用房的不足已阻碍着医院的发展。对此,省、市、区三级政府高度重视,想方设法帮助该院解决实际困难,从富民强区的战略高度,从保障人民群众的生命和健康的安全考虑,加大对卫生医疗事业的投入,投入约2亿元,保证了建筑面积近万平方米、8层全框架结构的新门诊大楼落成启用。新门诊大楼功能齐全、设施先进、智能化程度高,设计合理、流程顺畅,极大改善了医疗条件和环境,方便了患者就医。

3. 举行重大活动的需要

非营利组织往往经常要组织涉及范围广、影响面巨大的群众性活动,如奥林匹克运动会、亚运会、世界园艺博览会等,在筹备期间往往有大量的项目投入建设,例如,2008年8月在北京举办的第29届奥林匹克运动会仅在北京新建、改扩建和临建的运动场馆就有31项,如表3-2所示。其投资31.3亿元人民币的中国国家体育场是第29届奥林匹克运动会的主会场,位于北京奥林匹克公园内、北京城市中轴线北端的东侧。建筑面积25.8万 m^2,用地面积20.4万 m^2。2008年奥运会期间,承担开幕式、闭幕式、田径比赛、男子足球决赛等赛事活动,能容纳观众10万人,其中临时坐席2万座。奥运会后,可容纳观众8万人,能承担特殊重大体育比赛、各类常规赛事以及非竞赛项目,并将成为北京市提供市民广泛参与体育活动及享受体育娱乐的大型专业场所,成为全国具有标志性的体育娱乐建筑。

北京奥林匹克运动会部分场馆项目   表3-2

新建场馆	改扩建场馆	临建场馆
国家体育场(鸟巢)	奥体中心体育场	国家会议中心击剑馆
国家游泳中心(水立方)	奥体中心体育馆	北京奥林匹克公园曲棍球场
国家体育馆	北京工人体育场	北京奥林匹克公园射箭场
北京射击馆	北京工人体育馆	北京五棵松体育中心棒球场
北京奥林匹克篮球馆	首都体育馆	朝阳公园沙滩排球场
老山自行车馆	丰台体育中心垒球场	老山小轮车赛场
顺义奥林匹克水上公园	英东游泳馆	铁人三项赛场
中国农业大学体育馆	老山山地自行车场	公路自行车赛场
北京大学体育馆	北京射击场飞碟靶场	
北京科技大学体育馆	北京理工大学体育馆	
北京工业大学体育馆	北京航空航天大学体育馆	
北京奥林匹克公园网球场		

4. 资金来源的可能

非营利组织来源于客户服务的收入较少,项目建设受到资金的很大限制,因而资金的来源渠道和数量就成为兴建项目的前提条件,例如,1992年着手筹建,历经3年规划,7年动工兴建的闻名遐迩的中台禅寺,其投资50亿元新台币就是由社会各界捐赠的。中台禅寺位于台湾南投县埔里镇,属于佛教禅宗道场,寺内房间多达450间,可同时容纳2000名僧尼和1000名居士在此居住修行,一个大斋堂可同时容纳1000人用餐。传统寺庙都是平面布局的院落式建筑,而中台禅寺在结构上彻底改变了这种格局,它由一幢主体大厦和若干裙楼组成,主要佛事功能区都集中在主体大厦里,一层是天王殿和大雄宝殿,五层有大庄严殿,九层为大光明殿,十六层是万佛殿,再往上是藏经阁和"金顶"。这种立体结构决定了这座禅寺的诸多与众不同之处。禅寺内采用了中央空调和智能化的控制系统,包括消防设施等,为僧侣和信众们创造了舒适、幽静的环境。开山方丈惟觉老和尚针对多元、多变的社会现实,推行佛教"学术化、教育化、艺术化、科学化、生活化",力图使佛教理念在现代社会焕发新的生机,而中台禅寺的建筑恰恰是其"五化"理念的充分展现。可以想象,这样一座现代化的宏伟建筑群没有充足的资金来源是根本无法兴建完成的。

第四节 建设项目的规划部署

对一个企业或地区而言,建设项目提出后,往往还需要在时间、地点、资源方面进行规划部署,解决的问题主要是:先建哪些,后建哪些,不建哪些,规模如何。建设项目的规划部署可以通过规划模型来进行,下面通过陕北油气田基地建设为例进行说明。

陕北是我国重要的能源基地,现已探明石油储量 11 亿 t。资料显示,2004 年陕西完成原油产量 1308 万 t,跃居全国第四位。陕北地区地质特殊,油井呈蜂窝状,彼此不连通,特殊的地质不适合大规模开采,有必要划出一定的范围委托地方各县开采,寻求民间资本投资开发石油资源。据此,对陕北油田的合理开发要综合考虑以下因素:

(1) 既要满足各省区对原油的需求,又要考虑国家对陕北能源基地的有限投资;
(2) 既要考虑到油田布局对运输的影响,又要考虑到运输布局对油田开采的影响;
(3) 既要考虑各开采点吨油投资、生产费用等情况不同,又要考虑到各开采点到各炼油厂的运输线路的基建投资和运输成本的差别;
(4) 既要考虑到开正规井,保证一定的在建规模,保护资源,合理开采,又要考虑到地方井、乡镇井投资少,布局灵活等特点。

需用陕北石油的炼油厂遍布全国,而陕西省内,不同地区对原油的需求,打井投资,生产成本,外运能力,资源情况等都各不相同。为了便于研究,可用图 3-3 所示的模型描述这一系统,然后将其转化为数学模型进行研究。图中△表示待选新石油开采点,▲符号表示已有开采点,□符号表示原油需求点,○符号表示转运点,→符号表示现有运输线路和货流方向,虚

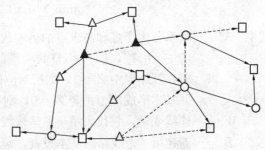

图 3-3 矿点、需求点、转运点、运输网示意图

箭线表示待选的运输线路和货流方向。研究的目的是统一考虑已建、待建开采点、运输线路和各地需求量,合理部署各待建开采点和线路。这一目的可通过将图转化为多目标混合 0—1 规划模型来达到。

一、目标函数

1. 目标函数 1

目标函数 1 反映了在国家投资有限的情况下,陕北油气田的发展应该既能满足需求,又使油田建设和开采的总费用最小。

$$\min \sum_{r=1}^{R} \Big[\sum_{i=1}^{N_r} (ac_{ri}x_{ri} + b_{ri}y_{ri}) + (ac1_r + d1_r + b1_r)y1_r + (ac2_r + d2_r + b2_r)y2_r \Big] \tag{3-1}$$

式中　　　R——油田生产区个数。

　　　　　N_r——第 r 油田生产区（下面简称第 r 区）具有开发条件的新油井数。

　　　　　$x_{ri} \in [0,1]$，是一个 0～1 整数变量，它对应于第 r 区，第 i 口新井。若计算结果中 $x_{ri}=1$，则所对应的新矿井在规划期末应形成生产能力，其开工时间可根据其工期长短确定；若 $x_{ri}=0$，则不开工建设。

　　　　　y_{ri}——连续变量，代表与 x_{ri} 对应的第 r 地区，第 i 口新油井规划期末的产量。

　　　　　$y1_r$ 和 $y2_r$——连续变量，分别表示第 r 地区市区县所属石油企业和乡镇石油企业规划期末的产量。

　　　　　a——将一次性投资转化到年经营费用的转换系数。

　　　　　c_{ri}——第 r 地区，第 i 口省属国有石油企业新油井的基建投资。

　　　　　b_{ri}——第 r 地区，第 i 口省属国有石油企业新油井吨油生产成本。

　　　　　$b1_r$ 和 $d2_r$——第 r 地区市区县所属石油企业和乡镇石油企业的吨油生产成本。

　　　　　$d1_r$ 和 $d2_{rw}$——第 r 地区市区县所属石油企业和乡镇石油企业的吨油短途装运费用。

　　　　　$c1_r$ 和 $c2_r$——第 r 地区市区县所属石油企业和乡镇石油企业的基建吨油投资。

2. 目标函数 2

目标函数 2 反映了国家投资紧张的情况下，在陕北原油外运能力发展中，应当既满足需求，又使运输的总费用最省。

$$\min \sum_{j=1}^{M} [aB_jZ_j + P_jW_j] \tag{3-2}$$

式中　M——联系各生产点和需求点的运输线路的总条数。

　　　$Z_j \in [0,1]$，为 0～1 整数变量，它对应于第 i 条有可能新修建的运输线路。若计算结果中 $Z_j=1$，则所对应的第 j 条新的运输线路应该在规划期末建成，并基本形成能力；若 $Z_j=0$，则不必修建。

　　　W_j——连续变量，它代表第 j 条运输线路上规划期末年的运量。

　　　B_j——新建第 j 条线路的基本投资，包括相应的车船投资（一次性投资）。

　　　P_j——第 j 条线路的吨油运输成本。

其余符号含义同前。

3. 目标函数 3

目标函数 3 反映出，虽然目前投资少，又急需原油，但从长远考虑还是应当保护资源，合理开采和利用资源，使资源浪费为最少。

$$\min \sum_{r=1}^{R} (a1_ry1_r + a2_ry2_r) \tag{3-3}$$

式中　R，$y1_r$ 和 $y2_r$ 同上。

　　　$a1_r$ 和 $a2_r$ 分别为市区县所属石油企业和乡镇石油企业由于回采率低，浪费的资源价值。

可见陕北油气田建设是一个多目标规划问题，通过加权并合，可以得到一个总的目标函数：

$$\min\left\{\beta_1 \sum_{r=1}^{R}\left[\sum_{i=1}^{N_r}(ac_{ri}x_{ri}+b_{ri}y_{ri})+(ac1_r+d1_r+b1_r)y1_r+(ac2_r+d2_r+b2_r)y2_r\right]\right.$$
$$\left.+\beta_2 \sum_{j=1}^{M}[aB_jZ_j+P_jW_j]+\beta_3\sum_{r=1}^{R}(a1_r y1_r+a2_r y2_r)\right\} \tag{3-4}$$

二、约束方程

1. 满足生产需求约束

这个约束表明，原油生产地区原有产量加上新增产量和净输入量，应大于或等于本地区的需求量。

$$A_r+y1_r+y2_r+\sum_{i=1}^{N_r}y_{ri}+\sum_{j\in M^+(r)}W_j^+ -\sum_{j\in M^-(r)}W_j^- \geqslant D_r$$
$$r=1,2,\cdots,R \tag{3-5}$$

式中　$M(r)$——第 r 地区（生产地区或需求地区）输入或输出的运输线路的集合；

$M^+(r)$——第 r 地区（生产地区或需求地区）输入的运输线路的集合；

$M^-(r)$——第 r 地区（生产地区或需求地区）输出的运输线路的集合；

$W_j^+(r)$——第 r 地区（生产地区或需求地区）第 j 条输入线路的运量，$W_j^+\in M^+(r)$；

$W_j^-(r)$——第 r 地区（生产地区或需求地区）第 j 条输出线路的运量，$W_j^-\in M^-(r)$。

A_r——r 生产地区现有的原油总产量（包括中央省属国有企业、市区县国有企业和乡镇企业）和规划期内省属国有企业通过改、扩建新增产量之和；

D_r——第 r 地区规划期末本身的原油需求量。

2. 满足消费需求约束

这个约束要求消费地区陕北原油的总输入量减去总输出量应大于该地区的需求量。

$$\sum_{j\in M^+(r)}W_j^+ -\sum_{j\in M^-(r)}W_j^- \geqslant D_r' \quad r=1,2,\cdots,R' \tag{3-6}$$

式中　R'——陕北原油需求地区总数；

D_r'——第 r 需求地区规划期末陕北原油需求量。

3. 省属国有企业生产能力约束

$$0\leqslant y_{ri}\leqslant Q_{ri}'x_{ri} \quad r=1,2,\cdots,N_r \tag{3-7}$$

式中　Q_{ri}'——第 r 地区，第 i 口新油井规划期末所能达到的最大产量。

4. 市区县国有企业、乡镇企业资源约束

本约束是保证在第 r 地区资源有限的情况下，市区县国有企业和乡镇企业不能过量开采。

$$0\leqslant y1_r\leqslant E1_r \quad r=1,2,\cdots,R \tag{3-8}$$
$$0\leqslant y2_r\leqslant E2_r \quad r=1,2,\cdots,R \tag{3-9}$$

式中　$E1_r$ 和 $E2_r$——地方国有企业和乡镇企业最大允许开采量。

5. 保证在建规模约束

为了维持陕北油气田的可持续发展，在需求量不断增长的条件下，要保证生产平稳上升、均衡发展，同时按照客观规律，每年有一定规模的在建能力，以避免供应出现青黄不接的现象。在建能力的保证可用下式表示：

$$GQ = (ra + rb)T \tag{3-10}$$

式中 ra——年平均能力增长数；
　　　rb——年平均能力报废数；
　　　T——油井建设平均工期；
　　　GQ——要保证的在建规模。

通过式（3-10）和陕北石油能源基地的长远发展规模设想，就可以得到应保证的在建规模。约束方程见式（3-11）：

$$\sum_{r=1}^{R}\sum_{i=1}^{N_r} Q_{ri} x_{ri} \geqslant L \tag{3-11}$$

式中 Q_{ri}——第 r 地区、第 i 口新井的设计能力；
　　　L——陕北油气田基地规划期内应保证的在建能力。

6. 运输线路能力约束

$$0 \leqslant W_j \leqslant V_j Z_j + v_j \quad j=1,2,\cdots,M \tag{3-12}$$

式中 v_j——规划期末现有的第 j 条线路保证的陕北原油运输能力；
　　　V_j——第 j 条新建线路规划期末的陕北原油运输能力。

7. 国有企业投资约束

$$\sum_{r=1}^{R}\sum_{i=1}^{N_r} c_{ri} x_{ri} \leqslant S_1 \tag{3-13}$$

式中 S_1——可提供给在规划期末能够基本形成能力的新油井的投资。

8. 地方企业投资约束

$$\sum_{r=1}^{R} c1_r y1_r \leqslant S_2 \tag{3-14}$$

式中 S_2——在规划期内地方企业可筹集到的建设资金。

思 考 题

1. 提出一个成功的建设项目需要哪些条件？
2. 让别人接受一个好的投资建议需要做哪些工作？
3. 如何评价一项投资计划的优劣？

第四章 建设项目系统分析

【本章导读】 本章旨在让读者了解：建设项目的提出和战略部署的重点在于考虑总体布局的合理性、协调性和经济性，考虑工程建设与社会经济发展步骤的适应性，对某工程的建设只能给出一个方向性的结论。然而对投资项目决策这样的复杂问题，到此为止是远远不够的，还需要在战略部署或战略规划的指导下进行系统分析和关键问题的确定，进而才能在此基础上拟定建设方案。本章主要内容包括：建设项目系统结构分析；建设项目的系统动力学分析；建设项目的多维综合研究。

第一节 建设项目系统结构分析

一、建设项目系统分析的任务

工程建设的正确决策，依赖于对工程系统特性和其对环境变化敏感性的研究和掌握。只有通过系统分析，了解了系统内部的关键要素或制约因素以及其与外部环境之间的关系，才能保证决策的正确和可靠。系统科学界的阿科夫（R. Ackoff）教授在总结系统分析的经验时说过："解决错误问题引起的失误比错误地解决正确问题引起的失误要多得多"。工程建设系统分析正是要正确地认识面临的问题，为解决问题做好准备。

在投资项目决策中，系统分析的任务是：

（1）全面掌握哪些因素可能影响工程建设，如何影响；
（2）分析预测工程建设期间可能遇到什么问题；
（3）工程建成后可能产生哪些后果和影响；
（4）为设计方案和建立评价指标体系以及对方案进行客观的评价指明方向，奠定基础。

从系统分析的任务中可以看到，首要的任务是要弄清与工程建设有关因素间的关系结构，以便人们抓住关键问题，深刻认识面临的问题，采取相应的对策。国内外工程建设实践经验告诉我们，宁可对整个系统的关键要素的判断做到大体正确，也不求对系统中不重要的部分做到精确；一个好的系统决策模型的作用更多地在于提出好的问题，而不是给出解答方案；不需要更多的解释对策，而是给出各种可供选择对策的一些后果。

二、建设项目系统结构生成

投资项目系统分析通过结构模型来进行。结构模型可用来揭示复杂系统要素间的相互关联方式。它更多地强调要素之间是否有关系及其对投资项目影响的重要性，而不是建立变量之间严格的数学关系以及精确地确定有关系数。因此，进行系统分析的基础工作：一是辨识要素集；二是确定要素之间的关系集。

在投资项目决策阶段，系统要素的选择通常带有很大的直觉性和主观性。要素（变量、子系统、目标等）的选择是建立在个人或小组的经验、讨论和文献检索的基础上，这是一个循序渐进的螺旋上升过程。要想找到一次生成所有关键要素的工具是不可能的。这个循环的过程包括以下三个步骤：

（1）通过调查、咨询、讨论和查阅文献，考察系统涉及的所有方面，罗列出有关系统的所有要素。在进行该项工作时，最主要的是要有一个非常自由、又能激发人思维的环境，此时可采用一些技术协助方法来尽可能罗列出所有要素，如：头脑风暴法、德尔菲法、功能分析法。

（2）从列出的要素入手，分析各方面的纵向及横向联系。其中因果联系的形式可以有以下四种：

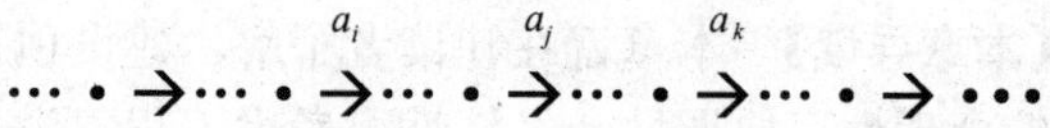

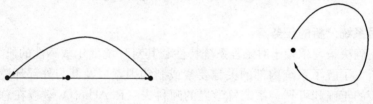

图 4-1　要素因果链

①因果链（图 4-1）：如果有可能因果链要一直追下去，但也必须有一个适当的限度，这一矛盾只能根据具体情况来解决。

②互为因果和自为因果（图 4-2、图 4-3）：互为因果和自为因果的关系使各种要素的相互作用形成一个环，环是一种无端的结构。在这种情况下，事物发展的终极原因不必追溯到系统以外的因素，系统内部相互作用就决定了事物的发展变化。

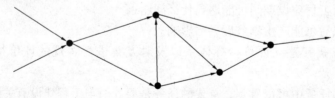

图 4-2　要素互为因果　　　　　图 4-3　要素自为因果

③因果网（图 4-4）：在因果链中会出现一些结构复杂的交点。这些交点意味着某一事件可能是许多原因共同作用的结果，而这一事件也可能造成或参与造成许多结果。这时的因果关系就会成为网状。

图 4-4　要素因果网

④概率因果：事实上在建设项目投资决策中，许多要素之间的原因是随机的，原因 a_i 可能会引起结果 a_j，但也不一定会引起结果 a_j，结果 a_k 有可能由原因 a_j 引发，但也不是十分肯定。我们把这种不确定性的因素关系叫"概率因果"。

（3）在上述罗列和分析的基础上，组织有关专家、规划和决策人员以及技术人员进行讨论，进一步修改和补充。

反复进行以上两步工作，直到满意为止。

在所有要素得到后，哪些是主要的，哪些是次要的，可在结构分析时再作考虑。

三、建设项目系统分析的结构解析模型

对于一项建设项目，我们应从政治、社会、技术、经济、资源、生态环境和组织及人等多个方面入手分析影响工程建设的要素。然而，由于工程庞大复杂，这些因素一般数量很

大，且其间关系更是错综复杂。若仅仅罗列出来，有时不仅不会帮助决策者研究分析问题，反而把人搞得不知从何处下手。因此，为了深入研究工程项目投资建设的利弊，做好决策，我们不仅要认真分析和罗列影响工程建设的要素，更重要的是要透过众多的因素和复杂关系的表面现象去抓住主要因素的本质联系。这类问题可用结构解析模型法进行分析。

解析结构模型是一种总体分析模型，它首先是分析研究与投资项目有关的情况，确定各种影响因素及其相互间的关系，这些因素和联系便构成了一种有向图。然后通过有向图相邻矩阵，使复杂的系统分析分解成多级递阶结构形式，使众多因素间错综复杂的关系条理化、系统化。

下面结合美国田纳西河大型水利水电工程的实例，说明此方法的具体应用步骤。

1933年以前的田纳西河不仅不能给两岸人民造福，而且经常泛滥成灾，洪水淹没大片农田，卷走牲畜，毁坏家园，造成水土流失，瘟疫流行，人民生活水平远比美国当时其他地区低。1933年，美国政府为开发田纳西河流域组建了田纳西河流域管理局。管理局首先对开发方案涉及的关键要素进行分析。专家一开始就认识到不能片面地从某一个方面对田纳西河进行开发。如果仅建设制洪系统，那么被洪水冲下山的泥沙很快会堵塞系统；如果两岸人民穷得连电都买不起，那么水力发电有何用？如果生产不发展，没有货物可运，那么航运如何能发展起来？因此，管理局决定运用系统工程的分析方法，对整个流域进行综合治理。他们经过论证确定了整个开发系统的六个要素，如表4-1所示，要素之间的关系如图4-5所示，流向图相邻矩阵如式（4-1）所示，多级递阶结构图如图4-6所示。

影响大型水利水电工程建设的主要因素　　　　　　表4-1

序号	工程建设项目要素	序号	工程建设项目要素
1	治洪	4	生态环境建设
2	发电	5	改变生产方式，进行产业结构调整
3	通航	6	发展生产不断提高两岸人民生活水平

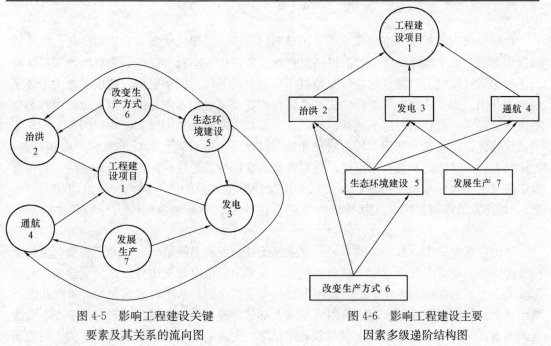

图4-5　影响工程建设关键
要素及其关系的流向图

图4-6　影响工程建设主要
因素多级递阶结构图

$$\text{相邻矩阵} \quad \begin{array}{c} \\ 1 \\ 2 \\ 3 \\ 4 \\ 5 \\ 6 \\ 7 \end{array} \begin{array}{c} 1\ 2\ 3\ 4\ 5\ 6\ 7 \\ \left| \begin{array}{ccccccc} 0 & 0 & 0 & 0 & 0 & 0 & 0 \\ 1 & 0 & 0 & 0 & 0 & 0 & 0 \\ 1 & 0 & 0 & 0 & 0 & 0 & 0 \\ 1 & 0 & 0 & 0 & 0 & 0 & 0 \\ 0 & 1 & 1 & 1 & 0 & 0 & 0 \\ 0 & 1 & 0 & 0 & 1 & 0 & 0 \\ 0 & 0 & 1 & 1 & 0 & 0 & 0 \end{array} \right| \end{array} \quad (4\text{-}1)$$

第二节 建设项目系统动力学分析

系统动力学（System Dynamics，简称 SD）是美国麻省理工学院（MIT）教授福瑞斯特（Jay W. Forrester）提出来的一种计算机仿真技术。它是以系统论、信息论、控制论、决策论等学科为基础，运用计算机仿真技术研究复杂系统的一种方法。它的特点是认为任何现象之间普遍存在因果关系，任何系统均具有一定的结构，并由此结构表现出一定的系统功能和系统行为。通过对系统中各种流量的处理来描述复杂系统运行机制，建立表达系统内各种因素及环境之间相互作用的多重、高阶、非线性反馈模型，通过计算机仿真运行及策略试验，得到用户所关心的、能达到系统未来状态的发展策略。它是以现实存在的世界为前提，不追求"最优解"，而是寻求改善系统行为的机会和途径。从技巧上说，它不是依据数学逻辑的推演而获得解答，而是依据对系统实际的观测所获得的信息建立动态仿真模型，并通过计算机实验室来获得对系统未来行为的描述。因此系统动力学也被誉为"战略与策略实验室"。下面通过我国廉租住房建设项目的系统动力学分析来说明该方法的应用。

目前我国廉租对象界定过程采用了民政部门确定的低保（优抚）家庭中的住房困难者的操作方法。由于低保制度是针对城镇最低收入居民的一项社会保障制度，因此采用这种做法排斥了进城民工、城乡结合部土地被征后的农民等住房弱势群体，造成了新的不公平现象的产生。为了社会政策本身的公平性，我们在廉租对象界定标准的制定过程中有必要考虑进城民工、城乡结合部土地被征后的农民等城市流动人口。即剔除户口因素，不局限于低保（优抚）对象而是用对城市居民和城市流动人口一视同仁的标准来界定廉租对象。无论是农村户口还是非农户口家庭，只要能提供在该城市居住时间足够长的证明，且符合规定的家庭收入标准和住房面积标准（即配租前廉租对象的人均收入、住房面积上的标准），均可申请廉租住房。这就要求建立符合这种要求的新的家庭收入标准和住房面积标准。

廉租住房是一个非常复杂的系统，它隶属于社会经济系统范畴。它除了自身包含的廉租住房供给、需求、配租标准、对象界定标准及廉租住房财政支出外，还会受到来自其他系统的多方面因素影响，比如城市贫困人口状况、城市物价水平、城市住房存量现状以及城市社会经济发展状况等。而这些因素基本上都是随着时间的推移和社会的发展而不断改变的因素；另外，这些因素和廉租对象界定标准之间的关系是非常复杂的，它们之间的函数关系是高阶的和非线性的。这些都非常符合系统动力学研究对象所具有的特点,因此,可以利用系统动力学这一工具对城市未来廉租住房系统状况做出预测,通过调整可控参数的大小对系统进行反复模拟,利用历史数值和未来趋势对不同仿真方案结果合理性进行比较分析和选择,从而确定廉租住房供给、需求、配租标准、对象界定标准,从而使廉租住房系统内部和其他社会经济系统之间达到动态均衡。

一、模型基本假设

模型是实际系统的简化替代,因此,合理的添加一些假设,可以使所构造的模型在描述实际系统的同时不至于因为某些细节的过于复杂而增加工作量及影响模型精度。在此我们为分析问题方便起见作出以下假设:

(1) 廉租住房配租方式为租金补贴。由目前国内的实践过程来看,租金补贴的方式比之实物配租方式具有以下优点:收益成本比率高,解决社会排斥问题有效度高,补贴覆盖面广,有较高的资金利用率和房源充足等❶。因而,目前国内各大城市采用这种配租方式较多。《城镇最低收入家庭廉租住房管理办法》也明确提出,廉租住房配租方式应以租金补贴为主,实物配租为辅,因此,所建模型只考虑了租金补贴这种配租方式。

(2) 有完善的廉租住房腾退机制。考虑到采用租金补贴这种配租方式后,原有廉租对象(不含已退出廉租住房系统的人)在新的一年仍然需要补贴,因而待配租人口的计算方式采用总人口数乘以相关系数来确定,已退出廉租住房系统的人口就不包含在这中间了,因此本系统要求有完善的廉租住房腾退机制。

(3) 补贴标准和配租面积标准(廉租对象在配租后能达到的人均住房面积)为外生变量。由于本系统主要集中解决廉租住房的界定标准问题,为了系统不至于过于复杂,在不影响模型精度的前提下,假定补贴标准和配租面积标准均为外生变量,即不考虑影响这些外生变量的因素。

(4) 申报廉租住房的家庭收入已经核实无误。对于廉租对象收入的核实问题将在下一节讨论,因此,在建立该模型时,认为廉租对象收入已核实无误。

(5) 政府有愿望有能力对廉租住房给予财政支持。目前,各地对于廉租住房的财政支持力度不一:广州市自 1998~2002 年五年间每年投入财政资金 8000 万元,居全国之首,西安市自 1997~2003 年每年投入 250 万元用于廉租住房建设❷,仅为广州市的 3.13%。从总体来看,各地普遍存在财政支出不够,廉租住房资金缺口大的现象。在构建廉租住房系统动力学模型时,考虑财政支出为足额支出,即系统需要多少财政投入,就考虑多少投入,这样也可在一定程度上为政府部门决策提供支持。

二、系统仿真目的确定及系统基本结构

确定系统仿真目的是系统动力学建模的首要任务,它是设计模型模拟条件的前提和基础。廉租住房系统动力学模型的基本目标是找出廉租住房系统中的各个主要因素及其作用机理,以满足廉租住房建设的需要。

廉租住房系统属于复杂的社会经济系统,系统涉及廉租住房供应、需求,廉租住房财政支出等因素,考虑到廉租对象的界定问题,再把人口和国内生产总值纳入到系统中

---

❶ 黄忠. 西安市廉租住房供应体系配租标准研究 [D]. 西安建筑科技大学,2004.
❷ 新华社. 资金紧缺,僧多粥少,西安廉租房分配难. 2003, 10

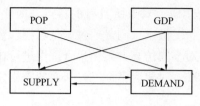

图 4-7 模型基本结构图

其中，GDP—国民经济子系统；SUPPLY—廉租住房供应子系统；DEMAND—廉租住房需求子系统；POP—人口子系统

来，这样，就可得到廉租住房建设的系统动力学模型基本结构如图 4-7 所示。图中箭线表示影响，如国民经济子系统通过住宅建设投资影响新建住宅量从而影响到廉租住房供应量，人口子系统和国民经济子系统分别影响到廉租住房供应子系统和廉租住房需求子系统，廉租住房供应子系统和廉租住房需求子系统之间通过需求供给比（以下简称需供比）而相互影响。

三、因果关系分析

因果关系分析就是要明确系统内部各因素间的因果关系，要理解整个系统的结构机制，以及通过高度抽象的变量或指标描述系统的动态行为。

与其他社会经济系统一样，廉租住房系统内部不同层次的子系统通过物质流、信息流进行耦合，在每一子系统内部又因各元素间的因果规律组成了不同类型的因果关系环。下面先分别分析廉租住房供应子系统、廉租住房需求子系统和人口子系统的因果关系，然后把各个子系统组合到一起分析整个系统的主要因果关系。

1. 廉租住房供应子系统

该子系统主要包含住房存量、住房拆毁量（以下简称拆毁量）、住房新建量（以下简称新建量）、廉租住房供给量（以下简称供给量）和需供比等因素。它们之间的因果关系如图 4-8 所示。图中箭线表示因果关系；箭线上方"＋"和"－"分别表示因素增大导致因果素增大和减小，如需供比增大导致新建量增大，拆毁量增大导致住房存量减小等；（＋）和（－）分别表示正反馈环和负反馈环。

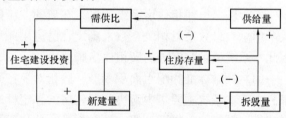

图 4-8 供应子系统因果关系图

如图 4-8 所示，廉租住房供应子系统存在以下主要因果关系：需供比增大导致住宅建设投资增大，住宅建设投资增大导致新建量增大；新建量增大导致住房存量增大；拆毁量增大导致住房存量减小，住房存量增大导致拆毁量增大；住房存量增大导致供给量增大；供给量增大导致需供比减小。

这些因果关系分别构成了两个负反馈环：

①需供比——住宅建设投资——新建量——住房存量——供给量——需供比；

②住房存量——拆毁量——住房存量。

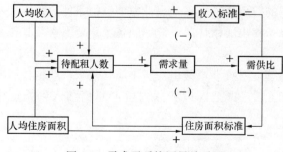

图 4-9 需求子系统因果关系图

2. 廉租住房需求子系统

该子系统主要包含市区人均可支配收入（以下简称人均收入）、收入标准（即家庭人均月收入）、市区人均住房面积（以下简称人均住房面积）、住房面积标准（即家庭人均住房面积）、待配租人数（即符合廉租对象界定标准的人口数量）、廉租住房需求量（以

下简称需求量）和需供比等因素。它们之间的因果关系如图 4-9 所示。

如图 4-9 所示，廉租住房需求子系统存在以下主要因果关系：人均收入增大导致收入标准增大和待配租人数增大；人均住房面积增大导致住房面积标准增大和待配租人数增大；收入标准和住房面积标准增大导致待配租人数增大；待配租人数增大导致需求量增大；需求量增大导致需供比增大；需供比增大导致收入标准和住房面积标准减少。

这些因果关系分别构成了两个负反馈环：

(1) 需供比——收入标准——待配租人数——需求量——需供比；

(2) 需供比——住房面积标准——待配租人数——需求量——需供比。

3. 人口子系统

该子系统主要包含市区总人口数、迁入量、迁出量、出生量和死亡量等因素。它们之间的因果关系如图 4-10 所示。

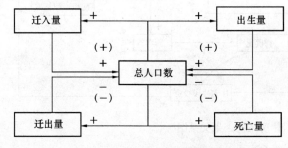

图 4-10　人口系统因果关系图

如图 4-10 所示，人口子系统存在以下主要因果关系：总人口数增大导致迁入量、迁出量、出生量和死亡量增大；迁入量和出生量增大导致总人口数增大；迁出量和死亡量增大导致总人口数减少。

这些因果关系分别构成四个反馈环：

(1) 总人口数——迁入量——总人口数；（正反馈环）

(2) 总人口数——迁出量——总人口数；（负反馈环）

(3) 总人口数——出生量——总人口数；（正反馈环）

(4) 总人口数——死亡量——总人口数；（负反馈环）

4. 廉租住房系统

把各个子系统组合起来，再加上系统的输入（如 GDP）、输出（如所需财政支出）、参数（如补贴标准）和其余因素（如住宅建设投资）等就构成了廉租住房系统。系统主要因果关系如图 4-11 所示。

如图 4-11 所示，系统内部主要存在着以下几条反馈回路：①需供比——新建量——住房存量——供给量——需供比（负反馈回路）；②需求供给比——收入标准（住房面积标准）——待配租人数——需求量——需供比（负反馈回路）。另外，该系统还存在几个小的反馈回路，已在图中标出。

四、SD 模型流程图设计

DYNAMO 是一种计算机模拟语言，它是特地为模拟反馈系统设计的、在系统动力学研究问题中使用的专门语言，有自身特有的规定与规则。用 DYNAMO 写成的反馈系统模型经计算机模拟可以得到随时间变化的系统图像和数据结果。简单介绍 DYNAMO 语言中常用的流程图符号如下：

(1) 状态变量（L）：凡能对输入与输出的变量进行积累的变量 ▭

(2) 速率变量（R）：代表输入与输出的变量

(3) 辅助变量（A）：设置在状态变量和速率变量之间的变量 ○

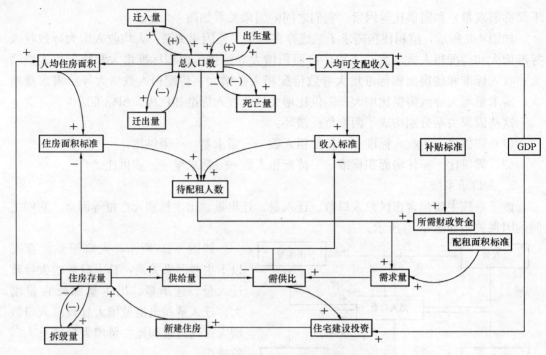

图 4-11 廉租住房系统因果关系图

(4) 表函数：辅助方程的一种函数表示
(5) 常数（C）：在仿真过程中值不变的参数
(6) 信息链：- - - →
(7) 物质流：——→

SD 流程图是根据系统因果关系建立的，是系统动力学特有的模型表示方法，也是设计 DYNAMO 仿真程序的基础。根据上节所述的因果关系，应用系统动力学中变量的特定含义，设置系统的状态变量、速率变量和辅助变量；并根据各变量之间的函数关系，考

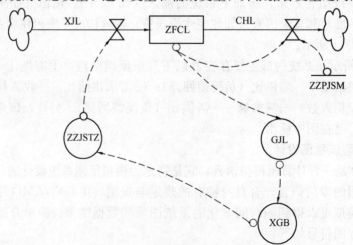

图 4-12 供给子系统系统流程图

图中代码含义如下：
ZFCL—住房存量（m^2）；XJL—新建量（m^2/年）；CHL—拆毁量（m^2/年）；GJL—供给量（m^2）；
ZZPJSM—住宅平均寿命（年）；ZZJSTZ—住宅建设投资（元）；XGB—需供比（无）

虑影响变量的各种因素，绘制出各个子系统及廉租住房系统的流程图，见图 4-12～图 4-15。

国内 SD 流程图中变量代码一般有两种编制方法，一是采用变量名的英文简称，一是采用变量名的汉语拼音首字母。不论采用哪种方法，其代码均不能超过 6 位。本文采用变量名的汉语拼音首字母的方法来表示。

1. 廉租住房供应子系统（图 4-12）
2. 廉租住房需求子系统（图 4-13）

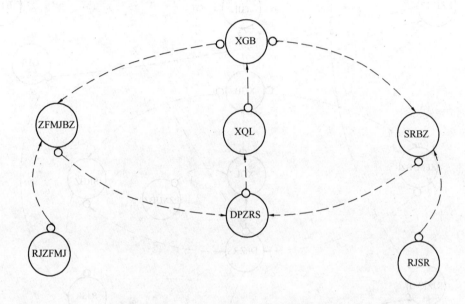

图 4-13 需求子系统系统流程图

图中代码含义如下：
RJZFMJ—人均住房面积(m^2)；RJSR—人均收入[元/(人·月)]；ZFMJBZ—住房面积标准(m^2/人)；SRBZ—收入标准[元/(人·月)]；DPZRS—待配租人数（人）；XQL—需求量(m^2)；XGB—需供比（无）

3. 人口子系统（图 4-14）

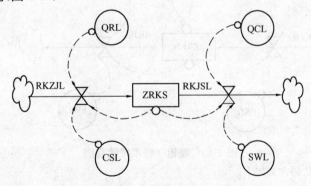

图 4-14 人口子系统系统流程图

图中代码含义如下：
ZRKS—总人口数（人）；RKZJL—人口增加量（人/年）；RKJSL—人口减少量（人/年）；QRL—迁入量（人/年）；QCL—迁出量（人/年）；CSL—出生量（人/年）；SWL—死亡量（人/年）

4. 廉租住房系统(图 4-15)

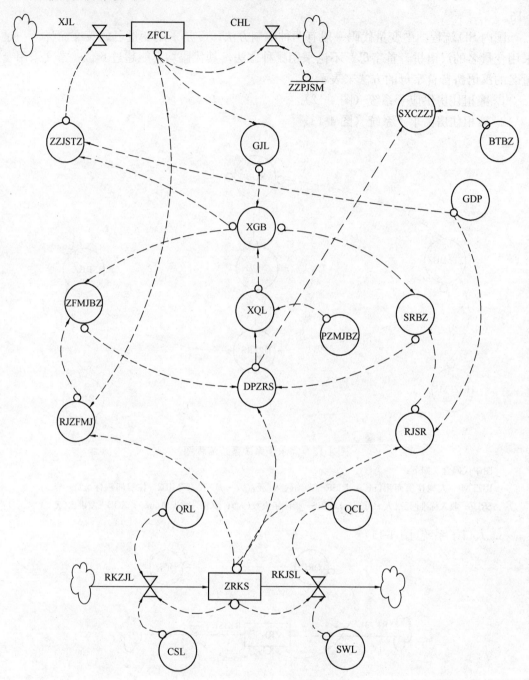

图 4-15 廉租住房系统流程图

图中上文未说明的代码含义如下：

GDP—国内生产总值(地区生产总值)(元)；PZMJBZ—配租面积标准(m^2/人)；BTBZ—补贴标准[元/(m^2·月)]；SXCZZJ—所需财政资金(元)

五、SD 模型结构方程式设计

仅仅依靠流程图还不能定量地描述系统的动态行为，而结构方程式就是定量分析系统动态行为的方程式。它是应用专门的 DYNAMO 语言建立的方程,因此也称为 DYNAMO 方程。系统动力学采用逐段仿真的方法来求得系统的数值解,同时它采用调整参数数值的方法来获得系统的最佳运行结果,从而为决策提供依据。

廉租住房系统 SD 方程包含 2 个状态变量、8 个速率变量。主要的 DYNAMO 方程式如下:

1. 供给子系统

L ZFCL. K= ZFCL. J+DT * (XJL. JK−CHL. JK)
R XJL. KL=DELAY1(ZZJSTZ. K / ZZPJZJ. K,JSZQ)
R CHL. KL=ZFCL. K / ZZPJSM. K
A GJL. K= ZFCL. K * 10/ ZZPJSM. K

2. 需求子系统

A RJZFMJ. K=ZFCL. K / ZRKS. K
A ZFMJBZ. K= MAX(RJZFMJ. K * 60%,ZFMJBZ. J * MIN(XGB. K,1)
A RJSR. K=MAX(GDP. K * SRXS. K / ZRKS. K)
A SRBZ. K= MAX(RJSR. K * SRYXXS,SRBZ. J * MIN(XGB. K,1)
A DPZRK. K=ZRKS. K * SRBJXS. K * MJBZXS. K
A XQL. K=DPZRK. K * PZMJBZ

3. 人口子系统

L ZRKS. K= ZRKS. J+DT *(RKZJL. JK−RKJSL. JK)
R RKZJL. JK=QRL. KL+CSL. KL
R QRL. KL=(ZRKS. K / DT) * QRR. K
R CSL. KL=(ZRKS. K /DT) * CSR. K
R RKJSL. KL=QCL. KL+SWL. KL
R QCL. KL=(TOPOP. K / DT) * QCR. K
R SWL. KL= ZRKS. K / AVLIFE

4. 其余主要方程

A SXCZZJ. K= CLIP (GJL. K/ PZMJBZ,DPZRK. K * BTBZ,XGB. K,1)
A XGB. K=XQL. K / GJL. K
A ZZJSTZ. K= TABHL (TJSTZ,GDP. K,TB,TE,1)

六、模型参数估计与仿真方案设计

系统动力学模型中的参数主要包括系统的决策调控参数和系统客观属性参数,对于系统客观属性参数,如住宅平均寿命、住宅平均造价等可采用对过去或现在状况的调查、对专业工作者的咨询、历史统计资料的搜寻和经验者的合理猜测等方法来确定。本模型的结构方程式为:

R CHL. KL=ZFCL. K / ZZPJSM. K

其中 CHL 表示住宅拆毁量（m^2/年）；ZFCL 表示住房存量（m^2）；ZZPJSM 表示住宅平均寿命（年）。

待估参数 ZZPJSM 采用对过去和现在状况的调查和对未来的合理预测的方法确定为 50 年。

对于某些非线性的量，可以采用表函数的形式给出，函数关系由几个甚至十几个数值来描述，需要估计的是因变量的值，他们可以通过确定特殊点（如端点、拐点等）的数值和斜率大小，通过光滑曲线连接而得到。这一类参数的估计需要更多的经验。

对于决策调控参数，它们是系统模拟的基础，通过对这些参数数值的调整，可以得出不同的系统仿真方案。这些参数包括人口增长率、收入标准、住房面积标准和补贴标准等。

依据上面的参数估计方法，可对具体城市的参数数值进行估计，确定不同的仿真方案后在计算机上进行模拟，利用历史数值和未来趋势对不同仿真方案结果的合理性进行比较分析和选择，即可得到符合该城市总体发展思路的、动态的廉租住房建设参数。

第三节 建设项目的多维综合研究

一、建设项目多维综合研究的必要性

建设项目系统分析的目的是为了全面、深入地了解显在的问题和潜在的问题，慎重、周密、科学地作好前期工作，本章前两节为建设项目前期工作的开展提供了一些分析工具。那么从科学技术发展、技术创新、技术进步以及社会经济的发展趋势来看，建设项目前期工作究竟应该包括哪些内容呢？

建设项目前期工作一般可称之为可行性研究，研究的内容与社会经济的发展和技术不断进步有密切联系，是随着环境的改变而逐步发展变化的。

在 20 世纪 50 年代，当新的科学技术不断涌现时，企业生产的发展很大程度上取决于科学技术的采用。但新技术能否成为工业现实可用的生产手段，则需要作出分析。因此，在 20 世纪 50 年代末国外对"可行性"作了如下的解释："在工程系统设计的任一阶段，这一系统能否成功地被完成，存在一些未知的概率。良好系统的可行性校核，就是对这一系统能超过某一基准水平的成功概率的估计。"在那个时代，可行性研究的方法包括四个方面：

（1）系统性能应符合基本科学定律；
（2）系统与环境相适应，系统部件间相互适应；
（3）系统性能质量应有基本保证；
（4）所拟制的系统与已有系统相比较是否具有改进之处。

20 世纪 60 年代后，可行性研究作为一个社会化、专业化的独立的服务行业从建设项目前期工作中分离出来，其工作的重点也转移到尽可能尊重业主的合理要求。可行性研究的基本内容是：

（1）工程项目需要性预测；
（2）工程项目技术可行性分析；
（3）工程项目经济可行性分析；
（4）与替代方案进行分析比较，并推荐出应采取的行动方案。

这一阶段可行性研究主要从技术和经济两个方面研究工程建设方案的可行性，最后根据几个经济指标选出工程建设的最佳方案。研究中往往比较注重工程花费了多少，可以产

生多少经济效益,而忽视工程对社会和国民经济产生的较深远影响。

在世界经济一体化的当今社会要保证投资项目决策的正确性,必须利用系统工程的思想和方法以及有关专业技术知识,对投资项目从政治、社会、经济、技术、生态环境、组织和人、资源以及风险等多方面进行"多维综合研究",如图4-16~图4-20所示。

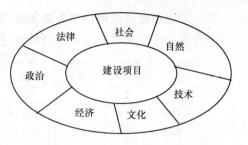

图4-16 建设项目的多维综合研究

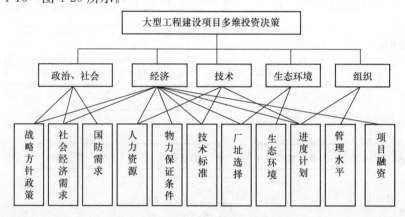

图4-17 多维综合研究的各个方面

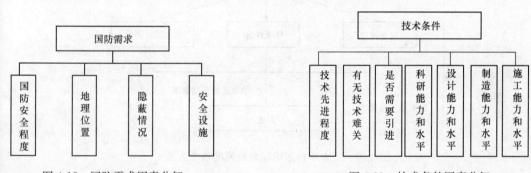

图4-18 国防需求因素分解　　　　图4-19 技术条件因素分解

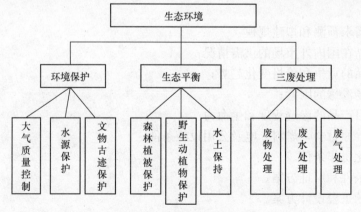

图4-20 生态环境因素分解

二、工业企业建设项目决策的多维综合研究

工业企业建设项目的多维综合研究过程如图 4-21 所示。各阶段的基本内容如下：

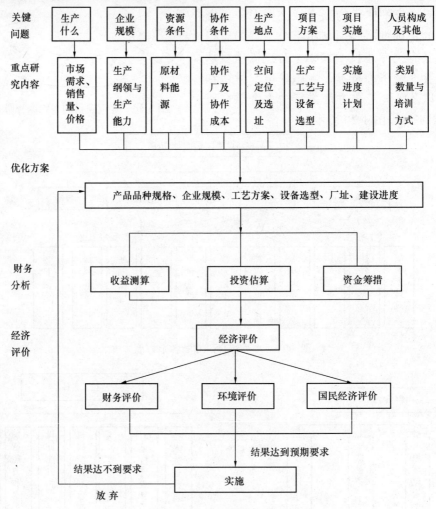

图 4-21 工业项目多维综合研究的各个方面

（1）建设项目提出的背景、投资的必要性和经济意义以及开展此项目研究的依据和研究范围。

（2）市场需求预测和拟建规模：

①项目产品在国内外市场的供需情况；

②项目产品的竞争和价格变化趋势；

③影响市场渗透的因素；

④估计项目产品的渗透程度和生命力。

（3）资源、原材料、燃料、电及公用设施条件。

（4）专业化协作条件。

（5）建厂条件和厂址方案。

（6）项目的工程设计方案。

（7）环境保护。

(8) 组织管理、机构设置、劳动定员、职工培训。
(9) 项目的实施进度计划。
(10) 投资估算和资金筹措。
(11) 项目的经济评价。

三、房地产开发项目决策的关键要素

房地产开发项目多维研究的内容和程序如图 4-22 所示。各阶段研究内容如下：

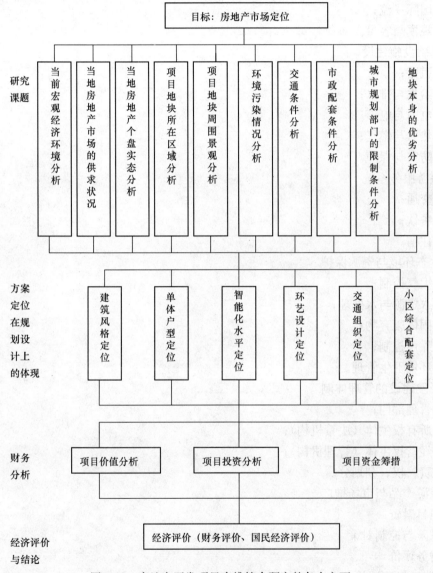

图 4-22　房地产开发项目多维综合研究的各个方面

(1) 房地产市场调查与预测；
(2) 房地产开发项目定位与策划；
(3) 房地产开发项目投资估算；
(4) 房地产开发项目财务评价；
(5) 房地产开发项目不确定性分析。

四、旅游景区开发建设项目决策的多维综合研究

旅游景区开发建设项目的多维综合研究有以下内容：

1. 资源品质界定

（1）人文资源；

（2）自然资源；

（3）国内一流；

（4）国际一流；

（5）规模与容量。

2. 基础设施建设

（1）道路；

（2）给水与排水；

（3）电力与电信；

（4）热力与燃气；

（5）防灾与保障。

3. 旅游服务系统

（1）交通；

（2）餐饮；

（3）住宿。

4. 生态环境与资源保护

（1）大气控制；

（2）水资源与水处理；

（3）固体废弃物；

（4）噪声控制；

（5）环境卫生管理。

5. 开发建设的管理体制

（1）管理部门；

（2）所有权主体（决策机构）；

（3）经营权主体（管理机构）；

（4）责、权、利划分。

6. 旅游产品与市场推广

7. 项目融资

8. 风险与控制对策

9. 财务评价

10. 国民经济评价

思 考 题

1. 建设项目系统分析的手段和方法有哪些？
2. 同类建设项目的关键问题也是类似的吗？
3. 为什么说找到问题比解决问题更重要？

第五章 建设项目实施方案的产生

【本章导读】 每个建设项目都具有明确的目的,而每一个具体目的都是通过实施方案实现的。因此,创造活动方案就成了建设项目前期承上启下的一项重要工作。通过本章的学习,希望读者了解怎样通过方案实现建设项目目标;怎样通过多级多阶段的链式过程创造活动方案。本章主要内容:项目与方案的关系;战略规划方案的产生;建设实施方案的产生。

第一节 项目与方案的关系

如果把建设项目看作为一个技术经济活动,那么从解决问题的先后顺序、问题的涉及面和考虑问题所站的高度来看,这是一个多级多阶段的链式过程。整个过程可以按时间或空间分成若干相互联系而又互相区别的子过程,子过程的最优离不开整体的最优,整体的最优是子过程最优的结果。可以说整个活动是一个不断深入、不断反馈的动态规划过程,其流程图可参见图 5-1。

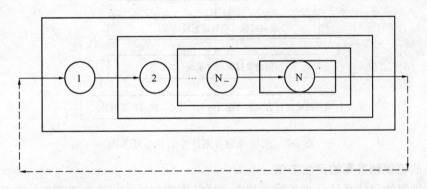

图 5-1 建设项目动态规划过程图

在项目的论证、规划和实施过程中都离不开具体的实施方案,方案是实现项目的最终目标的单元和载体。为分析问题简便起见,在本章中我们把建设项目的实施分为战略规划和建设实施两个阶段,相应的把活动方案分为战略规划方案和建设实施方案两类。战略规划方案由国家、地区或行业主管部门以及项目总负责人主持拟定,主要考虑总体布局的合理性、协调性和经济性。建设实施方案由研究、设计、监理、设备供应、材料采购等单位主持拟定。它是根据战略规划方案论证的结果对具体的技术方案进行更深入细致的研究。在项目的建设过程中,两类方案密切相关,前者指导后者,后者不断修改、补充前者,使其逐步完善。

战略规划方案与建设实施方案在项目建设过程中的关系如图 5-2 所示。

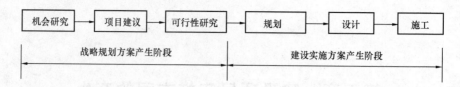

图 5-2 战略规划方案与建设实施方案在项目建设过程中的关系

第二节 战略规划方案的产生

一、战略规划方案的产生过程

战略规划方案的产生是根据国民经济发展战略、方针、规划、政策等的要求确定目标，在系统分析、明确关键要素的基础上，通过具有可操作性的方案把目标具体化的过程。这一过程的基本环节如图 5-3 所示。

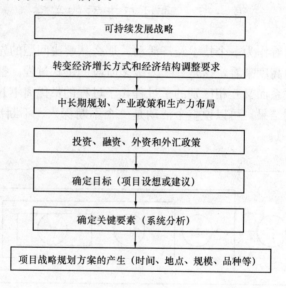

图 5-3 战略规划方案产生的基本环节图

二、战略规划方案的产生方法

建设项目的目标必须是为了满足社会或经济发展的某项或某几项需要，而其建设的可能性则是建立在国家的财力、物力、技术水平及自然资源的基础上。因此，战略规划方案首先是要根据国民经济发展的战略方针和总目标进行国民经济短、中、长期预测，然后动员规划人员、有关专家和技术人员提出满足这些需要的各种备选方案，这一阶段要求解放思想、放远眼光、尽量开发所有可能方案，形成备选方案集。但是，提出的方案是否可行、合理，还要根据政治、社会、自然、经济、技术、生态等方面的基本约束进行分析，删除那些根本无法实现的方案，从而得到供评价和选择的可行方案集，最后由规划人员、专家和决策者一起选出最满意的方案。

例如，某新建钢丝绳厂项目，原先产品方案中只考虑了点接触钢丝绳。后来通过调查发现点接触钢丝绳的产量已近饱和，而线接触、面接触、不旋转钢丝绳的产量只占需求量的 9%。通过层层深入地进行有针对性的研究，最后把产品大纲重点放在线接触、面接触、不旋转等优质钢丝绳上,由此避免了项目投产后的亏损。

拟定战略规划方案时往往需要采用一些定量化方法,它们主要包括:

1. 市场调查法

按调查方式分类,市场调查方法可以分为:①表格调查法;②资料调查法;③询问法;④观察法;⑤实验法。

按调查范围分类,市场调查方法可以分为:①全面调查法;②重点调查法;③抽样调查法。

按调查频率分类,市场调查方法可以分为:①一次性调查;②连续性调查。

2. 市场预测方法

市场预测的种类很多,一般分为宏观预测和微观预测;短期预测、中期预测和长期预测;定性预测和定量预测等。

市场预测方法很多,但归纳起来分为两大类:即定性预测法和定量预测法。

定性预测方法是采用直观材料和依靠预测者经验,主观判断事物发展趋势的方法。常用的定性预测方法是德尔菲(Delphi)法。它是 20 世纪 40 年代末由美国兰德(RAND)公司首创的一种应用广泛的定性预测方法。这种预测方法主要是依据专家小组背靠背地集体判断,来代替面对面地讨论,使不同专家的意见和分歧通过表格表达出来,以求达到符合事物发展规律的一致意见。

定量预测又称统计预测。它是根据比较完整的历史统计资料,运用一定的数学方法进行加工处理,对未来市场做出量的计算。常用的定量预测方法有:①移动平均法;②指数平滑法;③回归分析法。

3. 数学模型方法

可用于战略规划方案拟定的数学模型有:①混合规划模型;②网络规划模型;③组合规划模型;④动态规划模型等。

第三节 建设实施方案的产生

当工程项目进入设计和实施阶段后,就需要更进一步把战略规划方案通过建设实施方案落到实处,因此创造并选择技术先进、经济合理的建设实施方案也是保证建设项目成功的关键。

一个建设项目包括多个单项工程,如主要工程、辅助和服务性工程、文化福利和公共工程、环保工程等;一个单项工程又包括多个单位工程,如建筑安装、采暖通风、电气照明、工业管道等工程;一个项目可能产生多种产品,一个产品又由许多零件组成。为了取得事半功倍的效果,我们不可能也没必要对所有的实施过程都拟定多个方案进行优化。在实际工作中,对技术比较成熟的一般工程,往往采用定型的设计标准进行标准设计,按照常规方法和质量验收规范实施。而对建设实施中亟待解决的问题,就要作为优化目标提出来,通过拟定各种方案进行深入研究。一个完整的建设实施方案的产生过程可分为:确定对象、获取信息、功能分析、方案创造四个基本步骤。下面我们以产品设计方案为例说明建设实施方案产生的过程和方法。其他类型的建设实施方案可照此过程和方法拟定。

一、确定对象

一般来说,确定对象应针对产品的成本及功能两方面有待解决的问题加以确定。确定对象常用的方法有以下几种:

1. 经验分析法

此法是依靠经验丰富的专业人员,对产品的功能及成本综合考虑,区别轻重缓急加以选定。选择时一般考虑以下几方面因素:①受市场竞争价格的限制处于边际成本的产品;②数量多、销售量大的产品或零件;③体积大、材料耗费多的产品;④质量差、售价高、缺乏竞争力的产品;⑤结构复杂、工序繁多、有可能简化的产品;⑥能量消耗多、影响生态环境的产品。

2. ABC分类法

将一个项目所产生的产品或某一个产品所包含的零件分为A、B、C三类:①数量只占总数10%~20%,而局部成本占总成本50%~80%的,属于A类;②数量占总数的20%,局部成本也占总成本的20%左右,属于B类;③数量占总数的30%,局部成本占总成本20%以下的,属于C类。

数量少而成本高的A类产品(或零部件)应作为工作对象确定下来。

3. 价值比较法

产品的价值按下式计算:

$$某种产品价值 = \frac{该产品之利润}{该产品之成本} \tag{5-1}$$

显然,价值最低的几种产品应作为项目的工作对象。

二、获取信息

对象确定以后,即应着手对对象的现状及改善的可能性进行调查研究,收集必要的情报资料,其中包括:①使用信息:用户的使用条件,用户对性能、可靠性、安全和寿命的要求,对外观和规格的要求,对价格的要求,政府部门对限制公害的要求等;②销售信息:销售特点,竞争产品现状,市场价格及需求预测等;③技术信息:产品的生产工艺,成本构成,新技术的发展,规范标准,保养维修等;④供应信息:原料及配件的来源和价格,供应上可能出现的问题。信息是方案产生的重要依据。

三、功能分析

功能分析的目的是:①掌握需要补充或加强的功能或功能领域;②确定改善产品的目标(改善后的目标成本,成本降低的幅度等)。功能分析是制定产品改进方案的基础。

功能分析并无标准的方法和程序可循,其一般的程序是先对产品的零部件逐项分析功能,绘制产品的功能系统图,计算各个零部件的功能重要性系数和成本比重系数;然后检查产品的"主要功能"是否对应"主要成本"(即检查各零部件的成本比重是否与其功能的重要性相匹配);最后确定各种零部件或功能的目标成本及降低的幅度。

四、穷举方案

通过功能分析找到了改善产品的目标,接下来的工作就是指定各种备选方案。很显然,一个活动目标往往可采用多种方案来实现,我们的目的是从中找出经济效果最好的方案付诸实施。技术经济分析就是多方案选优的过程,如果只有一个方案,或一个主要方案外加几个"陪衬方案",决策的意义就不大了。穷举方案就是要尽可能多地从更大的范围,更深的层次提出潜在的可行方案，以保证评选结果的可靠性。实际工作中往往有这样的情况，虽然在分析问题时考虑了若干方案，然而漏掉了的那个方案恰恰是最合理的方案。很明显，一个较差的方案与一个更差的方案比较自然会变得有吸引力，由此导致不明智的评价结果。

穷举方案可采用以下几种参考方法：

（1）头脑风暴法，也称 B.S（Brain Storming）法。它是1941年美国广告公司奥斯本为探求广告新花样而首先采用的一种开会方式。该法意指自由奔放地思考问题。具体做法是邀请与本项目有关的各类专业人员参加会议，事先通知会议内容，做好准备；会议主持者在讨论时引导大家大胆设想，打破各种框框，互相启发和补充，不批评别人的意见，提出的方案越多越好。会后对各种方案进行初步的技术经济分析，从中选出若干最有希望的方案。

（2）哥顿（Gordon）法。它是美国人哥顿在1964年提出来的。这种方法也是邀请专业人员开会，只是会前不公布研究的对象和目的。讨论开始时，会议主持人将研究的问题进行抽象后提出，当讨论到一定程度时，再将要研究的具体对象提出。这种方法的优点是避免受现有事物和状态的约束，因此对创造方案也颇为有效。

（3）检核表方法。检核表方法是指运用系统的提问方式，激发人的思考，在原有知识、经验、记忆基础上的联想，从而产生新颖的构思。常用的问题有：①有没有替代产品或替代材料？②功能可否合并或改变？③结构或形状可否改变？④是否有新的加工方法？⑤是否已有新产品出售？⑥能否把几种企业合并？⑦有没有更廉价的采购方法？⑧能否借用别的构思？该方法的好处是：可以避免某些偏向或遗漏，从而保证较好的效果。

（4）缺点列举法。缺点列举法是一种以原方案的缺点来诱发人们思索改进设想的方法。由于人们常常会因思维惯性不注意原方案的缺点，因而当会议主持者明确地列举原方案的各种缺点时，就会激发与会者提出改进方案的愿望和构思。

（5）希望列举法。这是一种由幻想导出许多愿望，再导出更好构思的方法。这种方法常常被用来提高产品功能或设计新型产品，也可以让与会者对某项产品提出希望，并以希望来启发众人提出某产品的改进方案。

备选方案产生后，接下来就需要对方案进行分析和评价，在本篇其后的各章中将对技术经济方案评价的方法进行论述。

【例 5-1】 某新建钢铁厂战略规划方案的产生。

1. 项目建议书的提出

我国某经济特区，每年消费约 25 万 t 钢材（主要是建筑钢材），均需从区外购入。因临近省份均为缺钢少铁的地区，钢材的采购半径平均在 1000km 以上，增加了钢材采购、运输的难度和费用，不能很好地满足特区建设发展的需要。随着经济特区建设的迅猛发展，钢材市场需求日益旺盛，这样进一步加深了钢材的供求矛盾，解决钢材供应问题已刻不容缓。

区内现有大型露天铁矿一座，探明的储量在 3 亿 t 以上，目前年产成品矿 360 余万吨，成品矿中每年约有 50 万 t 精矿粉，由于颗粒太细，不易外运，大部分长期堆存在矿区得不到充分利用。此外，在矿区内辅助原料如白云石、石灰石资源丰富，其可采储量均在 1 亿 t 以上。由此可见，在该区内建设一个规模适当的钢铁厂，解决区内市场的急需，不仅不与国家争原料,而且还可以使区内闲置的矿石资源得到充分合理的利用,为特区建设作出贡献。

该钢铁厂项目包括:烧结、炼铁、炼钢、轧钢等主要生产车间及相应的辅助公用设施和生活福利设施。

经过系统分析和研究,决定将铁矿精矿外运方案的拟定、工艺流程方案的拟定、轧钢厂产品方案的拟定,作为系统关键要素进行深入研究。

2. 铁矿精矿外运方案的拟定

该项目矿选厂到钢铁厂有一段距离,地形起伏较大,矿区气候条件差,季节风较大。据此地形及自然条件,经多方案筛选后,设计按五个外运方案进行比较。

第一方案,全管道方案;第二方案,自然——管道输送方案;第三方案,自流——公路方案;第四方案,自流——管道——公路方案;第五方案,全公路方案。

经过比较得出以下结论,第二方案受气候影响小,劳动生产率高,环境保护好,精矿损失少,能耗较低,技术上较先进,经济上较合理,故推荐第二方案。

3. 工艺流程方案的拟定

该项目工艺流程的选择有两种意见。一种意见认为应采用传统的高炉——转炉——轧钢工艺流程(简称高炉流程),该流程国内有成熟的建设和生产经验,投资少,投产快;另一种意见认为应充分利用本地区的资源条件,采用竖炉——电炉——轧钢新工艺流程(简称竖炉流程),该流程虽然投资比高炉流程高,但可利用地区丰富的天然气资源,并可推动国内直接还原新工艺的进一步发展。

经过分析论证得出以下结论,因当地缺少焦煤,对高炉方案十分不利,而当地价格低廉的天然气和电力等外部资源条件有利于竖炉方案。虽然竖炉方案比高炉方案一次性投资多 2.37 亿元,但竖炉的经济效益比高炉方案要好,采用竖炉后 17 年的财务累计盈余为 3.8 亿元。

4. 轧钢厂产品方案的拟定

根据钢材消费品种结构分析,小型材和线材是特区内消费最多的品种,占 18%～20%。预测今后 10 年需要小型材为 44 万 t,线材 40 万 t,目前小型材和线材实际产量较低,市场缺口很大,发展小型材和线材生产均属当务之急。

根据市场调查和分析,产品方案设想如下:

(1) 小型棒材方案,品种为圆钢和螺纹钢;

(2) 高速线材方案,品种为光面和螺纹线材。

经过财务分析得出以下结论:高速线材方案的总投资虽然要比小型棒材方案高 11.5%,而年利税却多出 13.8%,平均每吨钢材可多获利润 72.7 元,因此选择高速线材方案更为经济合理。

【例 5-2】 某贮配煤槽筒仓建设实施方案的产生。

某项目贮配煤槽筒仓工程是少见的群体钢筋混凝土结构的贮煤仓之一,其外观几何形状是由三组 24 个直径 11m、壁厚 200mm 的圆形薄壁连体筒仓组成。工程体积庞大,地质条件复杂,施工场地窄小,实物工程量多,工期长,结构复杂。为保证施工质量,按期完成施工任务,施工单位决定对施工组织设计进行优化。

1. 对象选择

施工单位对工程情况进行了分析。该工程主体由三部分组成：地下基础、地表框架结构和筒仓工程。对这三部分主体工程分别就施工时间、实物工程量、施工机具占用、施工难度和人工占用等指标进行测算，结果表明筒仓工程在各指标中均占首位。能否如期完成施工任务的关键，在于能否正确处理筒仓工程面临的问题，因此，工程技术人员决定以筒仓工程为研究对象，对其施工组织设计方案进行优化。

2. 功能分析

筒仓的基本功能是提供贮煤空间，其辅助功能主要为方便使用和外形美观。筒仓工程的功能分析图如图 5-4 所示。

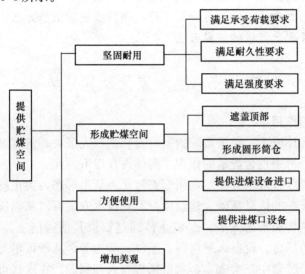

图 5-4 筒仓工程的功能系统图

3. 方案拟定

根据功能分析图可以明确看出，采用什么样的施工方法和技术组织措施来保质保量地浇灌混凝土筒仓仓体，是编制施工组织设计中所要研究解决的中心课题。为此工程技术人员、经营管理人员和工人一道，积极思考，大胆设想，广泛调查，借鉴国内外成功的施工经验，提出了大量方案，最后根据既要质量好、速度快，又要企业获得可观经济效益的原则，初步筛选出滑模、翻模、大模板和合同转包四个施工方案供作进一步技术经济评价。

技术经济评价结果显示，翻模施工方法为最优。

思 考 题

1. 试说明建设项目、关键问题和实施方案之间的关系。
2. 在项目建设过程中，每个设计方案都需要原创吗？
3. 备选方案数量与决策质量存在何种关系？

第六章 建设项目现金流量的确定

【本章导读】 在对建设项目进行经济分析时，必然要涉及项目的现金流量。本章首先说明了投资活动、筹资活动和经营活动的现金流量的具体表现形式。在此基础上，介绍了建设项目现金流量的概念。之后重点介绍了建设项目投资的估算方法；营业收入的估算方法；无形产品或服务现金流量的估算方法。

第一节 现金流量及其分类

一、现金流量的作用

在现代市场经济环境下，经济系统的所有者和债权人最关心的莫过于系统的现金流量情况。在技术经济分析中现金流量的作用主要体现在以下方面：

(1) 现金流量可以将技术方案的物质形态转化为货币形态，为正确计算和评价活动方案的经济效果提供统一的信息基础。建设项目及其技术方案可以从物质形态与货币形态两个方面进行考察。从物质形态来看，经济主体通过提供其他经济主体所需要的产品或劳务，获得自己需要的厂房、设备、原材料、能源、动力等；从货币形态来看，经济主体通过垫付资本，在生产经营中花费成本，获得销售收入和利润。在现代市场经济条件下，活动方案的物质形态由于缺乏可比性和灵活性而受到限制。而货币形态由于具有一般等价物的特点而得到广泛使用。

(2) 现金流量能够反映人们预先设计的各种活动方案的全貌。在技术经济活动的前期决策阶段，研究人员提出的各种备选方案，以及每个备选方案中的产品方案、工艺方案、筹资方案、建设方案和经营方案等，都可以通过预测或估计的现金流量得到具体的展示。

(3) 现金流量能够真实揭示经济系统的盈利能力和清偿能力。技术经济分析的目的，就是要根据方案的现金流出与现金流入，通过计算经济效果评价指标，选择合适的技术方案。而技术经济活动的盈利能力指标和清偿能力指标主要是通过现金流量图或表计算出来的。

二、各类经济活动的主要现金流量

为了清晰地揭示各类经济活动影响现金流量的情况，需要对影响现金流量的活动进行分类。影响现金流量的经济活动可分为三大类：即投资活动、筹资活动和经营活动。

1. 投资活动及其现金流量

投资活动，是指经济主体对固定资产、无形资产和其他资产等长期资产的购建及其处置活动。经济主体从事投资活动特别是进行固定资产投资，一般都会使该时期的现金大量流出。例如，用现款购置机器设备，认购有价证券等。经济主体的投资活动不仅包括某个时期进行投资而发生的现金流出活动，还有与投资有关的各种现金流入活动，如回收的投资，变卖固定资产所取得的现金收入，转让有价证券获取的现金等。

投资活动现金流入的主要项目如下：
(1) 收回投资所得到的现金；
(2) 分得股利或利润所收到的现金；
(3) 取得债券利息收入所收到的现金；
(4) 处置固定资产、无形资产和其他长期投资而收到的现金净额。
投资活动现金流出的主要项目如下：
(1) 购建固定资产、无形资产和其他长期资产而支付的现金或偿还的相应的应付款项；
(2) 权益性投资支付的现金；
(3) 债券性投资支付的现金。

2. 筹资活动及其现金流量

筹资活动，是指经济主体从所有者那里获得自有资金和向他们分配投资利润，以及从债权人那里借得货币、其他资源和偿还借款等活动。

筹资活动现金流入项目主要有：
(1) 吸收权益性投资所收到的现金；
(2) 发行债券所收到的现金；
(3) 借款所收到的现金。

筹资活动现金流出项目主要有：
(1) 偿还债务所支付的现金；
(2) 分配股利或利润所支付的现金；
(3) 融资租赁所支付的现金；
(4) 减少注册资本所支付的现金。

3. 经营活动及其现金流量

一般而言，经营活动是企业为获取收入和盈利而必须进行的经济活动，例如销售商品、提供劳务、购买货物、支付工资、缴纳税金、制造产品等。

经营活动产生的现金流入项目包括：
(1) 销售商品或提供劳务所取得的现金收入；
(2) 收到的租金；
(3) 其他现金收入。

经营活动产生的现金流出项目包括：
(1) 购买商品或劳务支付的现金；
(2) 经营性租赁所支付的现金；
(3) 支付给职工以及为职工支付的现金；
(4) 支付的各种税费。

第二节　建设项目的现金流量

一、建设项目现金流量的特点

建设项目现金流量的最大特点是由项目本身的独一无二性引起的边际或增量收入、支

出之和。这个特点的含义表现在以下三个方面:

(1) 确定建设项目的现金流量具有很大的挑战性。实践中，确定项目现金流量，特别是那些涉及尖端技术的项目或"史无前例"项目的现金流量是一项非常艰巨的任务。例如，由一些法国、英国公司联合投资 20 多亿美元开发的协和式（Concorde）飞机，原来预计能售出 300 架，后因出现航空燃料价格飞涨、噪声污染等问题，结果只售出了 13 架。再例如，英法之间海底隧道工程的实际投资大大超出了预算，而且隧道建设工期和开始运营之前所需要的时间比预计的长，这不仅影响运营成本，还影响项目的收入。

(2) 确定建设项目现金流量是要付出代价的。俗话说:"进来的是垃圾，出去的也是垃圾"，换句话说，项目经济评价所给出的建议的质量很大程度上取决于所使用的项目现金流量数据的质量。为了提高项目现金流量的质量就必须要投入时间和经费进行详细的市场调查与研究。当然，在初步讨论项目设想时，投入可少一些。如果要继续对项目进行详细的论证，就需要进行详细的市场调查和预测。

(3) 确定现金流量要避免直接使用类似项目的数据。特别要注意的是，不能使用基于财务惯例的现金流量，例如折旧这样的会计要素就被排除了，也不能使用不相关的沉入成本。只有基于项目本身的增量收入和支出才可用于建设项目经济评价。

二、项目现金流量的基本构成

1. 建设期现金流量的确定

$$CI-CO=建设投资-流动资金投入 \tag{6-1}$$

2. 运营期现金流量的确定

$$\begin{aligned} CI-CO &= 营业收入-经营成本-营业税金及附加-所得税 \\ &= 营业收入-经营成本-折旧-营业税金及附加-所得税+折旧 \\ &= 营业收入-总成本费用-营业税金及附加-所得税+折旧 \\ &= 利润总额-所得税+折旧 \\ &= 税后利润+折旧 \end{aligned} \tag{6-2}$$

3. 停产时现金流量的确定

$$\begin{aligned} CI-CO &= 营业收入+回收固定资产余值+回收流动资金-经营成本 \\ &\quad -营业税金及附加-所得税 \end{aligned} \tag{6-3}$$

一般而言，建设项目经济评价指标对建设投资、营业收入和建设周期较为敏感，因此在确定建设项目现金流量时，应将这三项视为重点。

三、项目计算期

1. 项目计算期的概念

项目计算期是指经济评价中为进行动态分析所设定的期限，包括建设期和运营期。建设期是指项目资金正式投入开始到项目建成投产为止所需要的时间，可按合理工期或预计的建设进度确定。建设期是经济主体为了获得未来的经济效益而筹措资金、垫付资金或其他资源的过程，在此期间，只有投资，没有收入，因此要求项目建设期越短越好；运营期分为投产期和达产期两个阶段。投产期是指项目投入生产，但生产能力尚未达到设计能力时的过渡阶段；达产期是指生产运营达到设计预期水平后的时间。运营期是投资的回收期和回报期，因而投资者一般希望其越长越好。

2. 项目运营期的确定方法

(1) 按产品的寿命周期确定：随着科学技术的迅猛发展，产品更新换代的速度越来越快。对于特定性较强的建设项目，由于其厂房和设备的专用性，当产品已无销路时，必须终止生产，同时又很难转产，不得不重建或改建项目。因此对轻工和家电产品这类新陈代谢较快的项目就适合按产品的寿命周期确定项目的运营期。

(2) 按主要工艺设备的经济寿命确定：这种方法适用于通用性较强的制造企业，或者生产产品的技术比较成熟，因而更新速度较慢的建设项目类型。

(3) 综合分析确定：一般大型复杂的综合项目采用综合分析法确定其运营期。如钢铁联合企业规模大，涉及问题多，综合各种因素，我国规定其寿命周期为 20 年左右；而机械制造企业一般为 10 年左右。

3. 确定项目计算期时应注意的问题

(1) 项目计算期不宜定得太长，一方面是因为按照现金流量折现的方法，把后期的净收益折为现值的数值相对较小，很难对财务分析结论产生有决定性的影响；另一方面由于时间较长，预测数据的精确度会下降。

(2) 计算期较长的项目多以年为时间单位。对于计算期较短的行业项目，如油田钻井开发项目、高科技产业项目等，由于在较短的时间间隔内现金流量水平有较大变化，这类项目不宜用"年"做计算现金流量的时间单位，可根据项目的具体情况选择合适的计算现金流量的时间单位。

因为建设项目要历经资金的筹集、资金的投入、生产经营和资金的回收等若干阶段才能达到预期的目标，所以建设项目的现金流量也就兼有了投资活动、筹资活动和经营活动的特点，具有一定的综合性。

第三节 建设投资估算

一、建设投资构成

项目评价中总投资是指项目建设和投入运营所需要的全部投资，为建设投资、建设期利息和全部流动资金之和。可见，建设投资是项目总投资的重要组成部分，是项目经济评价中的重要基础数据。建设投资构成及与项目总投资的关系如图 6-1 所示。

1. 建筑安装工程投资

建筑安装工程投资由建筑工程费和安装工程费两部分组成。建筑安装工程投资的构成如图 6-2 所示。

建筑安装工程投资的特点是必须通过兴工动料、追加活劳动才能实现。

2. 设备及工器具投资

设备及工器具投资是指按照项目设计文件要求，经济主体购置或自制达到固定资产标准的设备和新、扩建项目配置的首套工器具及生产家具所需的投资，如图 6-3 所示。其中设备原价系指国产标准设备、非标准设备和进口设备的原价；设备运杂费系指设备供销部门手续费，设备原价中未包括的包装和包装材料

图 6-1 项目总投资构成图

费、运输费、装卸费、采购费及仓库保管费之和。如果设备是由设备成套公司供应的，成套公司的服务费也应计入设备运杂费之中。在生产性项目中，设备工器具投资可称为"积极投资"，它占项目投资费用比重的提高，标志着技术的进步和生产部门有机构成的提高。

3. 工程建设其他投资

工程建设其他投资是指未纳入以上两项的由项目投资支付的为保证工程顺利进行而发生的各项费用总和。其中主要包括：建设单位管理费、可行性研究费、勘察设计费、场地准备及临时设施费、引进技术和引进设备其他费、工程保险费、联合试运转费、特殊设备安全监督检验费和市政工程公用设施建设及绿化费等。

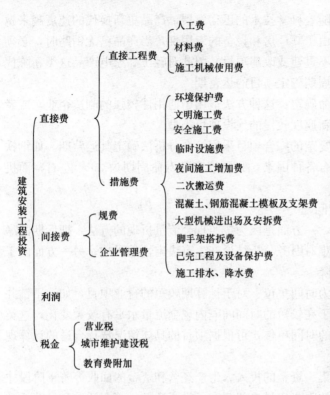

图 6-2 建筑安装工程费构成

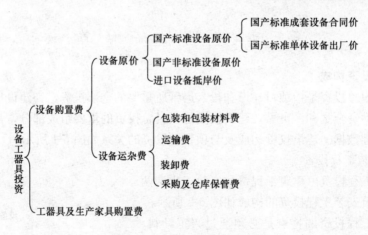

图 6-3 设备工器具投资构成图

4. 预备费

预备费包括基本预备费和涨价预备费。基本预备费指工程在初步设计及概算内难以预料的工程和费用；涨价预备费是指项目在建设期间内由于价格等变化引起工程造价变化的预留费用。

二、建设投资概略估算方法

所谓概略估算是指根据实际经验和历史资料，对建设投资进行综合估算。这类方法虽然精确度不高，但适合在建设投资的毛估或初估阶段采用。建设投资典型的概略估算方法有：生产规模指数法、资金周转率法、分项比例估算法和单元指标估算法。

1. 生产规模指数法

该法是利用已经建成项目的建设投资额或其设备投资额，估算同类而不同生产规模项目的建设投资或其设备投资的方法，其估算数学公式为：

$$C_2 = C_1 \left(\frac{x_2}{x_1}\right)^n \times C_f \tag{6-4}$$

式中　C_2——拟建项目的建设投资额；
　　　C_1——已建同类型项目的建设投资额；
　　　x_2——拟建项目的生产规模；
　　　x_1——已建同类型项目的生产规模；
　　　C_f——价格调整系数；
　　　n——生产规模指数。

该法中生产规模指数 n 是一个关键因素，不同行业、性质、工艺流程、建设水平、生产率水平的项目，应取不同的指数值。选取 n 值的原则是：靠增加设备、装置的数量，以及靠增大生产场所扩大生产规模时，n 取 0.8~1.0；靠提高设备、装置的功能和效率扩大生产规模时，n 取 0.6~0.7。另外，拟估投资项目生产能力与已建同类项目生产能力的比值应有一定的限制范围，一般这一比值不能超过 50 倍，而在 10 倍以内效果较好。

2. 资金周转率法

这是一种国际上普遍使用的方法，它是从资金周转的定义出发推算出建设投资的一种方法。

当资金周转率为已知时，则：

$$C = \frac{Q \times P}{T} \tag{6-5}$$

式中　C——拟建项目建设投资；
　　　Q——产品年产量；
　　　P——产品单价；
　　　T——资金周转率，$T = \dfrac{年销售总额}{建设投资}$。

该法概念简单明了，方便易行。但不同性质的工厂或生产不同产品的车间，资金周转率都不同，要提高投资估算的精确度，必须做好相关的基础工作。

3. 分项比例估算法

该法是以拟建项目的设备费为基数，根据已建成的同类项目的建筑安装工程费和其他费用等占设备价值的百分比，求出相应的建筑安装工程费及其他有关费用，其总和即为拟建项目建设投资。计算公式表达如下：

$$C = E(1 + f_1 P_1 + f_2 P_2 + f_3 P_3) + I \tag{6-6}$$

式中　C——拟建项目的建设投资；
　　　E——根据设备清单按现行价格计算的设备费（包括运杂费）的总和；
　　P_1, P_2, P_3——已建成项目中的建筑、安装及其他工程费用分别占设备费的百分比；
　　f_1, f_2, f_3——由于时间因素引起的定额、价格、费用标准等变化的综合调整系数；

I——拟建项目的其他费用。

式中各个部分的系数及指数值都是通过对大量的统计数据进行处理得出的。

4. 单元指标估算法

(1) 工业建设项目单元指标估算法：

$$项目建设投资额 = 单元指标 \times 生产能力 \times 物价浮动指数 \quad (6-7)$$

(2) 民用建设项目单元指标估算法：

$$项目建设投资额 = 单元指标 \times 民用建筑规模 \times 物价浮动指数 \quad (6-8)$$

单元指标指每个估算单位的建设投资额。例如，饭店单位客房投资指标、医院每个床位投资指标、钢铁厂每吨钢投资指标、民用建筑单位面积或单位体积投资指标等。

在使用单元指标估算法时，应注意以下几点：

(1) 指标是否包括管理费、试车费以及工程的其他各项费用；
(2) 产量少、规模小的工程，指标可适当调增，反之指标可适当调减；
(3) 当拟建项目的结构、建筑与指标局部不相符时，应对指标进行适当的修正。

三、建设投资详细估算方法

1. 建筑工程费估算

建筑工程投资估算一般采用以下方法：

(1) 单位建筑工程投资估算法：该种方法是以单位建筑工程量投资乘以建筑工程总量计算建筑工程投资。一般工业与民用建筑以单位建筑面积（m²）的投资，工业窑炉砌筑以单位容积（m³）的投资，水库以水坝单位长度（m）的投资，铁路路基以单位长度（km）的投资，矿山掘进以单位长度（m）的投资，乘以相应的建筑工程总量计算建筑工程费。

(2) 概算指标投资估算法：对于没有上述估算指标且建筑工程费占总投资比例较大的项目，可采用概算指标估算法。采用这种估算法，应占有较为详细的基础数据和工程资料。

建筑工程费用估算一般应编制建筑工程费用估算表。如表6-1所示。

某小型水电工程拦河坝工程建筑工程费用估算表　　　　表6-1

序号	工程或费用	单位	数量	单价(元)	合价(万元)
1	覆盖层开挖	m³	1550	16.87	2.61
2	石方明挖	m³	9469	38.61	36.56
3	灌浆平洞石方	m³	684	203.32	13.91
4	土石回填	m³	2500	24.24	6.06
5	混凝土	m³	10595	341.18	361.48
6	倒垂孔	m	20	1509.92	3.02
7	帷幕灌浆	m	551	483.95	26.67
8	钢筋	t	104	5077.35	52.80
9	其他工程	m³	10595	10.70	11.34
10	合计				514.45

2. 安装工程费估算

安装工程费包括各种机电设备装配和安装工程费用；与设备相连的工作台、梯子及其安装工程费用；附属于被安装设备的管线敷设工程费用；安装设备的绝缘、保温、防腐等工程费用；单体试运转和联动无负荷试运转费用等。

安装工程费通常按行业或专业机构发布的安装工程定额、取费标准和指标估算投资。具体计算可按安装费率、每吨设备安装费或者每单位安装实物工程量的费用估算，即：

$$安装工程费 = 设备原价 \times 安装费率 \tag{6-9a}$$

$$安装工程费 = 设备吨位 \times 每吨安装费 \tag{6-9b}$$

$$安装工程费 = 安装工程实物量 \times 安装费用标准 \tag{6-9c}$$

3. 设备购置费（含工器具及生产家具购置费）估算

设备购置费估算应根据项目主要设备表及价格、费用资料编制。工器具及生产家具购置费一般按占设备费的一定比例计取。

对于价值高的设备应按单台（套）估算购置费；价值较小的设备可按类估算。国内设备和进口设备的设备购置费应分别估算。

国内设备购置费为设备出厂价加运杂费。设备运杂费主要包括运输费、装卸费和仓库保管费等，运杂费可按设备出厂价的一定百分比计算。

进口设备购置费由进口设备货价、进口从属费用及国内运杂费组成。进口设备货价按交货地点和方式的不同，分为离岸价（FOB）与到岸价（CIF）两种价格。如果采用 FOB 价格，进口从属费用包括国外运费、国外运输保险费、进口关税、进口环节消费税、增值税、外贸手续费、银行财务费和海关监管手续费。

进口设备到岸价与离岸价的关系如下式如示：

$$进口设备到岸价(CIF) = 离岸价(FOB) + 国外运费 + 国外运输保险费 \tag{6-10}$$

其中国外运费＝离岸价×运费率或国外运费＝单位运价×运量；

国外运输保险费＝（离岸价＋国外运费）×国外运输保险费率/(1－国外运输保险费率)

$$\tag{6-11}$$

进口设备的其他几项从属费用通常按下面公式估算：

$$进口关税 = 进口设备到岸价 \times 人民币外汇牌价 \times 进口关税率 \tag{6-12}$$

$$消费税 = (到岸价 + 进口关税) \times 消费税率 / (1 - 消费税率) \tag{6-13}$$

$$进口环节增值税 = (进口设备到岸价 \times 人民币外汇牌价 + 进口关税 + 消费税)$$
$$\times 增值税率 \tag{6-14}$$

$$外贸手续费 = 进口设备到岸价 \times 人民币外汇牌价 \times 外贸手续费率 \tag{6-15}$$

$$银行财务费 = 进口设备货价 \times 人民币外汇牌价 \times 银行财务费率 \tag{6-16}$$

$$海关监管手续费 = 进口设备到岸价 \times 人民币外汇牌价 \times 海关监管手续费率 \tag{6-17}$$

海关监管手续费是指海关对发生减免进口税或实行保税的进口设备，实施监管和提供服务收取的手续费。全额征收关税的设备，不收取海关监管手续费。

国内运杂费包括运输费、装卸费、运输保险费等。国内运杂费按运输方式，根据运量或者设备费金额估算。

设备购置费及安装工程费估算一般应编制相应的表格，如表 6-2 所示。

某建设工程水轮机设备及安装工程费估算　　　　　　　　　　　　表 6-2

序号	设备名称及规格	单位	数量	单价(元) 设备费	单价(元) 安装费	合价(万元) 设备费	合价(万元) 安装费
1	水轮机	台	3	2924000.00		877.20	
2	微机调速器	台	3	350000.00		105.00	
3	油压装置	台	3	85000.00		25.50	
4	自动化元件	套	3	85000.00		25.50	
5	透平油	T	57	7500.00		42.75	
6	运杂费(6.81%)					73.27	
7	安装费(费率10.52%)	台	3		362219.25		108.67
8	合计					1149.22	108.67

4. 工程建设其他费用估算

工程建设其他费用按各项费用科目的费率或者取费标准估算。某水电工程建设其他费用估算表如表 6-3 所示。其中费用内容可根据每个项目的情况进行取舍。

某项目其他费用估算表　　　　　　　　　　　　表 6-3

序号	费用名称	费率或标准	计算依据(万元)	合价(万元)
1	土地费用			380.50
2	建设单位管理费	0.50%	28018.18	140.09
3	勘察设计费			384.26
4	研究试验费	0.50%	28018.18	140.09
5	建设单位临时设施费			154.00
6	工程建设监理费			350.00
7	工程保险费	0.50%	33569.00	167.85
8	施工机构迁移费	3.50%	28018.18	980.64
9	联合试运转费			3.62
10	生产职工培训费			335.47
11	办公及生活家具购置费			254.10
	合计			3290.62

5. 基本预备费估算

基本预备费以建筑工程费、设备购置费、安装工程费及工程建设其他费用之和为计算基数，乘以基本预备费率计算。

6. 涨价预备费估算

涨价预备费以建筑工程费、安装工程费、设备购置费之和为计算基数。计算公式为：

$$PC = \sum_{t=1}^{n} I_t [(1+f)^t - 1] \tag{6-18}$$

式中　PC——相对于以建设期初不变价格计算的建设投资的涨价预备费；

　　　I_t——第 t 年的建筑工程费、安装工程费、设备购置费之和；

f——建设期年平均价格上涨指数;
n——建设期。

建设期价格上涨指数,政府部门有规定的按规定执行,没有规定的由可行性研究人员预测。

【**例 6-1**】 某建设工程在建设期初按不变价格计算的建安工程费和设备购置费为 45000 万元。按本项目实施进度计划,项目建设期为 3 年,投资分年使用比例为:第一年 25%,第二年 55%,第三年 20%,投资在每年平均支用,建设期内预计年平均价格总水平上涨率为 5%。建设工程其他费用为 3860 万元,基本预备费率为 10%。试估算该项目的建设投资。

解:(1)计算项目的涨价预备费
第一年末的涨价预备费$=45000 \times 25\% \times [(1+0.05)^{1/2}-1]=277.82$ 万元
第二年末的涨价预备费$=45000 \times 55\% \times [(1+0.05)^{1+1/2}-1]=1879.26$ 万元
第三年末的涨价预备费$=45000 \times 20\% \times [(1+0.05)^{2+1/2}-1]=1167.54$ 万元
该项目建设期的涨价预备费$=277.82+1879.26+1167.54=3324.62$ 万元
(2)计算项目的建设投资
建设投资=建安工程费+设备购置费+工程建设其他费用+基本预备费+涨价预备费
$=(45000+3860) \times (1+10\%)+3324.62=57070.62$ 万元

第四节 估算营业收入的市场调查法

市场调查是以市场为导向,运用适当的方法,有目的、系统地搜集整理市场信息资料,分析市场的客观实际情况,为科学确定项目现金流入和现金流出提供依据的活动。市场调查是市场预测的基础,是确定项目现金流入的基础性工作,是建设项目可行性研究的起点。市场调查方法如图 6-4 所示。

一、文案调查法

文案调查法(Desk Research Survey),又叫间接调查法、文献调查法,是指调研人员在充分了解企业实行市场调研的目的之后,搜集企业内部既有档案资料及企业外部各种相关文书、档案、研究报告及公布报告资料,并加以整理、衔接、调整及融汇后,以归纳或演绎等方法予以分析,进而提供相关市场调查报告及市场营销建议的调查方法。

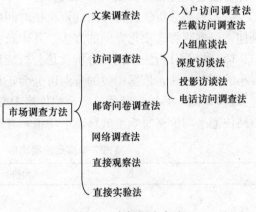

图 6-4 市场调查方法

间接搜集信息法的优点是获取资料速度快、费用省,并能举一反三。缺点是针对性较差、深度不够、准确性不高,需要采用适当的方法进行二次处理和验证。

1. 文案调查法的优缺点及适用范围
文案调查法的优缺点及适用范围见表 6-4 所示。

文案调查法的优缺点及适用范围   表 6-4

优 点	缺 点	适 用 范 围
1. 花费时间、费用较少 2. 不受时间和空间的限制 3. 不受调查人员和被调查者主观因素的干扰 4. 资料来源比较多	1. 时效性较差 2. 针对性较低 3. 利用率较低 4. 不可预见性	1. 资料来源比较广泛时 2. 直接搜集信息需要文案调查结果提供指导时 3. 需要弥补修正直接调查结果时 4. 需要鉴定、证明直接调查结果的可信度时

2. 文案调查资料来源

（1）企业内部档案。包括企业各项财务报告、销售记录、业务员访问报告、企业平日剪报、同业资料卷宗、照片及影片等。

（2）外部机构调查资料。包括政府机构的统计调查报告、金融机构的金融相关资料、学术研究机构或民间机构发表的市场调查报告。

（3）外部刊物及索引类资料。包括工商名录、外贸协会等。

（4）专业书籍及杂志。

3. 文案调查应遵循的原则

（1）先易后难的原则。应先搜集那些比较容易得到的历史资料和公开发表的公益性信息资料，而对那些商业性信息和内部保密信息，只有在现成资料不足时才作进一步搜集。

（2）由近至远的原则。搜集信息应从最新的近期资料着手，然后采取追踪的办法逐期向远期查找。

（3）先内部后外部的原则。在间接搜集信息时，先从本企业、本行业或与本单位有业务往来关系的贸易伙伴着手，然后再到有关的单位与行业搜集有关的信息资料。

4. 文案调查的统计分析方法

统计分析就是利用间接信息资料，根据统计原理，分析市场及销售变化情况。一般统计分析法有趋势分析及相关分析两种。

（1）趋势分析法。将过去的资料按时间顺序排列，寻找出其变化方向，再进行合理的延伸，以推测将来变化方向的方法，其中较常用的是移动平均法。

（2）相关分析法。相关分析就是分析统计资料中各变量彼此间关系的有无及相关程度大小的一种方法。依据相关的方向可分为正相关、负相关及不相关。

【例 6-2】 某城市商品住宅平均价格 1997～2006 年的变动情况如表 6-5 所示，求该市商品住宅平均价格每 5 年的移动平均值，并绘出该市商品住宅的价格走势。

某市各年商品住宅均价   单位：人民币（元）/m²   表 6-5

年 份	①销售量	②5 年平均值	年 份	①销售量	②5 年平均值
1997	2000	—	2002	3700	3000
1998	2600	—	2003	3200	3460
1999	2300	2120	2004	4400	4080
2000	1800	2460	2005	4100	—
2001	1900	2580	2006	5000	—

表 6-5 第②栏是每 5 年的移动平均值。将第①栏每年的商品住宅均价描点绘实线，第

②栏的移动平均值描点绘虚线，可以看出，虚线较实线更容易推测出未来房价上涨的趋势（图 6-5）。

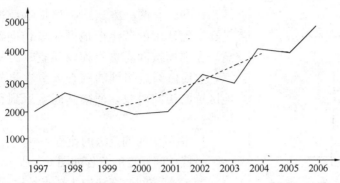

图 6-5　商品住宅价格走势图

二、访问调查法

访问调查法，就是将所拟调查的事项，以面谈、电话或书面形式向被调查者提问，以获得所需资料信息的调查方法。访问调查法按具体访问方式的不同分为直接访问法和电话访问法。直接访问法又包括入户访问调查、拦截访问调查、小组座谈、深度访谈等。

访问调查法中应注意以下事项：
（1）调查人员应经过统一培训，以保证调查结果的一致性和调查工作成果的质量；
（2）调查人员不应对问题的含义发表过多的主观见解，以免限制被调查者的思路；
（3）进行小组面谈时，被调查人员的水平应基本相近，避免权威专家一言堂的局面；
（4）应对占用被调查者的时间进行适当的经济补偿。

（一）入户访问调查法

入户访问指调查人员到被调查者的家中或工作单位进行单独采访，直接与被调查者接触。调查人员或采用访问式问卷逐个对问题进行询问，并记录下对方的回答；或是将自填式问卷置留给被调查者，待对方填写完毕或稍后再回来收取问卷。

1. 入户访问调查法的流程

入户访问调查的流程如图 6-6 所示。

2. 入户访问调查法的优缺点及适用范围

入户访问调查法的优缺点及适用范围见表 6-6 所示。

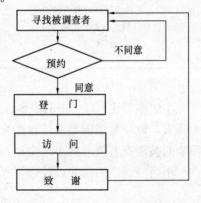

图 6-6　入户访问调查的流程

入户访问调查法的优缺点及适用范围　　　　表 6-6

优　点	缺　点	适用范围
1. 可取得较有代表性的样本 2. 可获得较多的信息和较高质量的数据 3. 可根据被调查者的态度、语气等特征进行访谈，灵活性较强，有激励效果 4. 可以排除被调查者敷衍现象	1. 调查费用较高 2. 调查周期较长 3. 被调查者容易受到调研人员态度、语气等的影响，对调研人员要求较高 4. 某些群体出于安全考虑，不愿让生人入户，访问成功率较低	需要使用产品样品或广告样本等辅助工具进行访谈的调查项目

(二)拦截访问调查法

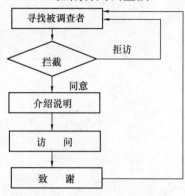

图 6-7 拦截访问调查的流程

拦截访问调查,又称街头(一般是较繁华的商业区)访问。有两种方式:一种是由经过培训的调查人员在事先选定的若干个地区选取访问对象,征得其同意后在现场按问卷进行面议调查;另一种是先租借地点,然后由经过培训的调查人员在事先选定的若干个地区选取访问对象,征得其同意后到租借的地点进行访谈。

1. 拦截访问调查法的流程

拦截访问调查的流程如图 6-7 所示。

2. 拦截访问调查法的优缺点及适用范围

拦截访问调查法的优缺点及适用范围见表 6-7 所示。

拦截访问调查法的优缺点及适用范围　　　　表 6-7

优 点	缺 点	适用范围
1. 费用低于入户访问调查 2. 调查效率高,且避免入户困难 3. 对调查人员的监控比入户调查容易 4. 可根据被调查者的态度、语气等特征进行访谈,灵活性较强,有激励效果 5. 可以排除被调查者敷衍现象	1. 调查对象的身份难以识别,使收集的数据无法证明对总体有很好的代表性 2. 被调查者拒访率较高时影响调查人员工作情绪 3. 不适合时间较长、内容较多、较复杂或不能公开的问卷调查 4. 被调查者容易受到调研人员态度、语气等的影响,对调研人员要求较高	1. 常用于商业性的消费者意向调查,如购物场所的调研 2. 需要快速完成的小样本的探索性研究 3. 需要进行实物显示或特别要求有现场控制的探索性研究

(三)小组座谈法

小组座谈法(Group Discussions)又称焦点座谈(Focus Group),由一个经过训练的主持人,以一种层级关系的自然会议座谈形式,同一个从调研者所要研究的目标市场中选择来的被调查者组成的小组交谈,从而获取对一些有关问题的深入了解的调查方法。

小组座谈法的优缺点及适用范围见表 6-8 所示。

小组座谈法的优缺点及适用范围　　　　表 6-8

优 点	缺 点	适用范围
1. 收集信息资料速度快、效率高 2. 取得资料较为广泛、深入 3. 将调查与讨论相结合、结构灵活 4. 节省人力、物力和财力 5. 便于互相启发、集思广益	1. 对主持人的要求较高 2. 迫于个别专家的权威,容易形成团体压力,进而形成判断错误 3. 拒访率较高 4. 资料的统计处理比较复杂 5. 当涉及隐私、保密等敏感性问题时,不便深入讨论,影响调查结果的质量	1. 社会公益性问题调查 2. 战略性、前瞻性、方向性的问题调查,如政策出台前后消费者的反应调研、房地产项目定位调查

(四)深度访谈法

深度访谈法(Personal Interview),是一种无层级关系的、直接的、个人的访问。在访问过程中,一个掌握高级技巧的调查员深入地访谈一个被调查者,以揭示对某一问题的潜在动机、信念、态度和感情。比较常用的深度访谈技术主要有三种:阶梯前进、隐蔽问题寻探以及象征性分析。

深度访谈法的优缺点及适用范围见表 6-9 所示。

深度访谈法的优缺点及适用范围　　　　　　　　　　　　　　表 6-9

优　点	缺　点	适用范围
1. 排干扰性 2. 新颖性 3. 保密性 4. 启发性	1. 调查成本高 2. 调查周期长 3. 对特殊群体的回收率低 4. 对调查过程控制难	用于获取对问题的理解和深层了解的探索性研究。新的概念、设计、广告和促销方案都可以采用这种方法形成

(五)投影访谈法

所谓投影访谈法是一种无层级关系的、非直接询问形式的访问调查。在调查过程中,并不要求被调查者描述自己的行为,而是要他们通过一定的媒介,建立起自己的想象世界,在无拘束的情景中,通过解释其他人的行为显露出自己的个性特征,即在解释他人的行为时,被调查者就间接地将他们自己的动机、信仰、态度或感情投影到了有关的情景之中。换言之,通过分析被调查者对那些没有结构的、不明确而且模棱两可的"情景"的反应,他们的态度也就被揭示出来了。测试中的媒介,可以是一些没有规则的线条;也可以是一些有意义的图片;可以是一些只有头没有尾的句子;也可以是一个故事的开头,让被试者来编故事的结尾。因为这些媒介都是模糊的,所以一个人的说明只能是来自于他的想象。通过不同的回答和反应,可以发现不同人的个性。和心理学中的分类一样,投影访谈法可以采用联想技法、补充技法、图片技法和表现技法。

投影访谈法的优缺点及适用范围见表 6-10 所示。

投影访谈法的优缺点及适用范围　　　　　　　　　　　　　　表 6-10

优　点	缺　点	适用范围
1. 调查人员的动机可藏而不露 2. 具有客观性 3. 具有真实性 4. 对人的心理活动发现的比较深入	1. 分析比较困难,需要有经过专门培训的调查人员,调查成本高 2. 不能大规模运用	对高层次的管理人员访谈中可考虑采用

(六)计算机辅助访问调查

计算机辅助个人访问调查(CAPI)可以是入户的 CAPI,也可以是在街头拦截式的 CAPI。即调查人员携带内建 CAPI 系统的笔记本电脑,访问时即可直接将问题显示于计算机屏幕上,访问员可以根据计算机屏幕上的问题进行访问工作,并将受访者的答案直接输入计算机;基于受访者不愿意直接回答调查人员的问题,亦可由受访者自己将答案输入计算机内,以保证受访者的隐私,这样不但提高了访问的有效性,更能提高受访者回答问卷的意愿。当访问结束或暂告一段落时,调查人员可以立即通过互联网将问卷结果传回主办单位并立即分析以争取时间。

计算机辅助调查的优点之一是受访者的回答率高,因为彩色屏幕上的画面会刺激被调查者,增加他们的兴趣和合作热情;另一优点是节约费用,计算机辅助访问调查可比使用纸和笔的访问调查节约 33%～40% 的费用。

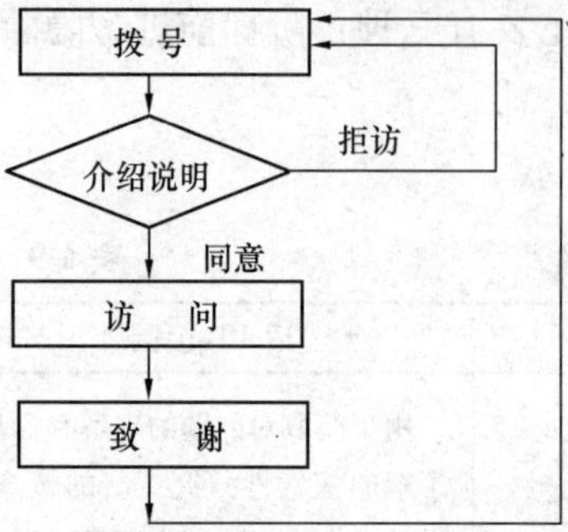

（七）电话访问调查法

电话访问调查法（Telephone Survey）是调研人员通过电话向被调查者询问了解有关情况的调查方法。电话访问通常以电话号码簿为基础进行随机抽样。

1. 电话访问调查法的流程

电话访问调查的流程如图 6-8 所示。

2. 电话访问调查法的优缺点及适用范围

电话访问调查法的优缺点及适用范围见表 6-11 所示。

图 6-8 电话访问调查的流程

电话访问调查法的优缺点及适用范围　　表 6-11

优 点	缺 点	适 用 范 围
1. 收集信息资料速度快 2. 调查费用较低 3. 易于控制实施质量 4. 便于调查到不宜接触的调查对象,如高收入、高地位等特殊阶层 5. 便于在一些敏感问题调查中得到更为坦诚的回答	1. 调查对象的身份难以识别,抽样总体与目标总体不一致 2. 受时间限制,访问内容难以深入,得到的信息在数量、类型上都极为有限 3. 拒访率较高 4. 无法根据被调查者的态度、表情等来判断其回答的真实性 5. 不适宜要求被调查者看到广告、产品实物等需实物显示的调查 6. 碰到方言等语言障碍时无法使用肢体语言弥补	1. 主要用于不太复杂的问题的采访 2. 常用于商业性的消费者意向调查,如购物场所的调研、消费者对某种物品的喜好 3. 需要快速完成的小样本的探索性研究

三、邮寄问卷调查法

邮寄问卷调查（Mail Questionnaires Survey）是指通过邮寄或其他方式将调查问卷送到被调查者手中,由被调查人员自行填写,然后将问卷返回的一种调查方法。邮寄问卷调查法的优缺点和适用范围如表 6-12 所示。

邮寄问卷调查法优缺点及适用范围　　表 6-12

优 点	缺 点	适 用 范 围
1. 能突破时空的限制,扩大调查区域 2. 节省人力、时间和经费 3. 保密性强 4. 可避免调查人员工作误差 5. 被调查人员有充分的时间思考,回答问题更确切	1. 回收率低 2. 时间周期长 3. 问卷填写的质量难以控制 4. 难免有人草率行事,结果的真实性低 5. 受教育程度低者难以回答	1. 政府主管部门采用行政手段进行的调查 2. 上级对下级进行的指令性调查 3. 行业协会组织的同行都比较关注的专项调查

四、网络调查法

网络调查是指利用国际互联网作为技术载体和交换平台进行调查的一种方法。

1. 网络调查法的种类

(1) 网上搜索法。利用网上搜索可以得到一部分市场调研所需的间接资料,如大型调查咨询公司的公开性调查报告,大型企业、商业组织、学术团体、著名报刊等发布的调查资料,政府机构发布的调查统计信息等。

(2) 网站跟踪法。网上每天都会出现大量的市场信息,即使功能最强大的搜索引擎,也不可能将所有信息都检索出来,而且很多有价值的信息并不是随便可以检索得到的。这就需要对一些提供信息的网站进行定期跟踪,对有价值的信息及时收集记录。

(3) 加入邮件列表。一些网站为了维持与用户的关系,常常将一些有价值的信息以新闻邮件、电子刊物等形式免费向用户发送,通常只要进行简单的登记即可加入邮件列表,并将收到的邮件列表信息定期处理。

(4) 在线调查表。在网站上设置调查表,访问者在线填写并提交到网站服务器,这是网上调查最基本的形式,广泛地应用于各种调查活动,这实际上也就是问卷调查方法在互联网上的延伸。

2. 网络调查法的优缺点和适用范围如表6-13所示

网络调查法的优缺点及适用范围　　　　　　　　表6-13

优　　点	缺　　点	适用范围
1. 调查对象广泛 2. 调查速度快 3. 调查成本低廉 4. 富有灵活性和趣味性 5. 视觉效果好	1. 调查结果的可信度不容乐观 2. 对被调查者身份的验证有很大困难 3. 受互联网安全性影响较大	适合专业的市场调研公司使用

五、直接观察法

直接观察法的特点是,被调查者尚未察觉时,调查工作已完成。因为这种调查方法是调查人员在调查现场,从旁观察其行动的一种调查方法。

直接观察法有以下几种。

1. 交通量观察

为研究某城市区域的商业价值或改善交通秩序,常需要调查某一街道的车流量以及人流量或方向。其方法是调查人员亲临现场或用仪器记录该街道在一定时间内所通行的车辆及行人数量、种类及方向。

2. 售房量观察

例如,为研究受消费者青睐的住宅户型,房地产开发企业的调查人员可作为普通消费者,到各楼盘发售现场,观察墙上标示的各房型的销售进度。销售较快的房型必然是较受消费者欢迎的房型。

3. 商场观察

在商场可以观察到什么品牌、种类、式样、颜色的商品销售速度较快。

观察法的优点是因被调查者没有意识到自己正在接受调查,一切状况均保持自然,故准确性较高。

观察法的缺点是：观察不到内在因素，有时需要作长时间的观察才能求得结果。

六、直接实验法

实验调查法是一种新产品投放市场后就需求情况或推销方式进行小规模实验，然后再用市场调查方法分析这种产品或销售方式是否值得大规模推广的调查方法。

实验调查法应用范围非常之广，凡某种商品在改变功能、体积、包装、价格等时都可应用直接实验法调查顾客的反应。

实验调查法的优点是：方法科学合理，结果可靠。

实验调查法的缺点是：实验成本高，时间长，限制条件多。

采用实验调查法应注意：调查结果仅限于某一特定地区及时间。

【例 6-3】 某家具生产厂家为了解家用写字台在某市的销售业态进行了市场调查。调查人员经过研究将调研分为三个阶段，其内容如表 6-14 所示。

家用写字台业态调研各阶段工作内容说明表　　　表 6-14

阶段	工作内容	调查方法	调查对象	调查人员
一	了解家用写字台市场产业轮廓	拦截访问调查法 观察法 文案调查法	经销商、消费者、生产者、产业论坛网站、年度行业峰会议题	硕士研究生
二	了解目标产品在某市市场业态	入户访问调查法 深度访谈法 小组座谈法 观察法 文案调查法	消费者、经销商、生产者	硕士研究生
三	明确企业目标客户、竞争对手，为企业提供经营策略建议	深度访谈法 观察法 文案调查法	消费者、经销商、生产者	硕士研究生

调查工作结束后，调查人员获得了如下体会：

（1）在市场调查的初期阶段，采用观察法、访谈法进行试调研，对确定市场调研范围及重点、明确调研方向非常有用；

（2）在市场调研的中期，问卷法成为最主要调查手段，依靠它可以获得大量信息；

（3）没有一种方法是万能的，要准确把握市场信息，应将观察调查法、访问调查法、文案调查法等方法组合起来，恰当使用，才能满足一般市场调研的要求。

第五节　估算营业收入的市场预测法

技术预测方法分为专家判断预测和趋势外推预测，如图 6-9 所示。

对于短期预测，若可以判断该技术领域基本处于渐进式发展阶段，则可以考虑采用趋势外推预测，一方面可以降低预测费用，另一方面准确度也较高。对于中长期预测，由于不确定因素较多，则适宜采用融入了人的智慧的专家判断预测。

专家判断预测法是一种定性预测方法，依靠的是预测者的知识和经验，往往带有主观性，适合在对技术预测准确度要求不高的时候采用。专家判断预测法主要有：专家个人判断法、头脑风暴法及德尔菲法等,其中,德尔菲法吸收了前两种专家预测法的长处,避免了其缺点,被认为是技术预测中最有效的专家预测法。

数理统计预测包括时间序列法和因果分析法。时间序列法是利用过去的产品技术性能这一个指标来预测它随时间的发展趋势,一般不涉及影响技术创新的科技、经济、产业、市场、社会及政策等多方面因素。因果分析法是利用过去横向和纵向的历史数据中的某些影响产品技术创新的因素,求出具体的回归预测式,来断定技术发展趋势。

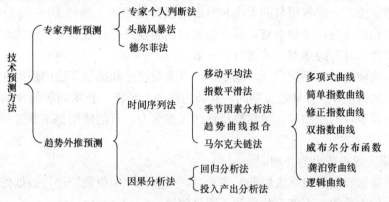

图 6-9 技术预测方法

一、专家个人判断法

专家个人判断预测是以专家意见作为信息来源,通过系统的调查、征询专家的意见,分析和整理出预测结果。

【例 6-4】 为引导我国产业发展方向,必须对"未来 15 年先进制造领域对我国产业发展最重要的核心技术是什么?"的问题做出回答。

有关部门聘请了 139 位来自企业、研发机构、高校以及国外的专家,对我国能源、资源环境和先进制造三个重点技术领域的技术进行预测,专家们从各自的角度提出了自己的判断。经过归纳统计分析,集成了未来 15 年先进制造领域对我国产业发展最重要的 14 类核心技术,即:

(1) 高档数控机床及基础制造装备关键技术。
(2) 数字化、智能化设计制造与管理技术。
(3) 小于 45nm 极大规模集成电路专用设备关键技术。
(4) 微米/纳米制造技术。
(5) 百万千瓦级核电机组设计制造技术。
(6) 流程工业绿色制造与自动化技术。
(7) 节能轿车和新能源汽车技术。
(8) 高速铁路成套装备设计制造技术。
(9) 网络家电技术。
(10) 网络制造技术。
(11) 超临界和重型燃气轮机发电设备设计制造技术。
(12) 绿色制造技术。
(13) 深海资源开发装备设计制造技术。

(14) 关键基础件设计制造技术。

二、德尔菲法（Delphi）

1. 德尔菲法的特点和应用范围

德尔菲法是在专家个人判断法和专家会议法基础上发展起来的一种专家调查法，它是以不记名方式多轮征询专家意见，最终得出预测结果的一种集体经验判断法。德尔菲法的主要特点是匿名性、反馈性和收敛性。

采用德尔菲法，一般视项目的大小和对市场预测的要求，选择 20~50 位对预测问题有深入研究，知识渊博，经验丰富，具有创造力和洞察力，并且参与性强的专家。征询专家意见采用"背靠背"的函询方式进行，一般进行 3~4 轮。

德尔菲法简便易行，用途广泛。据报道，专家会议法和德尔菲法的使用在各类预测工作中所占比重约为 1/4。对某些长期的、复杂的社会、经济、技术问题的预测，对某些无先例事件和突发事件的预测等，数学模型往往无能为力，只能使用德尔菲这一类专家预测方法。

2. 德尔菲法调查结果的处理

当预测结果需要用数量（含时间）表示时，一般用"中位数"进行数据处理。即分别求出预测结果的中位数、上四分位数和下四分位数。

设参加预测的专家数为 n，对某一问题各专家回答的定量值为 $x_i(i=1,2\cdots,n)$，设 x_i 由小到大或由前至后顺序排列，即 $x_1 \leqslant x_2 \leqslant \cdots \leqslant x_n$，则调查结果的中位数为：

$$\bar{x} = \begin{cases} x_{\frac{n+1}{2}} & (n \text{ 为奇数}) \\ \frac{1}{2}(x_{\frac{n}{2}} + x_{\frac{n+2}{2}}) & (n \text{ 为偶数}) \end{cases} \tag{6-19}$$

中位数可看作是调查结果的期望值。在不大于 $\bar{x}$ 的定量值中再取中位数，即为调查结果的下四分位数；在不小于 $\bar{x}$ 的定量值中再取中位数，即为调查结果的上四分位数。上下四分位数之间的区域为四分位区间。四分位区间大小反映专家意见的离散程度。区间越小，说明意见越集中。函询过程中，调查人员可根据四分位区间的大小确定是否需要进行下一轮函询。

三、移动平均法

移动平均法是用分段逐点推移的平均方法对时间序列数据进行处理，找出预测对象的历史变动规律，并据此建立预测模型的一种时间序列预测方法。

1. 一次移动平均值的计算

设实际的预测对象时间序列数据为 $y_t(t=1,2,\cdots,m)$，一次移动平均值的计算公式为：

$$M_{t-1}^{[1]} = \frac{1}{n}(y_{t-1} + y_{t-2} + \cdots + y_{t-n})$$

$$M_t^{[1]} = \frac{1}{n}(y_t + y_{t-1} + \cdots + y_{t-n+1}) = M_{t-1}^{[1]} + \frac{1}{n}(y_t - y_{t-n}) \tag{6-20}$$

式中　$M_t^{[1]}$——第 t 周期的一次移动平均值；

n——计算移动平均值所取的数据个数。

采取移动平均法作预测，关键在于选取用来求平均数的时期数 n。n 值越小，表明对近期观测值在预测中的作用越为重视,预测值对数据变化的反应速度也越快,但预测的修匀程度较低。反之,n 值越大,预测值的修匀程度越高,但对数据变化的反应程度较慢。一般对始终围绕一条水平线上下波动的数据,n 值的选取较为随意;对于具有向上或向下趋势型特点的数据,为提高预测值对数据变化的反应速度,n 值宜取的小一些;同时,n 的取值还应考虑预测对象时间序列数据点的多少及预测限期的长短。通常 n 的取值范围可在 3~20 之间。

移动平均法优点是:简单易行,容易掌握;缺点是:值的选取没有统一的规则,事实上,不同 n 值的选择对所计算的平均数有较大的影响。

【例 6-5】 已知采用了某项节能新技术的家庭小轿车连续 20 个月的全国销售量如表 6-15 所示。取 $n=3$,试计算该款小轿车销售量的一次移动平均值。

家庭小轿车销售量表　单位:千辆　　　　表 6-15

月	1	2	3	4	5	6	7	8	9	10
销售量	1.0	1.5	2.0	2.2	2.0	2.5	3.2	3.1	3.0	3.4
$M_t^{[1]}$	/	/	1.50	1.90	2.07	2.23	2.57	2.93	3.10	3.17
月	11	12	13	14	15	16	17	18	19	20
销售量	3.3	3.8	4.2	4.3	4.4	4.8	5.0	5.1	5.2	5.2
$M_t^{[1]}$	3.23	3.50	3.77	4.10	4.30	4.50	4.73	4.97	5.10	5.17

解: 由式(6-20)得到:

$$M_3^{[1]} = \frac{1}{3}(y_3 + y_2 + y_1) = \frac{1}{3}(1+1.5+2.0) = 1.50$$

$$M_4^{[1]} = M_3^{[1]} + \frac{1}{3}(y_4 - y_1) = 1.5 + \frac{1}{3}(2.2-1) = 1.90$$

$$M_5^{[1]} = M_4^{[1]} + \frac{1}{3}(y_5 - y_2) = 1.9 + \frac{1}{3}(2-1.5) = 2.07$$

依此类推,可得出一次移动平均值序列如表 6-15 所示。

2. 二次移动平均值的计算

二次移动平均值要在一次移动平均值序列的基础上进行,计算公式为:

$$M_t^{[2]} = \frac{1}{n}(M_t^{[1]} + M_{t-1}^{[1]} + \cdots + M_{t-n+1}^{[1]}) = M_{t-1}^{[2]} + \frac{1}{n}(M_t^{[1]} - M_{t-n}^{[1]}) \quad (6-21)$$

式中　$M_t^{[2]}$——第 t 周期的二次移动平均值。

【例 6-6】 根据【例 6-5】表 6-15 中的数据,取 $n=3$,计算二次移动平均值。

解: 由式(6-21)得:

$$M_5^{[2]} = \frac{1}{3}(M_5^{[1]} + M_4^{[1]} + M_3^{[1]}) = \frac{1}{3}(1.5 + 1.9 + 2.07) = 1.82$$

$$M_6^{[2]} = M_5^{[2]} + \frac{1}{3}(M_6^{[1]} - M_3^{[1]}) = 1.82 + \frac{1}{3}(2.23 - 1.5) = 2.07$$

$$M_7^{[2]} = M_6^{[2]} + \frac{1}{3}(M_7^{[1]} - M_4^{[1]}) = 2.07 + \frac{1}{3}(2.56 - 1.9) = 2.29$$

依此类推,可得出二次移动平均值序列如表 6-16 所示。

家庭小轿车销售量表　单位：千辆　　　　　　　　　　　　　　表 6-16

月	1	2	3	4	5	6	7	8	9	10
销售量	1.0	1.5	2.0	2.2	2.0	2.5	3.2	3.1	3.0	3.4
$M_t^{[1]}$	/	/	1.50	1.90	2.07	2.23	2.57	2.93	3.10	3.17
$M_t^{[2]}$	/	/	/	/	1.82	2.07	2.29	2.58	2.87	3.07
月	11	12	13	14	15	16	17	18	19	20
销售量	3.3	3.8	4.2	4.3	4.4	4.8	5.0	5.1	5.2	5.2
$M_t^{[1]}$	3.23	3.50	3.77	4.10	4.30	4.50	4.73	4.97	5.10	5.17
$M_t^{[2]}$	3.17	3.30	3.50	3.79	4.06	4.30	4.51	4.73	4.93	5.08

3. 利用移动平均值序列作预测

预测模型为：

$$\hat{y}_{t+T} = a_t + b_t \cdot T \tag{6-22}$$

式中　t——目前的周期序号；

T——由目前到预测周期的周期间隔数；

$\hat{y}_{t+T}$——第 $t+T$ 周期的预测值；

a_t——线性预测模型的截距；

b_t——线性预测模型的斜率，即每周期预测值的变化量。

$$a_t = 2M_t^{[1]} - M_t^{[2]} \tag{6-23}$$

$$b_t = \frac{2}{n-1}(M_t^{[1]} - M_t^{[2]}) \tag{6-24}$$

【例 6-7】 根据【例 6-6】表 6-16 中的数据建立预测方程，预测第 21 个月的家庭小轿车的销售量，目前的月序为 20。

解：

$$a_{20} = 2M_{20}^{[1]} - M_{20}^{[2]} = 2 \times 5.17 - 5.08 = 5.26$$

$$b_{20} = \frac{2}{3-1}(M_{20}^{[1]} - M_{20}^{[2]}) = (5.17 - 5.08) = 0.09$$

$$\hat{y}_{21} = a_{20} + b_{20} \times T = 5.26 + 0.09 \times 1 = 5.35 \text{ 千辆}$$

四、回归分析法

回归分析预测法，是根据预测变量（因变量）与相关因素（自变量）之间存在的因果关系，借助数理统计中的回归分析原理，确定因果关系，建立回归模型并进行预测的一种定量预测方法。回归分析分为一元回归模型和多元回归模型，下面是采用一元线性回归模型预测的过程。

1. 建立一元线性回归方程

一元线性回归方程如下：

$$y = a + bx \tag{6-25}$$

式中　y——因变量，即拟进行预测的变量；

x——自变量，即引起因变量 y 变化的变量；

a、b——回归系数，即表示 x 与 y 之间关系的系数。

2. 用最小二乘法拟合回归曲线

利用普通最小二乘法对回归系数 a、b 进行估计，即：

$$b = \frac{n\sum xy - \sum x \sum y}{n\sum x^2 - (\sum x)^2} \tag{6-26}$$

$$a = \frac{1}{n}(\sum y - b\sum x) \tag{6-27}$$

式中 n——样本数目,一般最好大于 20。

3. 计算相关系数 r,进行相关检验

r 的计算公式为:

$$r = \frac{n\sum xy - \sum x \sum y}{\sqrt{[n\sum x^2 - (\sum x)^2] \cdot [n\sum y^2 - (\sum y)^2]}} \tag{6-28}$$

$0 \leqslant |r| \leqslant 1$,$|r|$ 愈接近 1,说明 x 与 y 的相关性愈大,预测结果可信度愈高。一般可用计算出的相关系数 r 与相关系数临界值 r_c 相比较,r_c 是由样本数 n 和显著性水平 α 两个参数决定的,可由表 6-17 查出。只有当 $|r| > r_c$ 时,用回归方程描述 x 与 y 的关系才有意义。

4. 求置信区间

由于回归方程中自变量 x 与因变量 y 之间的关系并不是确定的,对于任意的 x_0,我们无法确切地知道相应的 y_0,只能通过求置信区间判定在给予概率下 y_0 实际值的取值范围。当置信度为 95% 时,y_0 的置信区间近似为 $\hat{y}_0 \pm 2\hat{\sigma}$,这意味着 y_0 的实际值发生在 $(\hat{y}_0 - 2\hat{\sigma}, \hat{y}_0 + 2\hat{\sigma})$ 区间的概率为 95%。当置信度为 99% 时,y_0 的置信区间近似为 $\hat{y}_0 \pm 3\hat{\sigma}$。$\hat{y}_0$ 是与 x_0 相对应的根据回归方程计算的 y_0 的估计值,$\hat{\sigma}$ 为标准差的估计值,$\hat{\sigma}$ 的计算式为:

$$\hat{\sigma} = \sqrt{\frac{\sum(y_i - \hat{y}_i)^2}{n-2}} \tag{6-29}$$

相关系数临界值表　　　　　　　　　　表 6-17

$n-2$	α 0.05	0.01	$n-2$	α 0.05	0.01
1	0.997	1.000	21	0.413	0.526
2	0.950	0.990	22	0.404	0.515
3	0.878	0.959	23	0.396	0.505
4	0.811	0.917	24	0.388	0.496
5	0.754	0.874	25	0.381	0.487
6	0.707	0.834	26	0.374	0.478
7	0.666	0.798	27	0.367	0.470
8	0.632	0.765	28	0.361	0.463
9	0.602	0.735	29	0.355	0.456
10	0.576	0.708	30	0.349	0.449
11	0.553	0.684	35	0.325	0.418
12	0.532	0.661	40	0.304	0.393
13	0.514	0.641	45	0.288	0.372
14	0.497	0.623	50	0.273	0.354
15	0.482	0.606	60	0.250	0.325
16	0.468	0.590	70	0.232	0.302
17	0.456	0.575	80	0.217	0.283
18	0.444	0.561	90	0.205	0.267
19	0.4333	0.549	100	0.195	0.254
20	0.423	0.537	200	0.138	0.181

【例 6-8】 某城市统计部门用一元线性回归模型对采用纳米材料生产的整体式橱柜的销售量进行预测。根据对已收集数据的观测,历年整体式橱柜销售量与同期商品房一级市场销售量之间有相关关系。有关历史数据如表 6-18 所示。根据城建部门的规划,2005 年该城市商品房建设量将达到 180 万 m^2,空置率按 8%考虑,一级市场销售量将达到 165.6 万 m^2,试预测该年度整体式橱柜的销售量。

解: 设整体式橱柜销售量为 y,同期商品房销售量为 x,回归方程为 $y=a+bx$。

求回归系数:

$$b = \frac{n\sum xy - \sum x \sum y}{n\sum x^2 - (\sum x)^2} = 0.0448$$

$$a = \frac{1}{n}(\sum y - b\sum x) = -1.3696$$

由此可得:$\hat{y} = a + bx = -1.3696 + 0.0448x$

整体式橱柜和商品房销售量的基础数据 表 6-18

年	整体式橱柜销售量 y_i(万 m)	商品房销售量 x_i(万 m^2)	年	整体式橱柜销售量 y_i(万 m)	商品房销售量 x_i(万 m^2)
1990	0.20	20.0	1997	4.07	118.6
1991	0.26	40.0	1998	4.20	120.8
1992	1.20	60.5	1999	4.88	133.6
1993	1.80	96.0	2000	5.19	143.5
1994	2.49	102.5	2001	5.17	145.0
1995	3.98	110.0	2002	5.32	146.4
1996	4.12	116.4			

求相关系数:$r = \dfrac{n\sum xy - \sum x \sum y}{\sqrt{[n\sum x^2 - (\sum x)^2]\cdot[n\sum y^2 - (\sum y)^2]}} = 0.9674$

已知 $n-2=11$,取 $\alpha=0.05$,由表 6-17 可查得相关系数临界值 $r_c=0.553$,$r>r_c$,说明本例中的回归方程具有显著性,可用于预测。

求置信区间:$\hat{\sigma} = \sqrt{\dfrac{\sum(y_i-\hat{y_i})^2}{n-2}} = 0.4969$,$\hat{y_0} \pm 2\hat{\sigma} = \hat{y_0} \pm 2\times 0.4968 = \hat{y_0} \pm 0.9936$

$$\hat{y_0} = -1.3696 + 0.0448 \times 165.6 = 6.05 \text{ 万 } m^2$$

考虑到置信度,到 2005 年有 95%的可能,该年份的整体橱柜的销售量在(6.06−0.9936,6.05+0.9936)即(5.06,7.04)区间内,单位为万㎡。

第六节 无形产品或服务现金流量的估算

当项目的产出效果不具有市场价格,或市场价格难以真实反映其经济价值时,需要采用如下方法对项目的产品或服务的影子价格进行测算。

一、生产率变动法

生产率变动法（Changes in Productivity Approach）是利用生产率的变动来评价环境状况变动影响的方法。这种方法把环境质量看作一个生产要素。环境质量的变化导致生产率和生产成本的变化，从而导致产品价格和产量的变化，而后两者是可以观察到的并可以测量的。

霍奇森和迪克森（Hodgson & Dixon 1988，1992）对菲律宾帕拉万（Palawan）岛所作的砍伐树林对沿海地区的影响的研究，就是采用生产率变动法估计与该岛沿海生态系统有联系的三种产业的总收入。这三种产业是：伐木、手工捕鱼、潜水及与其相联系的海滨旅游业。伐木产生的泥水流到海湾里，损坏了珊瑚礁，影响了食物链，从而影响了捕鱼和旅游业。

该研究比较了两种方案：（1）继续伐木，损害海湾的生态系统使捕鱼和旅游业的收入减少；（2）禁止伐木减少伐木收入，但保持和增加捕鱼收入和旅游收入。研究分析了两种情况下由于生产结构的变动而引起的收入的变动（见表6-19）。估算包括10年时期，使用的贴现率为10%。

表6-19中，显然禁止伐木得到更大的总收入。禁止伐木的损失由捕鱼和旅游收入的增加弥补而且有余。继续伐木使捕鱼和旅游收入都减少，但最大的影响是旅游收入。因此，应该选择方案1，禁止伐木。

三种产业在两种情况下的总收入和总收入现值　　　　表 6-19

	方案 1 禁止伐木	方案 2 继续伐木	方案1－方案2
总收入现值（贴现率10%）			
旅游业	25481	6280	19201
捕鱼业	17248	9108	8140
伐木业	0	9769	－9769
总计	42729	25157	17572

我国南方某些地区缺少煤炭资源，乡村建筑又没有考虑用其他生态能源解决居民的燃料问题，致使人们长期砍伐林木作薪炭。当雨季到来时，引发洪水，冲毁农田，房屋倒塌。在这种情况下如果要对建筑方案进行修改，就可以采用生产率变动法，在一定时期内比较建筑方案修改和不修改两种情况下所产生的总净现值，以便为决策提供依据。

二、假设成本法

假设成本法，是指通过有关成本费用信息来间接估算环境影响的费用或效益。假设成本法包括疾病成本法、置换成本法、重新选址成本法和机会成本法。

1. 疾病成本法

在一些情况下，环境状况的变化会影响人类的健康。以货币衡量的有关的损失主要有：过早的死亡、疾病、医疗费开支的增加、病休造成的收入损失、精神或心理上的代价等。

疾病成本法计算所有由疾病引起的成本，例如缺勤造成的收入损失和医疗费用（包括门诊费、住院费、药费等）。

在计算由于污染引起的过早死亡的成本时，常用人力资本法。这种方法用收入的损失去估价过早死亡的成本。根据边际劳动生产力理论，人失去寿命或工作时间的价值等于这段时间中个人劳动的价值。一个人的劳动价值是考虑年龄、性别、教育程度等因素情况下，每个人的未来的收入经贴现折算成的现值。例如，瑞德克（Rikder 1967）用总产出法计算损失或收入的公式如下：

$$V_X = \sum_{n=X}^{\infty} [(p_X^n)_1 (p_X^n)_2 (p_X^n)_3 Y_n]/[(1+i)^{n-X}] \tag{6-30}$$

式中 V_X——一个年龄 X 的人的未来收入的现值；

$(p_X^n)_1$——年龄 X 的人活到年龄 n 的概率；

$(p_X^n)_2$——年龄 X 的人活到年龄 n 的条件下，仍有劳动能力的概率；

$(p_X^n)_3$——年龄 X 的人活到年龄 n 时还活着，并且有劳动能力的条件下，仍被雇用的概率；

Y_n——这个人年龄为 n 时的收入；

i——贴现率。

疾病成本法和人力资本法都包括以下步骤：（1）确定污染物的量；（2）确定污染下发病的增加量；（3）使用治疗成本、工资损失和生命损失去估计患病和提早死亡的成本。

2. 置换成本法

置换成本法（Replacement Cost Approach）用环境危害而损坏的生产性物质资产的重新购置费用来估算消除这一环境危害所带来的效益，进而进一步估计对消除环境危害的主观评价。换言之，当项目对其他产业造成生产性资产损失时，假设一个置换方案，通过测算其置换成本，即为恢复其生产能力必须投入的价值，作为对环境影响进行量化的依据。

这种方法基于以下假设：

（1）危害的数量可以测量；

（2）置换费用可以计量，置换在经济上是有效率的。如果这一条件不满足，置换资产就没有意义；

（3）重置费用不产生其他连带效益。

例如，高原地区的土壤由于水土流失而受到损害。研究者可把重置失去的土壤和营养的成本当作水土保持的收益。这里隐含的假设是：土壤值得保存，即土地生产的价值高于重置费用。

3. 重新选址成本法

重新选址成本法（Relocation Costs Approach）是置换成本法的演变。这种方法使用由于环境质量的变化而重新安置某一固定资产的地理位置的实际成本为估价环境保护的潜在效益。

例如，建立一座油井导致污水流入附近的溪流。这对环境有很多影响，其中之一是对下游的自来水厂的影响。为了保证供水质量，该厂可能要迁移到别的地点。迁移设备的成本，可以用来估价油井污染对下游饮水造成的效益损失。

4. 机会成本法

机会成本法是指通过评价因保护某种环境资源而放弃某项目方案而损失的机会成本，

来评价该项目方案环境影响的损失。

机会成本法涉及自然系统的选择性应用。例如开发工程可能使一个地区发生巨大的变化，以至于破坏了原有的自然系统，并使原有自然系统不能恢复原状。在这种情况下，开发工程的机会成本是在未来一段不定的时期内保护原有自然系统而得到的净效益的现值。反过来说，保护自然系统的机会成本是失去的开发工程的效益的现值。

运用机会成本法的一个有名的例子，是对美国地狱谷（Hell's Canyon，又译赫尔斯峡谷）建设用于水力发电的水坝的研究。研究没有直接估算峡谷的自然价值，而是运用传统的成本效益分析对建议开工的水力建设项目和费用最少的替代项目（核电站）进行了分析。该研究把水力发电项目供电的费用与核电站的供电费用之差作为水利工程的净效益，同时考虑了减少洪水危害的效益。

这样，保护地狱谷自然环境的机会成本为水电站和核电站费用之差。分析表明即使在不同假定下，水坝项目的效益也不足以补偿自然保护区的不可逆转的损失。因此，保护自然的机会成本，即从其他来源发电的追加成本，是值得支付的，所以决定不建坝。

三、显示偏好方法

显示偏好方法，是指按照消费者支付意愿，通过其他相关市场价格信号，寻找揭示拟建项目间接产出物的隐含价值。如项目的建设，会导致环境生态等外部效果，从而对其他社会群体产生正面负面影响，就可以通过预防性支出法、产品替代法这类显示偏好的方法确定项目外部效果。

1. 预防性支出法

预防性支出法是以受影响的社会成员为了避免或减缓拟建项目对环境可能造成的危害所愿意付出的费用，如社会成员为避免死亡而愿意支付的价格，人们对避免疾病而获得健康生活所愿意付出的代价，作为对环境影响的经济价值进行计算的依据。预防性支出法（Preventive Expenditure Approach）用人们为了避免环境危害而作出的预防性支出作为环境危害的最小成本。这一方法假定人们为了避免危险会支付货币来保护自己，因此可以用其支出来预测他们对危害的主观评价。这种方法隐含的假定是：个人有足够的信息了解环境变化的危害性。

例如：人们外出旅游时，即使是在夏天也不直接饮用旅游景点的自来水，而是买矿泉水。在这种情况下，人们买水是因为知道自来水里有细菌，是为避免饮用后生病而买水。买水付出的成本就是预防性支出，可以用来估计人们对水中细菌危害的主观评价。

又例如，我国某些地区水土流失破坏了低地农田。低地农民为防止山地水土流失破坏其田地而修筑沟渠。这时，可用为修筑沟渠而花费的成本，来估计农民对水土保持的主观评价的最低估计值。

2. 陈述偏好法

通过对被评估者的直接调查，直接评价调查对象的支付意愿或接受补偿的意愿，从中推断出项目造成的有关外部影响的影子价格。

四、模拟市场法

1. 替代市场法

当项目产品或服务本身没有市场价格来直接衡量时，可以寻找替代物的市场价格来衡量，这种方法被称为替代市场法（Surrogate Market Approsch）。例如，清新的空气、美好的环境、舒畅的心情等并没有直接的市场价格来衡量,很多环境物品或服务都没有市场价格来衡量。这时,就需要找到某种市场价格的替代物来间接衡量没有市场价格的环境物品的价值。替代市场法就是这样一种方法。替代市场法使用替代物的市场价格来衡量没有市场价格的环境物品的价值。

2. 假想市场法

在连替代市场都难以找到的情况下,只能人为地创造假想的市场来衡量环境质量及其变动的价值,我们把这种方法称为假想市场法。假想市场法的主要代表是意愿调查法(Contingent Valuation Methods,CVM),即直接通过询问来得到人们对环境的评价。

例如,某些人在某大城市有薪水很高的理想工作,但是,由于该城市的环境严重污染,这些人宁肯放弃优越的职位也要费尽周折到环境不错的中小城市去谋求一份报酬相对较低的工作。那么这些人从原工作地迁移到新工作地的成本和工资的减少额就可以作为改善原城市环境的效益。

又例如,在环境景观评价时,可能涉及景观视觉质量评价、景观生态质量评价、景观心理影响评价、景观开发适宜度评价等,由于这些评价指标都很难用市场价格加以量化,因而都可以采用意愿调查法进行评价。

假想市场法是环境评价的最后一道防线,任何不能通过其他方法进行的环境评价几乎都可以用假想市场法来进行。在这个意义上,假想市场法是一种万能的方法。也正是出于同样原因,假想市场法也存在一些缺憾,有待于进一步完善。

总之,在用市场价值间接计算项目无形效果影响时,可采用生产率变动法、机会成本法、预防性支出法、重新选址成本法和疾病成本法。当所研究的对象本身没有市场价格来直接衡量时,可以寻找替代物的市场价格来衡量。

思 考 题

1. 为什么在确定现金流量时,理解机会成本和沉入成本非常重要?
2. 怎样减少由于现金流量估算误差导致的经济评价偏差?
3. 你认为现金流量背后蕴含了哪些因素?

第七章 建设项目融资决策

【本章导读】 本章旨在让读者了解：建设项目成功的决定因素之一是总资金和分年所需资金能否得到足够的、持续的供应，只有项目总投资的数量、币种及投入时序与项目建设进度和投资使用计划相匹配，才能确保项目建设和运营顺利进行。本章主要内容包括：融资主体及其融资方式；既有法人内部融资；项目资本金的融通；项目债务资金的融通；项目融资；融资方案分析。

第一节 融资主体及其融资方式

一、融资主体

融资主体是指进行融资活动、并承担融资责任和风险的法人单位。一般而言，融资主体可分为既有法人融资主体和新设法人融资主体两类。

（一）既有法人融资主体

1. 既有法人融资目的

(1) 既有法人为解决企业生产经营过程中资金短缺问题而进行融资；

(2) 既有法人为扩大生产能力而兴建的扩建项目或原有生产线的技术改造项目；

(3) 既有法人为新增生产经营所需水、电、气等动力供应及环境保护设施而兴建的项目。

2. 既有法人融资条件

(1) 拟融资的项目与既有法人的资产以及经营活动联系密切；

(2) 既有法人具有为项目进行融资和承担全部融资责任的经济实力；

(3) 拟建项目盈利能力较差，但项目对整个企业的持续发展具有重要作用，需要利用既有法人的整体资信获得债务资金。

【例 7-1】 深圳缔高电气公司投资 5000 万元，在西安建立一家电气分厂，其中 3000 万元为自有资金，2000 万元为贷款。试分析这一新项目的融资主体。

解： 该项目的投资关系见图 7-1。

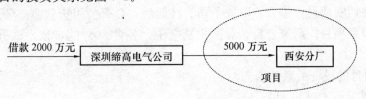

图 7-1 项目投资关系图

分析投资关系图可知：

(1) 尽管深圳与西安相距遥远，但分厂是没有法人地位的，从物理形态上看似完

"新建",但这个项目仍然属于既有法人融资主体兴建的扩建项目。

(2) 项目财务分析是针对深圳缔高电气公司的:按 5000 万元进行项目现金流量分析,按 3000 万元进行增量资本金现金流量分析,按 2000 万元进行清偿能力分析。

(二) 新设法人融资主体

1. 新设法人融资目的

(1) 新设法人为解决企业生产经营过程中资金短缺问题而进行融资;

(2) 新设法人为解决新建项目建设资金来源而进行融资。

2. 新设法人融资条件

(1) 项目发起人希望拟建项目的生产经营活动相对独立,且拟建项目与既有法人的经营活动联系不密切;

(2) 拟建项目的投资规模较大,既有法人财务状况较差,不具有为项目进行融资和承担全部融资责任的经济实力,需要新设法人募集股本金;

(3) 项目自身具有较强的盈利能力,依靠项目自身未来的现金流量可以按期偿还债务。

【例 7-2】 深圳缔高电气公司贷款 2500 万元,动用企业内部资金 500 万元,总计投资并注册 3000 万元,在西安建立一家电气子公司。注册后,子公司贷款 2000 万元,完成总计 5000 万元的投资项目。试分析这一新项目的融资主体。

解:该项目的投资关系见图 7-2。

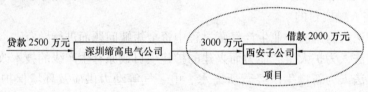

图 7-2 项目投资关系图

分析投资关系图可知:

(1) 西安子公司是有法人地位的,所以在这一投融资模式中,项目是以新设法人——西安子公司作为融资主体。

(2) 项目财务分析是针对西安子公司的,遵循新设法人项目财务评价方法:按 5000 万元进行项目现金流量分析,按 3000 万元进行资本金现金流量分析,按 2000 万元进行清偿能力分析。

【例 7-3】 深圳缔高电气公司和南京秦淮电气公司商定,按六四开比例投资并注册 3000 万元,在西安建设一家合资电气公司。注册后,合资公司贷款 2000 万元,完成总计 5000 万元的投资项目。两家合资企业所投资金中,各含 50%的贷款。试分析这一新项目的融资主体。

解:该项目的投资关系见图 7-3。

分析投资关系图可知:

(1) 西安合资公司是项目法人,所以在这一投融资模式中,项目是新设法人——西安合资公司作为融资主体。

(2) 项目财务分析是针对西安合资公司的,遵循新设法人项目财务评价方法:按

图 7-3 项目投资关系图

5000 万元进行项目现金流量分析，按 3000 万元进行资本金现金流量分析，分别按 1800 万元和 1200 万元进行深圳缔高电气公司和南京秦淮电气公司各方投资的现金流量分析，按 2000 万元进行清偿能力分析。

二、既有法人融资方式

既有法人融资是指：建设项目所需的资金，来源于既有法人内部融资、新增资本金和新增债务资金。新增债务资金依靠既有法人整体的盈利能力来偿还，并以既有法人整体的资产和信用承担债务担保。既有法人项目总投资构成及资金来源如图 7-4 所示。

三、新设法人融资方式

新设法人融资是指：由项目发起人（企业或政府）发起组建新的具有独立法人资格的项目公司，由新组建的项目公司承担融资责任和风险，依靠项目自身的盈利能力来偿还债务，以项目投资形成的资产、未来收益或权益作为融资担保的基础。建设项目所需资金的来源，可包括项目公司股东投资的资本金和项目公司承担的债务资金，如图 7-5 所示。

图 7-4 既有法人项目总投资构成及资金来源　　图 7-5 新设法人项目总投资构成及资金来源

第二节　既有法人内部融资

既有法人内部融资主要包括四类：企业内部的货币资金、资产变现的资金、资产经营权变现的资金和直接使用非现金资产等。

1. 企业内部的货币资金

可用于项目建设的货币资金包括既有法人现有的货币资金和未来经营活动中可能获得的盈余现金。现有的货币资金，是指现有的库存现金和银行存款，这些资金扣除必要的日常经营所需的货币资金额后，可用于拟建项目。未来经营活动中可能获得的盈余现金，是指在拟建项目的建设期内，企业在经营活动中获得的净现金节余，这些资金可抽出一部分用于项目建设。

2. 资产变现的资金

资产变现资金包括转让长期投资、提高流动资产使用效率、出售固定资产而获得的资金。企业的长期投资包括长期股权投资和长期债权投资，一般都可以通过转让而变现。存货和应收账款对流动资金需要量影响较大，企业可以通过加强财务管理，提高流动资产周转率，减少存货、应收账款等流动资产占用而取得现金，也可以出让有价证券取得现金。企业的固定资产中，有些由于产品方案改变而被闲置，有些由于技术更新而被替换，都可以出售变现。

3. 资产经营权变现

资产经营权变现的资金是指既有法人可以将其所属资产经营权的部分或全部转让，取得现金用于项目建设。例如某公司将其已建成的一条高速公路的30%的经营权转让给另一家公司，转让价格为未来30年这条高速公路收益的30%，将取得的资金用于建设另一条高速公路。

4. 非现金资产

非现金资产包括实物、工业产权、非专利技术、土地使用权等，当这些资产适用于拟建项目时，经资产评估可直接用于项目建设。

第三节 项目资本金的融通

一、项目资本金的概念

项目资本金是指在项目总投资中，由投资者认缴的出资额，这部分资金对项目的法人而言属非债务资金，投资者可以转让其出资，但不能以任何方式抽回。我国除了主要由中央和地方政府用财政预算投资建设的公益性项目等部分特殊项目外，大部分投资项目都应实行资本金制度。

项目资本金可以用货币出资，也可以用实物、工业产权、非专利技术、土地使用权、资源开采权等作价出资。作价出资的实物、工业产权、非专利技术、土地使用权和资源开采权，必须经过有资格的资产评估机构依照法律法规评估作价。其中以工业产权、非专利技术作价出资的比例不得超过资本金总额的20%，但经特别批准，部分高新技术企业可以达到35%。

1. 国内投资项目资本金比例

1996年《国务院关于固定资产投资项目试行资本金制度的通知》（以下简称《通知》）规定了各种经营性国内投资项目资本金占总投资的比例。作为计算资本金基数的总投资，是指投资项目的固定资产投资（即建设投资和建设期利息之和）与铺底流动资金之和。其中，交通运输、煤炭项目，资本金比例为35%及以上；钢铁、邮电、化工项目，资本金比例为25%及以上；电力、机电、建材、石油加工、有色金属、轻工、纺织、商贸及其他行业的项目，资本金比例为20%及以上。项目资本金的具体比例，由项目审批单位根据项目经济效益、银行贷款意愿与评估意见等情况，在审批可行性研究报告时核定。经国务院批准，对个别情况特殊的国家重点建设项目，可适当降低资本金比例。

根据国民经济发展的需要，政府有关部门可能调整建设项目的资本金比例。例如，2004年4月国务院决定，钢铁项目资本金比例由25%及以上提高到40%及以上，水泥、电解铝、房地产开发项目（不含经济适用房项目）资本金比例由20%及以上提高到35%及以上。2005年11月国务院又决定将铜冶炼项目资本金比例由20%及以上提高到35%

及以上。

除了项目审批部门对项目资本金有要求以外,提供贷款的银行或其他金融机构在选择项目为其提供贷款时,也要考虑资本金的比例,因为项目投资者的资本金是金融机构的安全保障,投资者的资本金比例越大,金融机构承担的风险越小。

2. 外商投资项目资本金比例

外商投资项目包括外商独资、中外合资、中外合作经营项目,按我国现行规定,其注册资本与投资总额的比例为:投资总额在300万美元以下(含300万美元)的,其注册资本的比例不得低于70%;投资总额在300万美元以上至1000万美元(含1000万美元)的,其注册资本的比例不得低于50%;投资总额在1000万美元以上至3000万美元(含3000万美元)的,其注册资本的比例不得低于40%;投资总额在3000万美元以上的,其注册资本的比例不得低于三分之一。投资总额是指建设投资、建设期利息和流动资金之和。

按照我国现行规定,有些项目不允许国外资本控股,有些项目要求国有资本控股。如2005年1月1日起施行的《外商投资产业指导目录(2004年修订)》中明确规定,核电站、铁路干线路网、城市地铁及轻轨等项目,必须由中方控股。

二、项目资本金的来源及筹措

1. 项目资本金的来源

根据《通知》的要求,项目资本金的来源可以是中央和地方各级政府预算内资金;国家批准的各项专项建设资金;"拨改贷"和经营性基本建设基金回收的本息;土地批租收入;国有企业产权转让收入;地方政府按国家有关规定收取的各种税费及其他预算外资金;国家授权的投资机构及企业法人的所有者权益(包括资本金、资本公积金、盈余公积金、未分配利润、股票上市收益金等);企业折旧基金以及投资者按照国家规定从资本市场上筹措的资金;经批准,发行股票或可转换债券;国家规定的其他可用作项目资本金的资金。

2. 项目资本金的筹措

(1) 股东直接投资。股东直接投资包括政府授权投资机构入股资金、国内外企业入股资金、社会团体和个人入股的资金以及基金投资公司入股的资金,分别构成国家资本金、法人资本金、个人资本金和外商资本金。

既有法人融资项目,股东直接投资表现为扩充既有企业的资本金,包括原有股东增资扩股和吸收新股东投资。新设法人融资项目,股东直接投资表现为投资者为项目提供资本金。合资经营公司的资本金由企业的股东按股权比例认缴,合作经营公司的资本金由合作投资方按预先约定的金额投入。

(2) 股票融资。无论是既有法人融资项目还是新设法人融资项目,凡符合规定条件的,均可以通过发行股票在资本市场募集股本资金。股票融资可以采取公募和私募两种形式。

(3) 政府投资。政府投资资金,包括各级政府的财政预算内资金、国家批准的各种专项建设基金、统借国外贷款、土地批租收入、地方政府按规定收取的各种费用及其他预算外资金等。政府投资主要用于基础性项目和公益性项目,例如三峡工程、青藏铁路等。

第四节 项目债务资金的融通

一、债务资金的概念

由于有以往经营业绩,债务资金成为既有法人筹集建设项目所需资金的主要渠道。新设法人项目资金的融资能力取决于股东能对项目公司借款提供多大程度的担保。实力雄厚的股东为项目公司借款提供完全的担保,可以使项目公司取得低成本资金,降低项目的融资风险;但担保额度过高会使项目公司承担过高的担保费,从而增加项目公司的费用支出。在项目本身的财务效益好、投资风险可以有效控制的条件下,可以考虑采用项目融资方式。

二、国内借入资金来源(图7-6)

(一)政策性银行贷款

政策性银行是指由政府创立、参股或保证的,专门为贯彻和配合政府特定的社会经济政策或意图,直接或间接地从事某种特殊政策性融资活动的金融机构。目前我国的政策性银行有国家开发银行、中国进出口银行和中国农业发展银行。政策性银行贷款的特点是:贷款期限长、利率低,但对申请贷款的企业或项目有比较严格的要求。

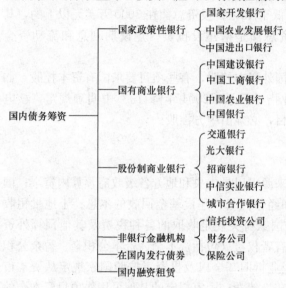

图7-6 国内借入资金来源

1. 国家开发银行

国家开发银行贷款主要用于支持国家批准的基础设施项目、基础产业项目、支柱产业项目,以及重大技术改造项目、高新技术产业化项目及其他政策性项目建设。基础设施项目主要包括:农业、水利、铁道、公路、民航、城市建设、电信等行业;基础产业项目主要包括:煤炭、石油、电力、钢铁、有色、黄金、化工、建材、医药等行业项目;支柱产业项目主要包括:石化、汽车、机械(重大技术装备)、电子等行业中的政策性项目;其他行业项目主要包括:环保、高科技产业及轻工、纺织等行业政策性项目。在我国的国家重点建设项目中,国家开发银行贷款占85%以上。开发银行的贷款期限可分为:短期贷款(1年以下)、中期贷款(1~5年)和长期贷款(5年以上),贷款期限一般不超过15年。对大型基础设施建设项目,根据行业和项目的具体情况,贷款期限可适当延长。国家开发银行执行中国人民银行统一颁布的利率规定,对长期使用国家开发银行贷款并始终保持优良信誉的借款人,项目贷款利率可适当下浮,下浮的幅度控制在中国人民银行规定的幅度之内。

国家开发银行还开展支持大学毕业生创业及下岗人员从事国家政策支持产业的经营。如项目贷款和青年创业贷款。

(1)项目贷款。这种融资方式主要针对下岗人员占员工总数30%以上的企业或政府重点支持的项目,贷款者需要提供营业执照、税务登记证明、三个年度及上个月财务报表。从事农业、环保、高科技、资源利用、社区服务等类业务的经营者都可以采用此种贷款方式。目前开展此类贷款业务的银行为国家开发银行。贷款年限为1年，最高贷款额度500万元。

【例7-4】 西安的刘女士经营着一家保洁公司。2007年12月，她与当地两所高校签下协议，承包两校的物业保洁业务，可是手头流动资金不足，由于她的企业雇佣的全部是下岗工人，得到了当地政府全力支持，仅用一周时间就在国家开发银行获得了将近50万元的贷款。

(2) 青年创业贷款。贷款者需要参加当地创业中心培训并成绩合格，且得到当地团委、青年创业促进会担保。这种贷款方式适用于大学刚毕业者或比较年轻的下岗再就业者的初次创业。目前开展此类贷款业务的银行为国家开发银行。贷款年限为1年，最高贷款额度100万元。

【例7-5】 天津的陈小姐大学毕业后想开个咖啡厅，2007年2月，她参加了天津"青创"和国家开发银行联合举办的创业学习班，通过一个月的学习，成绩合格后，她获得了国家开发银行的20万元贷款。

2. 中国进出口银行

中国进出口银行是通过办理出口信贷、出口信用保险及担保、对外担保、外国政府贷款转贷、对外援助优惠贷款以及国务院交办的其他业务，贯彻国家产业政策、外经贸政策和金融政策，为扩大我国机电产品、成套设备和高新技术产品出口和促进对外经济技术合作与交流，提供政策性金融支持。

3. 中国农业发展银行

中国农业发展银行是按照国家的法律、法规和方针、政策，以国家信用为基础，筹集农业政策性信贷资金，承担国家规定的农业政策性金融业务，代理财政性支农资金的拨付，为农业和农村经济发展服务，如粮棉流转贷款、农村批发市场专项贷款等。

(1) 粮棉流转贷款。这种融资方式需要提供贷款者营业执照、税务登记证明、三个年度及上个月财务报表。这种融资方式适用于从事粮食、棉花、油料等农副产品收购、调销、进口的企业和个体经营者。目前开展此类贷款业务的银行为中国农业发展银行。最短贷款年限为6个月，最高贷款额度1000万元。

【例7-6】 新疆某棉花收购商金某，因看到2007年上半年股市行情不错，便将大量资金投入股市，结果等到棉花收购季节，手头资金短缺，无法大量收购棉花。为此他找到中国农业发展银行寻求贷款帮助。结果1个月后就成功获得了近200万元的短期贷款。

(2) 农村批发市场专项贷款。这种融资方式需要提供贷款者营业执照、税务登记证明、实行独立核算的经营化肥、农药、种子、农机具等农业生产资料证明。这种融资方式适用于在农村从事批发、零售、贸易、再生物资回收、物流的企业或个体经营者。目前开展此类贷款业务的银行为中国农业发展银行。最短贷款年限为6个月，最高贷款额度1000万元。

(二) 商业银行贷款

1. 商业银行贷款的特点

(1) 筹资手续简单，速度较快。贷款的主要条款只需取得银行的同意，不必经过诸如国家金融管理机关、证券管理机构等部门的批准。

(2) 筹资成本较低。借款人与银行可直接商定信贷条件，无需大量的文件制作，而且在经济发生变化的情况下，如果需要变更贷款协议的有关条款，借贷双方可采取灵活的方式，进行协商处理。

2. 商业银行贷款期限

商业银行和贷款人签订贷款合同时，一般应对贷款期、提款期、宽限期和还款期做出明确的规定。贷款期是指从贷款合同生效之日起，到最后一笔贷款本金或利息还清日止的这段时间，一般可分为短期、中期和长期，其中一年或一年以内的为短期贷款，一年至三年的为中期贷款，三年以上的为长期贷款；提款期是从合同签订生效日起，到合同规定的最后一笔贷款本金的提取日止；宽限期是从贷款合同签订生效日起，到合同规定的第一笔贷款本金归还日止；还款期是从合同规定的第一笔贷款本金归还日起，到贷款本金和利息全部还清日止。

若不能按期归还贷款，借款人应在贷款到期日之前，向银行提出展期，至于是否展期，则由银行决定。申请保证贷款、抵押贷款、质押贷款展期的，还应由保证人、抵押人、出质人出具书面的同意证明。短期贷款展期期限累计不得超过原贷款期限；中期贷款展期期限累计不得超过原借款期限的一半；长期贷款展期期限累计不得超过3年。若借款人未申请展期或申请展期未得到批准，其贷款从到期日次日起，转入逾期贷款账户。若借款人根据自身的还贷能力，要提前归还贷款，应与银行协商。

3. 商业银行贷款金额

贷款金额是银行就每笔贷款向借款人提供的最高授信额度，借款金额由借款人在申请贷款时提出，银行核定。借款人在决定贷款金额时应考虑三个因素：第一，贷款种类，贷款金额通常不能超过贷款政策所规定的该种贷款的最高限额；第二，客观需要，根据项目建设、生产和经营过程中对资金的需要来确定；第三，偿还能力，贷款金额应与自身的财务状况相适应，保证能按期还本付息。

4. 商业银行贷款的种类

目前，我国商业银行开展的贷款业务有以下若干种：

(1) 应收账款贷款。这种融资方式需要提供企业营业执照、三个年度及上个月财务报表、税务登记证明、应收账款证明、债权转让单据、买方（或被服务）企业的资质证明。这种融资方式适合从事新技术开发的生产型企业，例如电子元件加工、汽车用品加工；或者服务型企业，如餐饮、宾馆、网络服务。目前，盛京银行、光大银行、兴业银行已开设应收账款贷款业务，最低贷款额度为10万元，贷款年限1~3年。

【例7-7】 陕西临潼的叶先生从事当地遗址旅游景区的饭店经营。因几个旅游公司一直采取费用半年一结的合作方式，到2007年7月饭店需要重新装修时，资金一时出现了缺口。为了不错过"十一"黄金周旅游旺季的良机，叶先生采用应收账款贷款方式从兴业银行获得了50万元的贷款。

(2) 存款抵押贷款。这种融资方式需要提供企业营业执照、财务报表、税务登记证明、人民币存款单据。这种融资方式适合生产经营多年，有一定闲置资金的中、小企业。目前华夏银行已开办此种业务，最长贷款年限可达5年，闲置资金额度在30万元以上为最佳。

(3) 库存金属材料贷款。这种融资方式需要提供企业营业执照、财务报表、税务登记证明、销售渠道证明、钢材、有色金属库存所有权、处分权证明（购销合同、付款凭证、发票）。这种融资方式适合国内金属加工、生产、销售类中小企业。目前中国建设银行、工商银行已开办此种业务，最长贷款年限为 6 个月，最高贷款额度为不超过金属材料库存金额的 80%。

【例 7-8】 天津的王女士做管材加工多年。2007 年 11 月中旬，她想用承兑汇票支付鞍山钢铁公司生产的单价 6100 元/t 的无缝钢管，可由于原材料涨价，资金出现缺口。于是她用库存的 200t 金属材料在中国建设银行使用材料贷款方式获得了 50 万元的贷款，顺利地购进了所需要的原材料。

(4) 化工助剂贷款。这种融资方式需要提供营业执照、财务报表、税务登记证明、销售渠道证明、化工助剂库存所有权、处分权证明（购销合同、付款凭证、发票）。这种融资方式适合国内工业、日用化工助剂加工、生产、销售类中小企业。目前中国建设银行、工商银行已开办此种业务，最长贷款年限为 6 个月，最高贷款额度为不超过化工助剂库存金额的 80%。

(5) 购船抵押贷款。这种融资方式需要提供营业执照、财务报表、税务登记证明、购销渠道证明、企业拥有船舶的所有权、处分权证明（购销合同、付款凭证、发票）。这种融资方式适合国内近海捕捞、江河运输行业的投资者，尤其是年捕鱼量在 500 万 t 以上的投资者更易受到银行的青睐。目前中国建设银行、工商银行已开办此种业务，最长贷款年限为 1 年，最高贷款额度不超过船舶价值的 70%。

(6) 厂房贷款。这种融资方式需要提供营业执照、财务报表、税务登记证明、销售渠道证明、企业厂房的所有权、处分权证明（购销合同、付款凭证、发票）。这种融资方式适合国内从事生产、加工行业的中小企业或从事厂房租赁的经营者。目前中国建设银行、工商银行已开办此种业务，最长贷款年限为 1 年，最高贷款额度不超过厂房价值的 60%。

【例 7-9】 西安高新技术开发区某公司从事小企业标准厂房租赁业务，由于企业现金流不足致使公司 4000m² 的厂房陷入了僵局。西安工商银行依据客户所在地土地看涨和厂房租赁供不应求的状况，判定风险可以控制，决定为该公司提供 400 万元贷款。

(7) 第四方担保贷款。即在以往担保公司、银行和中小企业传统担保融资模式基础上，引入风险投资或上下游企业作为"第四方"。该第四方承诺，当企业出现财务危机时，第四方将以股权收购等形式进入企业，为企业带来现金流用以偿付银行债务，并保持企业的持续经营。这种融资方式需要提供营业执照、财务报表、税务登记证明，提供担保的企业必须与被担保企业有供应或合作关系。这种融资方式适合于与实力较强的销售企业具有良好合作关系的供货企业，如服装、化妆品、日用品、体育用品等行业销售型或批发型企业。目前浙商银行已开办此种业务，最长贷款年限为 1 年，最高贷款额度 500 万元。

【例 7-10】 宁波化妆品批发商李先生想扩大自己业务，但手头资金不足。他便通过自己的下游企业——宁波某商场做担保从浙商银行获得了近 150 万元的贷款。

(8) 工程机械设备抵押贷款。这种融资方式需要提供营业执照、财务报表、税务登记证明，工程机械设备所有权、处分权证明（购销合同、付款凭证、发票）。这种融资方式适合于从事小型工程机械设备租赁生意，尤其是小型挖掘机租赁的经营者最适合采用此类贷款。目前开展此类贷款业务的银行有中国工商银行、深圳发展银行、上海浦东发展银行。最长贷款年限为 1 年，最高贷款额度不超过设备价值的 80%。

(9) 生意圈联保贷款。这种融资方式需要提供贷款者营业执照、税务登记证明。参与贷款者必须是同一商圈的小企业或个体工商户,并自愿组成联保,不需要其他任何抵押资产。这种融资方式对于批发市场的个体工商户尤为适用。一般来说3~9人的联保较易获取最大限度的贷款,也比较容易通过银行的评估。目前开展此类贷款业务的银行为浙商银行。最长贷款年限为1年,最高贷款额度450万元(最多9人联保)。

【例7-11】 2007年9月温州从事打火机生意的9名个体工商户,通过联保的方式,在没有任何抵押资产的情况下,经过浙商银行核准,获得了450万元贷款,解决了他们生意上资金紧张的问题。

(10) 订单贷款。这种融资方式需要提供贷款者营业执照、税务登记证明、三个年度及上个月财务报表和融资额度5%~10%的保证金。这种融资方式对于从事外贸进出口的企业尤为适用,因为外贸企业订单量大,回款风险较小。目前开展此类贷款业务的银行为深圳发展银行和上海浦东发展银行。最长贷款年限为6个月,最高贷款额度1000万元。

【例7-12】 上海某外贸公司利用手中价值80万元的国外订单,从深圳发展银行成功获得120万元的贷款,缓解了该公司因流动资金不足而产生的危机。

(11) 专利贷款。这种融资方式需要提供贷款者营业执照、税务登记证明、三个年度及上个月财务报表和取得国家级认证的专业技术。这种融资方式最适用于进行专利产品研发、生产、销售的中小企业。目前开展此类贷款业务的银行为交通银行和中国工商银行。最长贷款年限为3年,最高贷款额度1000万元。

【例7-13】 北京某生物医药技术有限公司以其蛋白多糖生物活性物质发明专利权,从交通银行申请到了公司成立多年来的第一笔银行贷款150万元。

(三)国内非银行金融机构贷款

非银行金融机构主要有信托投资公司、财务公司和保险公司等。

1. 信托投资公司贷款

信托贷款是信托投资公司运用吸收的信托存款、自有资金和筹集的其他资金对审定的贷款对象和项目发放的贷款。与商业银行贷款相比,信托贷款具有以下几个特点:

(1) 银行贷款由于现行信贷制度的限制,无法对一些企业特殊但合理的资金需求予以满足,信托贷款恰好可以满足企业特殊的资金需求。

(2) 银行贷款按贷款的对象、期限、用途不同,有不同的利率,但不能浮动。信托贷款的利率则相对比较灵活,可在一定范围内浮动。

信托贷款主要有技术改造信托贷款、补偿贸易信托贷款、单位住房信托贷款、联营投资信托贷款和专项信托贷款等。

2. 财务公司贷款

财务公司是由企业集团成员单位组建又为集团成员单位提供中长期金融业务服务为主的非银行金融机构。财务公司贷款有短期贷款和中长期贷款。短期贷款一般为一年、六个月、三个月以及三个月以下不定期限的临时贷款;中长期贷款一般为1~3年、3~5年以及5年以上的贷款。

3. 保险公司贷款

虽然我国目前不论是法律法规的规定,还是现实的操作,保险公司尚不能对项目提供贷款,但从西方经济发达国家的实践来看,保险公司的资金,不但可以进入证券市场,用于购买各种股票和债券,而且可对项目提供贷款,特别是向有稳定市场和收益的基础设施项目提供贷款。

三、国外借入资金来源

国外贷款资金来源渠道主要有外国政府贷款、外国银行贷款、出口信贷、国际金融机构贷款等。

1. 外国政府贷款

外国政府贷款是指一国政府利用财政资金向另一国政府提供的援助性贷款。外国政府贷款的特点是期限长、利率低、指定用途、数量有限。

外国政府贷款的期限一般较长,如日本政府贷款的期限为 15~30 年(其中含宽限期 5~10 年);德国政府贷款的期限最长达 50 年(其中宽限期为 10 年)。在政府贷款协议中除规定总的期限外,还要规定贷款的提取期、偿还期和宽限期。

外国政府贷款具有经济援助性质,其利率较低或为零。如日本政府贷款的年利率为 1.25%~5.75%,从 1984 年起,增收 0.1% 的一次性手续费。德国对受石油涨价影响较大的发展中国家提供的政府贷款的年利率仅为 0.75%。

外国政府贷款具有特定的使用范围,如日本政府贷款主要用于教育、能源、交通、邮电、工矿、农业、渔业等方面的建设项目以及基础设施建设。

政府间贷款是友好国家经济交往的重要形式,具有优惠的性质。目前,尽管政府贷款在国际投资中不占主导地位,但其独特的作用和优势是其他国际间接投资形式所无法替代的。但同时也应当看到,投资国的政府贷款也是其实现对外政治经济目标的重要工具。政府贷款除要求贷以现汇(即可自由兑换外汇)外,有时还要附加一些其他条件。

2. 外国银行贷款

外国银行贷款也称商业信贷,是指从国际金融市场上的外国银行借入的资金。外国政府贷款和国际金融机构贷款条件优惠,但不易争取,且数量有限。因此吸收国外银行贷款已成为各国利用国外间接投资的主要形式。目前,我国接受的国外贷款以银行贷款为主。

外国商业信贷的利率水平取决于世界经济中的平均利润率和国际金融市场上的借贷供求关系,处于不断变化之中。从实际运行情况来看,国际银行贷款利率比政府贷款和国际金融机构贷款的利率要高,依据贷款国别、贷款币种和贷款期限的不同而又有所差异。

国外银行在提供中长期贷款时,除收取利息外,还要收取一些其他费用,主要有:

(1) 管理费。管理费亦称经理费或手续费,是借款者向贷款银团的牵头银行所支付的费用。管理费取费标准一般为贷款总额的 0.5%~1.0%。

(2) 代理费。代理费指借款者向贷款银团的代理行支付的费用。代理费多少视贷款金额、事务的繁简程度,由借款者与贷款代理行双方商定。

(3) 承担费。承担费是指借款者因未能按贷款协议商定的时间使用资金而向贷款银行支付的、带有赔偿性质的费用。

(4) 杂费。杂费是指由借款人支付给银团贷款牵头银行的、为与借款人联系贷款业务所发生的费用(如差旅费、律师费和宴请费等)。杂费根据双方认可的账单支付。

国际银行贷款可划分为短期贷款、中期贷款和长期贷款,其划分的标准是:短期贷款的期限在 1 年以内,有的甚至仅为几天;中期贷款的期限为 1~5 年;长期贷款的期限在 5 年以上。银行贷款的偿还方法主要有到期一次偿还、分期等额偿还、分次等本偿还和提前偿还四种方式。

　　银行贷款所使用的货币是银行贷款条件的重要组成部分。在贷款货币的选择上，借贷双方难免有分歧。就借款者而言，在其他因素不变的前提下，更倾向于使用汇率趋于贬值的货币，以便从该货币未来的贬值中受益，而贷款者则相反。

　　3. 出口信贷

　　出口信贷亦称长期贸易信贷，是指商品出口国的官方金融机构或商业银行以优惠利率向本国出口商、外国进口方银行或外国进口商提供的一种贴补性贷款，是争夺国际市场的一种筹资手段。出口信贷主要有卖方信贷和买方信贷。

　　卖方信贷是指在大型设备出口时，为便于出口商以延期付款的方式出口设备，由出口商本国的银行向出口商提供的信贷。买方信贷是由出口方银行直接向进口商或进口方银行所提供的信贷。

　　4. 混合贷款、联合贷款和银团贷款

　　混合贷款也称政府混合贷款，它是指政府贷款、出口信贷和商业银行贷款混合组成的一种优惠贷款形式。目前各国政府向发展中国家提供的贷款，大都采用这种形式。此种贷款的特点是：政府出资必须占有一定比重，目前一般达到50%；有指定用途，如必须进口提供贷款的国家出口商的产品；利率比较优惠，一般为1.5%~2%；贷款期限也比较长，最长可达30~50年（宽限期可达10年），贷款金额可达合同的100%，比出口信贷优越；贷款手续比较复杂，对项目的选择和评估都有一套特定的程序和要求，较之出口信贷要复杂得多。

　　联合贷款是指商业银行与世界性、区域性国际金融组织以及各国的发展基金、对外援助机构共同联合起来，向某一国家提供资金的一种形式。此种贷款比一般贷款更具有灵活性和优惠性，其特点是：政府与商业金融机构共同经营；援助与筹资互相结合，利率比较低，贷款期限比较长；有指定用途。

　　银团贷款也叫辛迪加贷款，它是指由一家或几家银行牵头，多家国际商业银行参加，共同向一国政府、企业的某个项目（一般是大型的基础设施项目）提供金额较大、期限较长的一种贷款。此种贷款的特点是：必须有一家牵头银行，该银行与借款人共同议定一切贷款的初步条件和相关文件，然后再由其安排参加银行，协商确定贷款额，达成正式协议后，即把下一步工作移交代理银行；必须有一个代理银行，代表银团严格按照贷款协议履行其权利和义务，并按各行出资份额比例提款、计息和分配收回的贷款等一系列事宜；贷款管理十分严密；贷款利率比较优惠，贷款期限也比较长，并且没有指定用途。

　　5. 国际金融机构贷款

　　国际金融机构包括世界性开发金融机构、区域性国际开发金融机构以及国际货币基金组织等覆盖全球的机构。其中世界性开发金融机构一般指世界银行集团五个成员机构中的三个金融机构，包括国际复兴开发银行（IBRD）、国际开发协会（IDA）和国际金融公司（IFC）；区域性国际开发金融机构指亚洲开发银行、欧洲开发银行、泛美开发银行等。在这些国际金融机构中，可以为中国提供项目贷款的包括世界银行集团的三个国际金融机构和亚洲开发银行。虽然国际金融机构筹资的数量有限，程序也较复杂，但这些机构所提供的项目贷款一般利率较低、期限较长。所以项目如果符合国际金融机构的贷款条件，应尽量争取从这些机构筹资。

(1) 国际复兴开发银行

国际复兴开发银行主要通过组织和发放长期贷款,鼓励发展中国家经济增长和国际贸易,来维持国际经济的正常运行。贷款对象是会员国政府、国有企业、私营企业等,若借款人不是政府,则要由政府担保。贷款用途多为项目贷款,主要用于工业、农业、运输、能源和教育等领域。贷款期一般在 20 年左右,宽限期为 5 年左右;利率低于国际金融市场利率;贷款额为项目所需资金总额的 30%～50%。

在一般情况下,国际复兴开发银行为了减少风险,对单一项目的贷款一般不超过总投资额的 50%,除特殊项目外,绝对金额不超过 4 亿等值美元,其余外汇资金可由国际复兴开发银行担保,贷款国政府作为贷款人,在国际市场上筹资,由于以主权国家作为贷款人,因而能获得优惠贷款。

(2) 国际开发协会

国际开发协会的宗旨是:对欠发达国家提供比国际复兴开发银行条件更为优惠的贷款,以促进这些国家经济的发展和居民生活水平的提高,从而补充国际复兴开发银行活动,促成国际复兴开发银行目标的实现。相对 IBRD 而言,国际开发协会的贷款属于软贷款。

国际开发协会的贷款对象为人均国民生产总值在 765 美元以下的贫穷发展中国家会员国或国营和私营企业;贷款期限为 50 年,宽限期为 10 年,偿还贷款时可以全部或部分用本国货币;贷款为无息贷款,只收取少量的手续费和承诺费。

(3) 国际金融公司

国际金融公司的宗旨是通过鼓励会员国,特别是欠发达地区会员国生产性私营企业的增长,来促进经济增长,并以此补充国际复兴开发银行的各项活动。

国际金融公司的投资目标是非国有经济,投资项目中国有股权比例应低于 50%;一般要求企业的总资产在 2000 万美元左右,项目投资额在 1000 万美元以上,项目在行业中处于领先地位,有着清晰的主营业务和高素质的管理队伍。

国际金融公司在中国投资的重点是:①通过有限追索权项目筹资的方式,帮助项目融通资金;②鼓励包括中小企业在内的中国本土私营部门的发展;③投资金融行业,发展具有竞争力的金融机构,使其能达到国际通行的公司治理机制和运营的标准;④支持中国西部和内陆省份的发展;⑤促进基础设施、社会服务和环境产业的私营投资。

(4) 亚洲开发银行

亚洲开发银行(ADB)是亚洲、太平洋地区的区域性政府间国际金融机构。亚洲开发银行的项目贷款包括以下两类:

①普通贷款,即用成员国认缴的资本和在国际金融市场上借款及发行债券筹集的资金向成员国发放的贷款。此种贷款期限比较长,一般为 10～30 年,并有 2～7 年的宽限期,贷款利率按金融市场利率,借方每年还需交 0.75% 的承诺费。此种贷款主要用于农业、林业、能源、交通运输及教育卫生等基础设施。

②特别基金,即用成员国的捐款为成员国发放的优惠贷款及技术援助,分为亚洲发展基金和技术援助特别基金,前者为偿债能力较差的低收入成员国提供长期无息贷款,贷款期长达 40 年,宽限期 10 年,不收利息,只收 1% 的手续费。特别基金资助经济与科技落

后的成员国，为项目的筹备和建设提供技术援助和咨询等。

四、融资租赁

1. 融资租赁的含义

融资租赁亦称金融租赁或资本租赁，是指不带维修条件的设备租赁业务。融资租赁与分期付款购入设备相类似，实质上是承租者通过设备租赁公司筹集设备投资的一种方式。

在融资租赁方式下，设备（即租赁物件）是由出租人完全按照承租人的要求选定的，所以出租人对设备的性能、物理性质、老化风险以及维修保养不负任何责任。在大多数情况下，出租人在租期内分期回收全部成本、利息和利润，租赁期满后，出租人通过收取名义货价的形式，将租赁物件的所有权转移给承租人。

2. 融资租赁的方式

（1）自营租赁。自营租赁亦称直接租赁，其一般程序为：用户根据自己所需设备，先向制造厂家或经销商洽谈供货条件；然后向租赁公司申请租赁预约，经租赁公司审查合格后，双方签订租赁合同，由租赁公司支付全部设备款，并让供货者直接向承租人供货，货物经验收并开始使用后，租赁期即开始，承租人根据合同规定向租赁公司分期交付租金，并负责租赁设备的安装、维修和保养。

（2）回租租赁。回租租赁亦称售出与回租，是先由租赁公司买下企业正在使用的设备，然后再将原设备租赁给该企业的租赁方式。

（3）转租赁。是指国内租赁公司在国内用户与国外厂商签订设备买卖合同的基础上，选定一家国外租赁公司或厂商，以承租人身份与其签订租赁合同，然后再以出租人身份将该设备转租给国内用户，并收取租金转付给国外租赁公司的一种租赁方式。

就全世界而言，融资租赁已成为仅次于贷款的国际信贷方式。有关专家预测，在今后10年中，世界的租赁业将出现超过贷款筹资的趋势，是极有发展前途的朝阳产业。

五、发行债券

债券是借款单位为筹集资金而发行的一种信用凭证，它证明持券人有权按期取得固定利息并到期收回本金。

1. 债券的种类

债券的种类很多，主要分类如表 7-1 所示。

债券的划分标准与种类　　　　　　　　　　表 7-1

划 分 标 准	种 类
按发行方式分类	记名债券、无记名债券
按还本期限分类	短期债券、中期债券、长期债券
按发行条件分类	抵押债券、信用债券
按可否转换为公司股票分类	可转换债券、不可转换债券
按偿还方式分类	定期偿还债券、随时偿还债券
按发行主体分类	国家债券、地方政府债券、企业债券、金融债券

2. 债券筹资的特点

（1）支出固定。对不可转换债券而言，不论企业将来盈利如何，它只需付给持券人固定的债券利息。

(2) 股东控制权不变。一般而言,债券持有者无参与权和决策权,因此原有股东的控制权不因发行债券而受到影响。

(3) 少纳所得税。债券利息可进成本,实际上等于政府为企业负担了部分债券利息。

(4) 提高股东投资回报。如果项目投资回报率大于利息率,由于财务杠杆作用,发行债券筹资可提高股东回报率。

(5) 提高企业负债比率。发行债券会降低企业的财务信誉,增加企业风险。

第五节 项 目 融 资

一、项目融资及其特点

1. 项目融资的含义

所谓项目融资,指以项目的资产、收益作抵押来融资。项目融资本质上是资金提供方对项目的发起人无追索权或有限追索权(无担保或有限担保)的融资贷款。它的一个重要特点是贷款方在决定是否发放贷款时,通常不把项目发起方现在的信用能力作为重要因素来考虑。如果项目本身有潜力,即使项目发起方现在的资产少,收益情况不理想,项目融资也完全可以成功;相反,如果项目本身发展前景不好,即使项目发起方现在的规模再大,资产再多,项目融资也不一定成功。

举例:某自来水公司现拥有 A、B 两个自来水厂。为了增建 C 厂,决定从金融市场上筹集资金。

方案 1:贷款用于建设新厂 C,而归还贷款的款项来源于 A、B、C 三个水厂的收益。如果新厂 C 建设失败,该公司把原来的 A、B 两个水厂的收益作为偿债的担保。这时,贷款方对公司有完全追索权。

方案 2:借来的钱建 C 厂,还款的资金仅限于 C 厂建成后的水费收入和其他收入。如果新项目失败,贷方只能从清理 C 厂的资产中收回一部分,除此之外,不能要求自来水公司从别的资金来源,包括 A、B 两个厂的收入归还贷款,这称为贷方对自来水公司无追索权。

方案 3:在签订贷款协议时,只要求自来水公司把特定的一部分资产作为贷款担保,这里称贷款方对自来水公司有有限追索权。

方案 2 和方案 3 称为项目融资。

2. 项目融资的特点

项目融资具有以下基本特点:

(1) 至少有项目发起方、项目公司、贷款方三方参与。

(2) 项目发起方以股东身份组建项目公司,该项目公司为独立法人,从法律上与股东分离。

(3) 银行以项目本身的经济强度作为决定是否贷款的依据,进一步说,贷款银行主要依靠项目本身的资产和未来的现金流量作为贷款偿还保证,而原则上对项目公司之外的资产没有追索权或仅有有限追索权。只要银行认为项目有希望,贷款比例可达到 60%~75%,甚至到 100%。如果项目公司将来无力偿还贷款,则贷款银行只能获得项目本身的收入与资产,但对项目发起方的资产却基本上无权染指。

3. 项目融资的适用范围

(1) 资源开发类项目：如石油、天然气、煤炭、铀等开发项目；

(2) 基础设施；

(3) 制造业，如飞机、大型轮船制造等。

4. 项目融资的限制

(1) 程序复杂，参加者众多，合作谈判成本高；

(2) 政府的控制较严格；

(3) 增加项目最终用户的负担；

(4) 项目风险增加融资成本。

二、项目融资的主要模式

1. 以"设施使用协议"为基础的项目融资模式

国际上，一些项目融资是围绕着一个服务性设施或工业设施的使用协议作为主体安排的。这种设施使用协议（Tolling Agreement）是指在某种服务性设施或工业设施的提供者和这种设施的使用者之间达成的一种具有"无论提货与否均需付款"性质的协议。项目公司以"设施使用协议"为基础安排项目融资，主要应用于一些带有服务性质的项目，例如石油、天然气管道、发电设施、某种专门产品的运输系统以及港口、铁路设施等。20世纪80年代以来，这种融资模式也被引入到工业项目中。

利用"设施使用协议"安排项目融资，其成败的关键是项目设施的使用者能否提供一个强有力的具有"无论提货与否均需付款"性质的承诺。这个承诺要求项目设施的使用者在融资期间无条件地定期向设施的提供者支付一定数量的预先确定下来的项目设施使用费，而不管使用者是否真正利用了项目设施所提供的服务。这种无条件承诺的合法权益将被转让给提供资金方，再加上项目投资者的完全担保，就构成项目信用保证的主要部分。一般来说，项目设施的使用费在融资期间应足以支付项目的生产经营成本和项目的还本付息。

在生产型工业项目中，"设施使用协议"被称为"委托加工协议"，项目产品的购买者提供或组织生产所需要的原材料，通过项目的生产设施将其加工成最终产品，然后由购买者在支付加工费后取走产品。

以"设施使用协议"为基础安排的项目融资具有以下特点：

(1) 投资结构的选择比较灵活，既可以根据项目的性质、项目投资和设施使用者的类型等采用公司型合资结构，也可以采用非公司型合资结构、合伙制结构或者信托基金结构。

(2) 具有"无论提货与否均需付款"性质的设施使用协议是项目融资不可缺少的组成部分。这种项目设施使用协议在使用费的确定上至少需要考虑到项目投资在三方面的回收，即：生产经营成本、融资成本和投资者收益。

2. 以"产品支付"为基础的项目融资模式

"产品支付（Production Payment）"是在石油、天然气和矿产品项目中常使用的无追索权或有限追索权的融资方式，是项目融资的早期形式，起源于20世纪50年代美国的石油天然气项目开发的融资安排。项目公司以收益作为项目融资的主要偿债资金来源，即贷款得到偿还之前，贷款银行拥有项目的部分或全部产品。当然，这并不是说贷款银行真的要储存几亿桶石油或足以满足一座城市需要的电力,在绝大多数情况下,产品支付只是产权的转移,而非产品本身的转移。通常贷款银行要求项目公司重新购回他们的产品或充当他们的代理人来销售这些产品。

以"产品支付"为基础的融资模式适用于资源贮藏量已经探明并且项目的现金流量能够比较准确地计算出来的项目。这种模式所能安排的资金数量取决于所购买的那一部分产品的预期未来收益按照一定贴现率计算出来的净现值。对于那些属于国家所有的资源,项目公司只能获得资源开采权的项目,"产品支付"的信用保证是通过购买项目未来生产的现金流量,加上资源开采权和项目资产的抵押来实现的。

以"产品支付"为基础的项目融资模式,在具体操作上有以下基本特征:

(1) 融资模式是建立在由贷款银行购买某一特定资源产品的全部或部分营业收入权益的基础上的,它是通过让贷款银行直接拥有项目产品的所有权来融资,而不是通过抵押或权益转让的方式来实现融资的信用保证。

(2) 融资期限一般应小于项目预期的经济寿命期。即如果一个资源性项目具有20年的开采期,那么,产品支付融资的贷款期限应该大大短于20年,以保证项目在还本付息之外还能实现一定的收益。

(3) 贷款银行一般只为项目建设投资提供融资,而不承担项目生产费用的融资。并且,贷款银行还要求项目发起人提供项目最低产量、最低产品质量等的担保。

(4) 一般要成立一个"融资中介机构",即所谓的专设公司,专门负责从项目公司中购买一定比例的产品,在市场上直接销售或委托项目公司作为代理人销售,并负责归集产品的销售收入和偿还贷款。

3. BOT项目融资方式

(1) BOT项目融资的基本思路

BOT是Build-Operate-Transfer的缩写,即建设-经营-移交,它是指政府将一个工程项目的特许经营权授予承包商(一般为国际财团),承包商在特许期内负责项目设计、融资、建设和运营,并回收成本、偿还债务、赚取利润,特许经营期结束后将项目所有权再移交给政府的一种项目融资模式。实质上,BOT融资模式是政府与承包商合作经营项目的一种特殊运作模式,从20世纪80年代产生以来,越来越受到各国政府的重视,成为各国基础设施建设及资源开发等大型项目融资中较受欢迎的一种融资模式。BOT融资在我国也称为"特许经营权融资方式",主要以外资为融资对象,其含义是指国家或者地方政府部门通过特许经营权协议,授予签约方的外商投资企业(包括中外合资、中外合作、外商独资)承担公共性基础设施项目的融资、建造、经营和维护;在协议规定的特许期限内,项目公司拥有投资建造设施的所有权,允许向设施使用者收取适当的费用,由此回收项目投资、经营和维护成本并获得合理的回报;特许期满后,项目公司将设施无偿地移交给签约方的政府部门。

(2) TOT项目融资方式

TOT是Transfer-Operate-Transfer三个英文单词的缩写,即移交-经营-移交,它是BOT项目融资方式的新发展,指用私人资本或资金购买某项目资产(一般是公益性资产)的产权和经营权,购买者在一个约定的时间内通过经营收回全部投资和得到合理的回报后,再将项目产权和经营权无偿移交给原产权所有人。这种模式已逐渐应用到我国的项目融资领域中。

TOT方式存在着几点BOT项目融资方式所不具备的优势：

①积极盘活国有资产，推进国有企业转机建制；

②为拟建项目引进资金，为建成项目引进新的更有效的管理模式；

③只涉及经营权让渡，不存在产权、股权问题，可以避免许多争议；

④投资者可以尽快从高速发展的中国经济中获得利益。

另外，由于TOT的风险比BOT小很多，金融机构、基金组织、私人资本等都有机会参与投资，这也增加了项目的资金来源。

4. ABS项目融资模式

ABS是英文Asset-Backed Securitization的缩写，即资产支持型资产证券化，简称资产证券化。资产证券化是指将缺乏流动性，但能够产生可预见的、稳定的现金流量的资产归集起来，通过一定的结构安排，对资产中风险与收益要素进行分离与重组，进而转换为在金融市场上可以出售和流通的证券的过程。

ABS起源于20世纪80年代，由于具有创新的融资结构和高效的载体，满足了各类资产和项目发起人的需要，从而成为当今国际资本市场中发展最快、最具活力的金融产品。具体而言ABS融资有两种方式：

（1）通过项目收益资产证券化来为项目融资，即以项目所拥有的资产为基础，以项目资产可以带来的预期收益为保证，通过在资本市场发行债券来募集资金的一种证券化融资方式。具体来讲是项目发起人将项目资产出售给特设机构（Special Purpose Vehicle，以下简称SPV），SPV凭借项目未来可预见的稳定的现金流，并通过寻求担保等信用增级（Credit Enhancement）手段，将不可流动的项目收益资产转变为流动性较高、具有投资价值的高等级债券，通过在国际资本市场上发行，一次性地为项目建设融得资金，并依靠项目未来收益还本付息。

（2）通过与项目有关的信贷资产证券化来为项目融资，即项目的贷款银行将项目贷款资产作为基础资产，或是与其他具有共同特征的、流动性较差但能产生可预见的稳定现金流的贷款资产组合成资产池（Asset Pool），通过信用增级等手段使其转变为具有投资价值的高等级证券，通过在国际市场发行债券来进行融资，降低银行的不良贷款比率，从而提高银行为项目提供贷款的积极性，间接地为项目融资服务。

ABS项目融资方式适用于房地产、水、电、道路、桥梁、铁路等收入安全、持续、稳定的项目。一些出于某些原因不宜采用BOT方式的、重要的、关系国计民生的重大项目也可以考虑采用ABS方式进行融资。

5. 以"杠杆租赁"为基础的项目融资

（1）以"杠杆租赁"为基础的项目融资的基本思路

以"杠杆租赁"为基础的项目融资模式，是指在项目投资者的要求和安排下，由有两个或两个以上的专业租赁公司、银行以及其他金融机构等以合伙制形式组成的合伙制金融租赁公司作为出租人，融资购买项目的资产，然后租赁给作为承租人的项目公司的一种融资模式。合伙制金融租赁公司和贷款银行的收入及信用保证来自税务好处、租赁费用、项目的资产以及对项目现金流量的控制。当租赁公司的成本全部收回并且获得了相应的回报后，项目公司只需交纳很少的租金，在租赁期满后，项目发起人的一个相关公司可以将项目资产以事先商定的价格购买回去,或者由项目公司以代理人的身份代理租赁公司把资产以其可以接受的价格卖掉,售价大部分会当作代销手续费由租赁公司返还给项目公司。

(2) 以"杠杆租赁"为基础的项目融资的主要特点

①融资方式较复杂。由于杠杆租赁融资结构中涉及的参与者数目较多,资产抵押以及其他形式的信用保证在股本参加者与债务参加者之间的分配和优先顺序问题也比一般项目融资模式复杂,再加上税务、资产管理与转让等问题,造成组织这种项目融资所花费的时间要相对长一些,法律结构以及文件也相对复杂一些,因而比较适合大型工程项目的融资安排。

②融资成本较低。杠杆租赁由于充分利用了项目的税务好处,所以降低了投资者的融资成本和投资成本,同时也增加了融资结构中债务偿还的灵活性。利用税务扣减一般可以偿还项目全部融资总额的 30%~50%。

③可实现百分之百的融资。在这种模式中,由金融租赁公司的部分股本资金加上银行贷款,就可解决项目所需资金或设备,项目发起人可以不需要再进行任何股本投资。

④应用范围比较广泛。既可以作为一项大型工程项目的项目融资安排,也可以为项目的一部分建设工程安排融资,例如用于购置项目的某一专项大型设备。

第六节 融资方案分析

在初步确定项目的资金筹措方式和资金来源后,应进一步对融资方案进行分析,以降低融资成本和融资风险。

一、资金成本的含义和性质

1. 资金成本的含义

资金是一种资源,筹集和使用任何资金都要付出代价,资金成本就是投资者在项目实施中,为筹集和使用资金而付出的代价。资金成本由两部分组成,即资金筹集成本和资金使用成本。

(1) 资金筹集成本是指投资者在资金筹措过程中支付的各项费用。主要包括向银行借款的手续费;发行股票、债券而支付的各项代理发行费用,如印刷费、手续费、公证费、担保费和广告费等。资金筹集成本一般属于一次性费用,筹资次数越多,资金筹集成本也就越大。

(2) 资金使用成本又称资金占用费,它主要包括支付给股东的各种股利、向债权人支付的贷款利息以及支付给其他债权人的各种利息费用等。资金使用成本一般与所筹资金的多少以及所筹资金使用时间的长短有关,具有经常性、定期支付的特点,是资金成本的主要内容。

2. 资金成本的作用

(1) 资金成本是选择资金来源和筹资方式的重要依据。企业筹集资金的方式多种多样,如发行股票、债券、银行借款等,不同的筹资方式,其资金成本不尽相同。资金成本的高低可以作为比较各种筹资方式优缺点的一项依据。

(2) 资金成本是投资者进行资金结构决策的基本依据。如上所述,一个项目的资金结构一般是由借入资金与自有资金组合而成,这种组合有多种方案,如何寻求两者间的最佳组合，一般可通过计算综合资金成本作为项目筹资决策的依据。

(3) 资金成本是评价各种项目是否可行的一个重要尺度。国际上通常将资金成本视为项目的"最低收益率"和是否接受项目的"取舍率"，在评价投资方案是否可行的标准上，一般要以项目本身的投资收益率与其资金成本进行比较。如果项目的预期投资收益率小于其资金成本，则项目不可行。

二、资金成本的计算

1. 资金成本计算的一般形式

资金成本可用绝对数表示，也可用相对数表示。为便于分析比较，资金成本一般用相对数表示，称之为资金成本率。其一般计算公式为：

$$K = \frac{D}{P-F}$$

或

$$K = \frac{D}{P(1-f)} \tag{7-1}$$

式中 K——资金成本率（一般通称为资金成本）；

P——筹集资金总额；

D——资金占用费；

F——筹资费；

f——筹资费费率（即筹资费占筹集资金总额的比率）。

2. 各种资金来源的资金成本计算

(1) 银行借款的资金成本

①不考虑资金筹集成本时的资金成本：

$$K_d = (1-T) \times R \tag{7-2}$$

式中 K_d——银行借款的资金成本；

T——所得税税率；

R——银行借款利率。

②对项目贷款实行担保时的资金成本：

$$K_d = (1-T) \times (R + V_d)$$

$$V_d = \frac{V}{P \times n} \times 100\% \tag{7-3}$$

式中 V_d——担保费率；

V——担保费总额；

P——企业借款总额；

n——担保年限。

③考虑资金筹集成本时的资金成本：

$$K_d = \frac{(1-T) \times (R + V_d)}{1-f} \tag{7-4}$$

【例7-14】 某企业为某建设项目申请银行长期贷款5000万元，年利率为10%，每年付息一次，到期一次还本，贷款管理费及手续费率为0.5%。企业所得税税率25%，试计算该项目长期借款的资金成本。

解：根据式（7-4），该项目长期借款的资金成本为：

$$K_\mathrm{d} = \frac{(1-T) \times R}{1-f} = \frac{(1-25\%) \times 10\%}{1-0.5\%} = 7.54\%$$

（2）债券资金成本

发行债券的成本主要是指债券利息和筹资费用。债券利息的处理与长期借款利息的处理相同，应以税后的债务成本为计算依据。债券的筹资费用一般比较高，不可在计算融资成本时省略。债券资金成本的计算公式为：

$$K_\mathrm{b} = \frac{I_\mathrm{b}(1-T)}{B(1-f_\mathrm{b})} \quad \text{或} \quad K_\mathrm{b} = \frac{R_\mathrm{b}(1-T)}{(1-f_\mathrm{b})} \tag{7-5}$$

式中　K_b——债券资金成本；

B——债券筹资额；

f_b——债券筹资费率；

I_b——债券年利息；

R_b——债券利率。

若债券溢价或折价发行，为了更精确地计算资金成本，应以其实际发行价格作为债券筹资额。

【例 7-15】 假定某公司发行面值为 100 万元的 10 年期债券，票面利率 8%，发行费率 5%，发行价格 120 万元，公司所得税税率为 25%，试计算该公司债券的资金成本。如果公司以 85 万元发行面额为 100 万元的债券，则资金成本又为多少？

解：（1）根据式（7-5），以 120 万元价格发行时的资金成本为：

$$K_\mathrm{b} = \frac{I_\mathrm{b}(1-T)}{B(1-f_\mathrm{b})} = \frac{100 \times 8\% \times (1-25\%)}{120(1-5\%)} = 5.26\%$$

（2）以 85 万元价格发行时的资金成本为：

$$K_\mathrm{b} = \frac{I_\mathrm{b}(1-T)}{B(1-f_\mathrm{b})} = \frac{100 \times 8\% \times (1-25\%)}{85(1-5\%)} = 7.43\%$$

（3）优先股成本

与负债利息的支付不同，优先股的股利不能在税前扣除，因而在计算优先股成本时无需经过税赋的调整。优先股成本的计算公式为：

$$K_\mathrm{p} = \frac{D_\mathrm{p}}{P_\mathrm{p}(1-f_\mathrm{p})} \quad \text{或} \quad K_\mathrm{p} = \frac{P_\mathrm{p} \times i}{P_\mathrm{p}(1-f_\mathrm{p})} = \frac{i}{1-f_\mathrm{p}} \tag{7-6}$$

式中　K_p——优先股资金成本；

D_p——优先股每年股息；

P_p——优先股票面值；

f_p——优先股筹资费率；

i——股息率。

【例 7-16】 某公司为某项目发行优先股股票，票面额按正常市价计算为 200 万元，筹资费率为 4%，股息年利率为 14%，试求其资金成本。

解：根据式（7-6）得：

$$K_\mathrm{p} = \frac{i}{1-f_\mathrm{p}} = \frac{14\%}{1-4\%} = 14.58\%$$

(4) 普通股资金成本

普通股资金成本属权益融资成本。权益资金的资金占用费是向股东分派的股利，而股利是以所得税后净利润支付的，不能抵减所得税。计算普通股资金成本，常用的方法有"评价法"和"资本资产定价模型法"。

① 评价法：

$$K_c = \frac{D_c}{P_c(1-f_c)} + G \tag{7-7}$$

式中 K_c——普通股资金成本；

D_c——预期年股利额；

P_c——普通股筹资额；

f_c——普通股筹资费率；

G——普通股利年增长率。

【例 7-17】 某公司发行普通股正常市价为 300 万元，筹资费率为 4%，第一年的股利率为 10%，以后每年增长 5%，试求其资金成本率。

解：根据式（7-7）有：

$$K_c = \frac{D_c}{P_c(1-f_c)} + G = \frac{300 \times 10\%}{300 \times (1-4\%)} + 5\% = 15.4\%$$

② 资本资产定价模型法：

$$K_c = R_f + \beta(R_m - R_f) \tag{7-8}$$

式中 R_f——无风险报酬率；

R_m——平均风险股票必要报酬率；

β——股票的风险校正系数。

【例 7-18】 某一期间证券市场无风险报酬率为 11%，平均风险股票必要报酬率为 15%，某一股份公司普通股 β 值为 1.15，试计算该普通股的资金成本。

解：根据式（7-8）有：

$$K_c = R_f + \beta(R_m - R_f) = 11\% + 1.15 \times (15\% - 11\%) = 15.6\%$$

(5) 融资租赁资金成本

企业租入某项资产，获得其使用权，要定期支付租金，并且租金列入企业成本，可以减少应付所得税。因此，其租金成本率为：

$$K_l = \frac{E}{P_l} \times (1-T) \tag{7-9}$$

式中 K_l——融资租赁资金成本；

E——年租金额；

P_l——租赁资产价值。

(6) 留存盈余资金成本

留存盈余是指企业未以股利等形式发放给投资者而保留在企业的那部分盈利，即经营所得净收益的积余，包括盈余公积和未分配利润。

留存盈余是所得税后形成的，其所有权属于股东，实质上相当于股东对公司的追加投资。股东将留存盈余留用于公司，是想从中获取投资报酬，所以留存盈余也有资金成本，即股东失去的向外投资的机会成本。它与普通股东成本的计算基本相同，只是不考虑筹资费用。如按评价法，计算公式为：

$$K_r = \frac{D_c}{P_c} + G \tag{7-10}$$

式中　K_r——留存盈余资金成本，其他符号同前。

(7) 加权平均资金成本

项目的资金筹集一般采用多种融资方式，不同来源的资金，其成本各不相同。由于条件制约，项目不可能只从某种低成本的来源筹集资金，而是各种筹资方案的有机组合。因此，为了对整个项目的融资方案进行筹资决策，在计算各种融资方式个别资金成本的基础上，还要计算整个融资方案的加权平均融资成本，以反映项目的整个融资方案的融资成本状况。其计算公式为：

$$K_w = \sum_{j=1}^{n} K_j \times W_j \tag{7-11}$$

式中　K_w——加权平均资金成本；
　　　K_j——第 j 种融资渠道的资金成本；
　　　W_j——第 j 种融资渠道筹集的资金占全部资金的比重（权数）。

三、融资风险分析

融资方案的实施经常会受到各种风险因素的影响。融资风险分析就是对可能影响融资方案的风险因素进行识别和预测。通常可能的融资风险因素有下列几种：

1. 投资缺口风险

项目在建设过程中由于技术设计、施工图设计及施工过程中增加工程，由于价格上涨引起工程造价变化等，都会引起投资额的增加，导致原估算投资额出现缺口。

2. 资金供应风险

资金供应风险是指融资方案在实施过程中，可能出现资金不落实，导致建设工期拖长，工程造价升高，原定投资效益目标难以实现的风险。主要风险有：

(1) 原定筹资额全部或部分落空，例如已承诺出资的投资者中途变故，不能兑现承诺；

(2) 原定发行股票、债券计划不能实现；

(3) 既有项目法人融资项目由于企业经营状况恶化，无力按原定计划出资；

(4) 其他资金不能按建设进度足额及时到位。

3. 利率风险

利率水平随着金融市场行情而变动，如果融资方案中采用浮动利率计息，则应分析贷款利率变动的可能性及其对项目造成的风险和损失。

4. 汇率风险

汇率风险是指国际金融市场外汇交易结算产生的风险，包括人民币对各种外币币值的变动风险和各外币之间比价变动的风险。利用外资数额较大的投资项目应对外汇汇率的趋势进行分析，估测汇率发生较大变动时，对项目造成的风险和损失。

思 考 题

1. 项目资金来源形成的资本结构对项目运营会产生哪些影响？
2. 什么样的资金提供者拥有对项目公司资产的"优先追索权"，什么样的资金提供者拥有对项目公司资产的"剩余追索权"？
3. 新发行股票与未分配利润哪个对权益资本成本有影响？
4. 一般公司的债务资金成本比权益资金成本低，原因有哪些？

第八章 建设项目经济评价

【本章导读】 建设项目经济评价是在完成市场调查与预测、技术方案论证、投资估算与资金筹措等可行性分析的基础上,对拟建项目各方案投入与产出的基础数据进行推测、估算,对拟建项目各方案进行评价和选优的过程。经济评价的工作成果融汇了建设项目投资决策的结论性意见和建议,是投资主体决策的重要依据。本章介绍建设项目经济评价的主要内容,包括财务评价和国民经济评价。

第一节 建设项目财务评价

一、财务评价及其目的

1. 财务评价的定义

财务评价是在国家现行财税制度和市场价格体系下,从项目的角度出发,分析预测项目范围内的财务效益与费用,计算财务评价指标,考察拟建项目的盈利能力、清偿能力和财务生存能力,据以判断项目的财务可行性,明确项目对财务主体的价值以及对投资者的贡献,为投资决策、融资决策以及银行审贷提供依据。

2. 财务评价的必要性

(1) 衡量经营性项目的盈利能力。我国实行企业(项目)法人责任制后,企业法人要对建设项目的筹划、筹资、建设直至生产经营、归还贷款或债券本息以及资产的保值、增值实行全过程负责,承担投资风险。除需要国家安排资金和外部条件需要统筹安排的,应按规定报批外,凡符合国家产业政策、由企业投资的经营性项目,其可行性研究报告和初步设计,均由企业法人自主决策。因决策失误或管理不善造成企业法人无力偿还债务的,银行有权依据合同取得抵押资产或由担保人负责偿还债务。因此,企业所有者和经营者对项目盈利水平如何,能否达到行业的基准收益率或企业目标收益率;项目清偿能力如何,是否低于行业基准回收期;能否按银行要求的期限偿还贷款等,将十分关心。此外,国家和地方各级决策部门、财务部门和贷款部门(如银行)对此也非常关心。为了使项目在财务上能站得住脚,就要进行项目财务分析。

(2) 衡量非经营性项目的财务生存能力。对于非经营项目,如公益性项目和基础性项目,在经过有关部门批准的情况下,可以实行还本付息价格或微利价格,在这类项目决策中,为了权衡项目在多大程度上要由国家或地方财政给以必要的支持,例如进行政策性的补贴或实行减免税等经济优惠措施,同样需要进行财务计算和评价。由于基础性项目大部分属于政策性投融资范围,主要由政府通过经济实体进行投资,并吸引地方、企业参与投资,有的也可吸引外商直接投资,因而这类项目的投融资既要注重社会效益,也要遵循市场规律,讲求经济效益。

(3) 合营项目谈判签约的重要依据。合同条款是中外合资项目和合作项目双方合作的首要前提，而合同的正式签订又离不开经济效益分析，实际上合同条款的谈判过程就是财务评价的测算过程。

(4) 项目资金规划的重要依据。建设项目的投资规模、资金的可能来源、用款计划的安排和筹资方案的选择都是财务评价要解决的问题。为了保证项目所需资金按时提供（资金到位），投资者（国家、地方、企业和其他投资者）、项目经营者和贷款部门也都要知道拟建项目的投资金额，并据此安排资金计划和国家预算。

二、财务评价指标

评价项目技术方案财务效果的好坏，一方面取决于基础数据的完整性和可靠性，另一方面则取决于选取的评价指标的合理性，只有选取正确的评价指标，使财务评价的结果与客观实际情况相吻合，才具有实际意义。在财务评价中，若按计算时是否考虑资金的时间价值，评价指标可分为静态评价指标和动态评价指标，如图 8-1 所示。

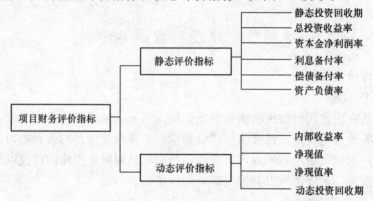

图 8-1 项目财务评价指标体系

静态评价指标是在不考虑时间因素对货币价值影响的情况下直接通过现金流量计算出来的经济评价指标。静态评价指标的最大特点是计算简便，它适于评价短期投资项目和逐年收益大致相等的项目，另外对方案进行概略评价时也常采用。

动态评价指标是在分析项目或方案的经济效益时，要对发生在不同时间的效益、费用计算资金的时间价值，将现金流量进行等值化处理后计算评价指标。动态评价指标能较全面地反映投资方案整个计算期的经济效果，适用于详细可行性研究、对项目整体效益评价的融资前分析，或对计算期较长以及处在终评阶段的技术方案进行评价。

按评价指标的量纲，可将其分成价值性指标、时间性指标和比率性指标，如图 8-2 所示。

价值性指标是以货币为量纲的指标；时间性指标是以时间为量纲的指标；比率性指标是无量纲的指标。

按评价指标的性质，可将其分为盈利能力指标、清偿能力指标和财务生存能力指标，如图 8-3 所示。

在建设项目方案经济评价时，应根据评价深度要求、可获得资料的多少以及工程项目方案本身所处的条件，选用多个指标，从不同侧面反映项目的财务效果。

(一) 盈利能力分析指标

1. 静态投资回收期（P_t）

第一节 建设项目财务评价

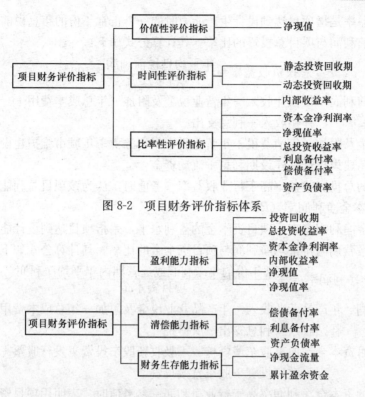

图 8-2 项目财务评价指标体系

图 8-3 项目财务评价指标体系

投资回收期也称返本期,是反映项目技术方案盈利能力的静态指标。

静态投资回收期是在不考虑资金时间价值的条件下,以方案的净收益回收项目全部投入资金所需要的时间。静态投资回收期可以自项目建设开始年算起,也可以自项目投产年开始算起,但应予注明。自建设开始年算起,静态投资回收期 P_t(以年表示)的计算公式如下:

$$\sum_{t=1}^{P_t}(CI-CO)_t = 0 \tag{8-1}$$

式中　P_t——静态投资回收期;
　　　CI——现金流入量;
　　　CO——现金流出量;
$(CI-CO)_t$——第 t 年净现金流量。

2. 动态投资回收期（P'_t）

动态投资回收期是在计算回收期时考虑了资金的时间价值。其表达式为:

$$\sum_{t=1}^{P'_t}(CI-CO)_t(1+i_c)^{-t} = 0 \tag{8-2}$$

式中　P'_t——动态投资回收期（年）;
　　　i_c——基准收益率。

判别准则:设基准动态投资回收期为 P'_c,若 $P'_t < P'_c$ 项目可行,否则应予拒绝。

3. 总投资收益率（ROI）

总投资收益率是指项目达到设计生产能力时的一个正常年份的年息税前利润或运营期内年平均息税前利润与项目总投资的比率。其计算公式如下：

$$总投资收益率 = \frac{年平均息税前利润}{项目总投资} \times 100\% \tag{8-3}$$

式中　年息税前利润＝年营业收入－年营业税金及附加－年总成本费用＋
补贴收入＋利息支出　　　　　　　　　　　　　　　　　(8-4)

年营业税金及附加＝年消费税＋年营业税＋年资源税＋年城市维护建设税＋教育费附加项目总投资＝建设投资＋建设期利息＋流动资金　　　　　　(8-5)

当计算出的总投资收益率高于行业收益率参考值时，认为该项目盈利能力满足要求。

4. 项目资本金净利润率（ROE）

项目资本金净利润率表示项目资本金的盈利水平，系指项目达到设计能力后正常年份的年净利润或运营期内年平均净利润与项目资本金的比率。其计算公式如下：

$$资本金净利润率 = \frac{正常年份的年净利润或运营期内年平均净利润}{项目资本金} \times 100\% \tag{8-6}$$

式中　年净利润＝年产品营业收入－年产品营业税金及附加－年总成本费用＋
补贴收入＋利息支出－所得税　　　　　　　　　　　(8-7)

项目资本金＝原有股东增资扩股＋吸收新股东投资＋发行股票＋
政府投资＋股东直接投资　　　　　　　　　　　　　(8-8)

当计算出的资本金净利润率高于行业净利润率参考值时，表明用项目资本金净利润率表示的盈利能力满足要求。

总投资收益率和资本金净利润率指标常用于项目融资后盈利能力分析。

5. 净现值（NPV）

净现值（NPV——Net Present Value）是反映项目技术方案在计算期内获利能力的动态评价指标。项目技术方案的净现值是指用一个预定的基准收益率 i_c，分别把整个计算期内各年所发生的净现金流量都折现到建设期初的现值之和。净现值 NPV 计算公式为：

$$NPV = \sum_{t=1}^{n}(CI-CO)_t(1+i_c)^{-t} \tag{8-9}$$

式中　NPV——净现值；

　　$(CI-CO)_t$——第 t 年的净现金流量（应注意"＋"、"－"号）；

　　i_c——基准收益率；

　　n——方案计算期。

净现值是评价项目盈利能力的绝对指标。当 $NPV>0$ 时，说明该方案除了满足基准收益率要求的盈利之外还能得到超额收益，故该方案可行；当 $NPV=0$ 时，说明该方案基本能满足基准收益率要求的盈利水平，方案勉强可行或有待改进；当 $NPV<0$ 时，说明该方案不能满足基准收益率要求的盈利水平，该方案不可行。

净现值（NPV）指标的优点是，考虑了资金的时间价值，并全面考虑了项目在整个计算期内的经济状况；经济意义明确，能够直接以货币额表示项目的盈利水平；评价标准容易确定，判断直观。净现值适用于项目融资前整体盈利能力分析。

净现值指标的不足之处是必须首先确定一个符合经济现实的基准收益率，而基准收益率的确定往往比较复杂；在互斥方案评价时，净现值必须慎重考虑互斥方案的寿命，如果互斥方案寿命不等，必须构造一个相同的研究期，才能进行各个方案之间的比选；净现值不能反映项目投资中单位投资的使用效率，不便进行投资额不等的互斥方案比较；不能直接说明在项目运营期间各年的经营成果。

6. 内部收益率（IRR）

对于常规投资项目，内部收益率（IRR——Internal Rate of Return）就是净现值为零时的折现率。其数学表达式为：

$$NPV(IRR) = \sum_{t=1}^{n} (CI - CO)_t (1 + IRR)^{-t} = 0 \tag{8-10}$$

对常规投资项目而言，内部收益率的判别准则为：设基准收益率为 i_c，若 $IRR > i_c$，则项目或方案在经济上可以接受；若 $IRR = i_c$，则项目或方案在经济上勉强可行；若 $IRR < i_c$，则项目或方案在经济上应予拒绝。

内部收益率（IRR）指标考虑了资金的时间价值以及项目在整个计算期内的经济状况。而且内部收益率值取决于项目的净现金流量系列的情况，这种项目内部决定性，使它在应用中具有一个显著的优点，即避免了净现值指标须事先确定基准收益率这个难题，而只需要知道基准收益率的大致范围即可。当要对一个项目进行开发，而未来的情况和未来的折现率都带有高度的不确定性时，采用内部收益率对项目进行评价，往往能取得满意的效果。内部收益率的不足是计算比较麻烦，对于非常规现金流量的项目来讲，内部收益率可能不存在。

7. 净现值率（NPVR）

净现值率（NPVR——Net Present Value Rate）是在 NPV 的基础上发展起来的，可作为 NPV 的一种补充。净现值率是项目净现值与项目全部投资现值之比。其经济含义是单位投资现值所能带来的净现值，是一个考察项目单位投资盈利能力的指标。由于净现值不直接考察项目投资额的大小，所以当多个方案的 NPV 均大于零，但投资规模相差较大时，可用净现值率指标作为净现值的辅助评价指标。净现值率（NPVR）计算式如下：

$$NPVR = \frac{NPV}{I_p} \tag{8-11}$$

$$I_P = \sum_{t=1}^{m} I_t (1 + i_c)^{-t} \tag{8-12}$$

式中 I_p——投入资金现值；

I_t——第 t 年投资额；

m——建设期年数。

应用 NPVR 评价方案时，对于单一方案而言，净现值与净现值率的判别准则一样，应使 $NPVR \geq 0$，方案才能接受。对于多方案评价，净现值率越大越好。

（二）偿债能力分析指标

项目偿债能力分析是项目融资后分析的重要内容，是项目融资主体和债权人共同关心的指标。

1. 利息备付率

利息备付率也称已获利息倍数，指项目在借款偿还期内各年可用于支付利息的息税前利润与当期应付利息费用的比值。其表达式为：

$$利息备付率 = \frac{息税前利润}{当期应付利息费用} \tag{8-13}$$

式中　息税前利润＝利润总额＋计入总成本费用的利息费用　　　　(8-14)

当期应付利息是指计入总成本费用的全部利息。

利息备付率分年计算。利息备付率越高，表明利息偿付的保障程度越高。

利息备付率表示使用项目利润偿付利息的保证倍率。参考国际经验和国内行业的具体情况，根据我国企业历史数据统计分析，一般情况下，利息备付率应大于 1，并满足债权人的要求。

2. 偿债备付率

偿债备付率指项目在借款偿还期内，各年可用于还本付息的资金与当期应还本付息金额的比值。其计算公式为：

$$偿债备付率 = \frac{可用于还本付息资金}{当期应还本付息金额} \tag{8-15}$$

式中可用于还本付息的资金包括：可用于还款的折旧和摊销，成本中列支的利息费用，可用于还款的所得税后利润等。

当期应还本付息金额包括当期应还贷款本金额及计入成本的全部利息。融资租赁的本息和运营期内的短期借款本息也应纳入还本付息金额。

偿债备付率分年计算。偿债备付率高，表明可用于还本付息的资金保障程度高。

偿债备付率表示可用于还本付息的资金偿还借款本息的保证倍率。正常情况应大于 1，并满足债权人的要求。

3. 资产负债率

资产负债率指各期末负债总额同资产总额的比率。其计算公式为：

$$资产负债率 = \frac{期末负债总额}{期末资产总额} \times 100\% \tag{8-16}$$

适度的资产负债率，表明企业经营安全、稳健，具有较强的筹资能力，也表明企业和债权人的风险较小。对该指标的分析，应结合国家宏观经济状况、行业发展趋势、企业所处竞争环境等具体条件判定。项目财务分析中，在长期债务还清后，可不再计算资产负债率。

（三）财务生存能力分析指标

财务生存能力分析是指通过考察项目计算期内的投资、融资和经营活动所产生的各项现金流入和流出，计算净现金流量和累计盈余资金，分析项目是否有足够的净现金流量维持正常运营，以实现财务状况持续良好。

$$年净现金流量 = 年经营活动净现金流量 + 年投资活动净现金流量 + $$
$$年筹资活动净现金流量 \tag{8-17}$$

$$累计盈余资金 = \sum_{t=1}^{m} 各年净现金流量 (1 \leqslant m \leqslant n) \tag{8-18}$$

三、财务评价的基本步骤

财务评价主要是利用有关基础数据，通过财务分析报表，计算财务指标，进行分析和评价。财务评价的一般步骤如下：

1. 财务评价前的准备

(1) 熟悉拟建项目的基本情况。主要包括可行性研究阶段的其他工作成果；项目的类型和性质；在现行财税法规范围内项目能享受的优惠等。

(2) 估算项目财务效益和费用。编制财务分析辅助报表，包括：建设投资估算表、流动资金估算表、营业收入、营业税金及附加和增值税估算表、总成本费用估算表等。

2. 进行融资前分析

财务分析可分为融资前分析和融资后分析，分别满足投资决策和融资决策的需要。一般宜先进行融资前分析，在融资前分析结论满足要求的情况下，初步设定融资方案，再进行融资后分析。在项目的初期研究阶段，例如项目建议书阶段，可只进行融资前分析。

融资前分析属项目决策中的投资决策，是不考虑债务融资条件下的财务分析，重在考察项目净现金流量的价值是否大于其投资成本。由于未考虑资金来源，融资前分析只进行盈利能力分析。融资前分析的基本步骤如下：

(1) 估算建设投资、营业收入、经营成本和流动资金；

(2) 编制项目投资现金流量表，计算项目投资内部收益率、净现值和项目静态投资回收期等指标；

(3) 如果分析结果表明项目效益符合要求，再考虑融资方案，继续进行融资后分析；

(4) 如果分析结果不能满足要求，可通过修改方案设计完善项目方案，必要时甚至可据此做出放弃项目的建议。

3. 进行融资后分析

融资后分析属项目决策中的融资决策，是以设定的融资方案为基础进行的财务分析，重在考察项目资金筹措方案能否满足要求。融资后分析包括盈利能力分析、偿债能力分析和财务生存能力分析。融资后分析的基本步骤如下：

(1) 在融资前分析结论满足要求的情况下，初步设定融资方案；

(2) 在已有财务分析辅助报表的基础上，编制项目总投资使用计划与资金筹措表和建设期利息估算表；

(3) 编制项目资本金现金流量表，计算项目资本金财务内部收益率指标，考察项目资本金可获得的收益水平；

(4) 编制投资各方现金流量表，计算投资各方的财务内部收益率指标，考察投资各方可获得的收益水平。

四、财务分析报表

1. 现金流量表

现金流量表反映项目计算期内各年的现金收支，用以计算各项动态和静态评价指标，进行项目财务盈利能力分析。现金流量表分为：

(1) 项目投资现金流量表。对于新设法人项目，该表不分投资资金来源，以全部投资作为计算基础，用于计算项目投入全部资金的财务内部收益率、财务净现值及项目静态和动态投资回收期等评价指标，考察项目全部投资的盈利能力，为各个投资方案（不论其资金来源及利息多少）进行比较建立共同基础。

(2) 项目资本金现金流量表，用于计算项目资本金财务内部收益率。

(3) 投资各方财务现金流量表，用于计算投资各方财务内部收益率。

2. 利润与利润分配表

反映项目计算期内各年的营业收入、总成本费用、利润总额等情况，以及所得税后利润的分配，用以计算总投资收益率、项目资本金净利润率等指标。

3. 财务计划现金流量表

反映项目计算期内各年的投资、融资及经营活动的现金流入和流出，用于安排资金使用计划，计算累计盈余资金，分析项目的财务生存能力。

4. 资产负债表

用于综合反映项目计算期内各年年末资产、负债和所有者权益的增减变化及对应关系，计算资产负债率。

5. 借款还本付息计划表

用于反映项目计算期内各年借款本金偿还和利息支付情况，计算偿债备付率和利息备付率等指标。

财务分析报表与评价指标之间的关系如表 8-1 所示。

财务分析报表与财务评价指标的关系　　　　表 8-1

评价内容	基本报表	静态指标	动态指标
盈利能力分析	项目投资现金流量表	项目投资静态回收期	项目投资财务内部收益率 项目投资财务净现值 项目投资动态回收期
	项目资本金现金流量表	—	项目资本金财务内部收益率
	投资各方现金流量表	—	投资各方财务内部收益率
	利润与利润分配表	总投资收益率 项目资本金净利润率	—
清偿能力分析	资产负债表 建设期利息估算及还本付息计划表	资产负债率 偿债备付率 利息备付率	
财务生存能力	财务计划现金流量表	累计盈余资金	

在财务评价过程中，技术经济分析人员可以根据项目的具体情况和委托方的要求对评价指标进行取舍。

第二节　建设项目国民经济评价

在市场经济条件下，大部分工程项目财务评价结论可以满足投资决策要求，但对于财务现金流量不能全面、真实地反映其经济价值的项目，还需要进行国民经济评价。这类项目主要包括：具有垄断特征的项目；产出具有公共产品特征的项目；外部效果显著的项目；资源开发项目；涉及国家经济安全的项目；受过度行政干预的项目。

一、国民经济评价的必要性及其内容

所谓国民经济评价，是按合理配置稀缺资源和社会经济可持续发展的原则，采用影子价格、社会折现率等国民经济评价参数，从国民经济全局的角度出发，考查工程项目的经济合理性。

正常运作的市场是将稀缺资源在不同用途和不同时间上合理配置的有效机制。然而，

市场的正常运作要求具备若干条件,包括:资源的产权清晰、完全竞争、公共产品数量不多、短期行为不存在等。如果这些条件不能满足,市场就不能有效地配置资源,即市场失灵。市场失灵包括:

(1) 无市场、薄市场(Thin market)。首先,很多资源的市场还没有发育起来,或根本不存在。这些资源的价格为零,因而被过度使用,日益稀缺。其次,有些资源的市场虽然存在,但价格偏低,只反映了劳动和资本成本,没有反映生产中资源的耗费的机会成本。毫不奇怪,价格为零或偏低时,资源会被浪费。例如,我国一些地区的地下水和灌溉用水价格偏低,因而被大量浪费。

(2) 外部效果(Externalities)。外部效果是企业或个人的行为对活动以外的企业或个人造成的影响。外部效果造成私人成本(内部成本或直接成本)和社会成本不一致,导致实际价格不同于最优价格。外部效果可以是积极的也可以是消极的。河流上游农民种树,保持水土,使下游农民旱涝保收,这是积极的外部效果。上游滥砍滥伐,造成下游洪水泛滥和水土流失,这是负面的外部效果。

(3) 公共物品(Public goods)。公共物品的显著特点,是一个人对公共物品的消费不影响其他消费者对同一公共物品的消费。在许多情况下,个人不管付钱与否都不能被从公共物品的消费中排除出去,例如国防。因为没人能够或应该被排除,所以消费者就不愿为消费公共物品而付钱。消费者不愿付钱,私人企业赚不了钱,就不愿意提供公共物品。因此,自由市场很难提供充足的公共物品。

(4) 短视计划(Myopia planning)。自然资源的保护和可持续发展意味着为了未来利益而牺牲当前消费。因为人们偏好当前消费,未来利益被打折扣,因而造成应留给未来人的资源被提前使用。资源使用中的高贴现率和可再生资源的低增长率,有可能使某种自然资源提早耗尽。

市场失灵的存在使得财务评价的结果往往不能真实反映工程项目的全部利弊得失,必须通过国民经济评价对财务评价中失真的结果进行修正。

国民经济评价的研究内容主要是识别国民经济效益与费用,计算和选取影子价格,编制国民经济评价报表,计算国民经济评价指标并进行方案比选。

二、国民经济评价与财务评价的关系

1. 国民经济评价与财务评价的共同之处

(1) 评价方法相同。它们都是经济效果评价,都使用基本的经济评价理论,即效益与费用比较的理论方法。都要寻求以最小的投入获取最大的产出,都要考虑资金的时间价值,采用内部收益率、净现值等盈利性指标评价工程项目的经济效果。

(2) 评价的基础工作相同。两种分析都要在完成产品需求预测、工艺技术选择、投资估算、资金筹措方案等可行性研究内容的基础上进行。

(3) 评价的计算期相同。

2. 国民经济评价与财务评价的区别

(1) 两种评价的基本出发点不同。财务评价是站在项目的层次上,从项目经营者、投资者、未来债权人的角度,分析项目在财务上能够生存的可能性,分析各方的实际收益或损失,分析投资或贷款的风险及收益。国民经济评价则是站在国民经济的层次上,从全社会的角度分析项目的国民经济费用和效益。

(2) 费用和效益的含义和划分范围不同。财务评价只根据项目直接发生的财务收支，计算项目的费用和效益。国民经济评价则从全社会的角度考察项目的费用和效益，这时项目的有些收入和支出，从全社会的角度考虑，不能作为社会费用或收益，例如，税金和补贴、银行贷款利息。

(3) 财务评价与国民经济评价所使用价格体系不同。财务评价使用实际的市场预测价格，国民经济评价则使用一套专用的影子价格体系。

(4) 两种评价使用的参数不同。如衡量盈利性指标内部收益率的判据，财务评价中用财务基准收益率，国民经济评价中则用社会折现率，财务基准收益率依行业的不同而不同，而社会折现率则是全国各行业各地区都是一致的。

(5) 评价内容不同。财务评价主要有两个方面，一是盈利能力分析；二是清偿能力分析。而国民经济评价则只做盈利能力分析，不做清偿能力分析。

三、国民经济评价参数

国民经济评价参数是国民经济评价的基本判据，对比选优化方案具有重要作用。国民经济评价的参数主要包括：社会折现率、影子汇率和影子工资等，这些参数由有关专门机构组织测算和发布。

1. 社会折现率

社会折现率是用以衡量资金时间价值的重要参数，代表社会资金被占用应获得的最低收费率，并用作不同年份价值换算的折现率。

社会折现率是国民经济评价中经济内部收益率的基准值。适当的折现率有利于合理分配建设资金，指导资金投向对国民经济贡献大的项目，调节资金供需关系，促进资金在短期和长期建设项目之间的合理调配。

根据对我国国民经济运行的实际情况、投资收益水平、资金供求状况、资金机会成本以及国家宏观调控等因素综合分析，根据国家发展改革委员会和建设部联合发布的第三版《建设项目经济评价方法与参数》，目前社会折现率测定值为8%；对于受益期长的建设项目，如果远期效益较大，效益实现的风险较小，社会折现率可适当降低，但不应低于6%。

2. 影子汇率

汇率是指两个国家不同货币之间的比价或交换比率。

影子汇率是反映外汇真实价值的汇率。影子汇率主要依据一个国家或地区一段时期内进出口的结构和水平、外汇的机会成本及发展趋势、外汇供需状况等因素确定。一旦上述因素发生较大变化时，影子汇率值需作相应的调整。

3. 影子工资

影子工资是项目使用劳动力，社会为此付出的代价。影子工资由劳动力的机会成本和社会资源耗费两部分构成。

影子工资一般是通过影子工资换算系数计算。影子工资换算系数是影子工资与项目财务评价中劳动力的工资和福利费的比值。根据目前我国劳动力市场状况，技术性工种劳动力的影子工资换算系数取值为1，非技术性工种劳动力的影子工资换算系数取值为0.2~0.8，非熟练劳动力影子工资换算系数可选0.5。

四、国民经济评价指标

国民经济评价主要采用费用效益分析的方法进行，以盈利能力评价为主，评价指标包括经济内部效益率、经济净现值和效益费用比。

1. 经济内部效益率（EIRR）

经济内部效益率是反映项目对国民经济净贡献的相对指标。它是项目在计算期内各年经济净效益流量的现值累计等于零时的折现率。其表达式为：

$$\sum_{t=1}^{n}(B-C)_t(1+EIRR)^{-t}=0 \tag{8-19}$$

式中　　B——国民经济效益流量；

　　　　C——国民经济费用流量；

　　$(B-C)_t$——第 t 年的国民经济净效益流量；

　　　　n——计算期。

判别准则：经济内部效益率等于或大于社会折现率，表明项目对国民经济的净贡献达到或超过了要求的水平，这时应认为项目是可以接受的。

2. 经济净现值（ENPV）

经济净现值是反映项目对国民经济净贡献的绝对指标。它是指用社会折现率将项目计算期内各年的净效益流量折算到建设期初的现值之和。其表达式为：

$$ENPV=\sum_{t=1}^{n}(B-C)_t(1+i_s)^{-t} \tag{8-20}$$

式中　　i_s——社会折现率。

判别准则：工程项目经济净现值等于或大于零表示国家拟建项目付出代价后，可以得到符合社会折现率的社会盈余，或除了得到符合社会折现率的社会盈余外，还可以得到以现值计算的超额社会盈余，这时就认为项目是可以考虑接受的。

按分析效益费用的口径不同，可分为整个项目的经济内部效益率和经济净现值，国内投资经济内部效益率和经济净现值。如果项目没有国外投资和国外借款，全投资指标与国内投资指标相同；如果项目有国外资金流入与流出，应以国内投资的经济内部效益率和经济净现值作为项目国民经济评价的指标。

3. 经济效益费用比（R_{BC}）

经济效益费用比是项目在计算期内效益流量的现值与费用流量的现值的比率，是经济费用效益分析的辅助评价指标。其计算公式为：

$$R_{BC}=\frac{\sum_{t=1}^{n}B_t(1+i_s)^{-t}}{\sum_{t=1}^{n}C_t(1+i_s)^{-t}} \tag{8-21}$$

式中　　R_{BC}——经济效益费用比；

　　　　B_t——第 t 期的经济效益；

　　　　C_t——第 t 期的经济费用。

如果经济效益费用比大于1，表明项目资源配置的经济效益达到了可以被接受的水平。

五、国民经济评价报表

国民经济评价的基本报表是经济效益费用流量表，经济效益费用流量表有两种，一是项目投资经济效益费用流量表；二是国内投资经济效益费用流量表。

经济效益费用流量表一般在项目财务评价基础上进行调整编制，有些项目也可以直接编制。

在财务评价基础上编制经济效益费用流量表应注意以下问题：

（1）剔除转移支付，将财务现金流量表中列支的销售税金及附加、所得税、特种基金、国内借款利息作为转移支付剔除。

（2）计算外部效益与外部费用，并保持效益费用计算口径的统一。

（3）用影子价格、影子汇率逐项调整建设投资中的各项费用，剔除涨价预备费、税金、国内借款建设期利息等转移支付项目。进口设备购置费通常要剔除进口关税、增值税等转移支付。建筑安装工程费按材料费、劳动力的影子价格进行调整；土地费用按土地影子价格进行调整。

（4）应收、应付款及现金并没有实际耗用国民经济资源，在国民经济评价中应将其从流动资金中剔除。

（5）用影子价格调整各项经营费用，对主要原材料、燃料及动力费，用影子价格进行调整；对劳动工资及福利费，用影子工资进行调整。

（6）用影子价格调整计算项目产出物的销售收入。

（7）国民经济评价各项销售收入和费用支出中的外汇部分，应用影子汇率进行调整，计算外汇价值。从国外引入的资金和向国外支付的投资收益、贷款本息，也应用影子汇率进行调整。

国内投资国民经济效益费用流量表和项目国民经济效益费用流量表如表8-2和表8-3所示。

国内投资经济效益费用流量表 单位：万元 表8-2

序号	项目	计算期								
		1	2	3	4	5	6	7	8	9
1	效益流量			2766	2766	2766	2766	2766	2766	3662
1.1	项目直接效益			2610	2610	2610	2610	2610	2610	2610
1.2	回收固定资产余值									374
1.3	回收流动资金									522
1.4	项目间接效益			156	156	156	156	156	156	156
2	费用流量	2145	3250	1747	1718	1689	1660	1631	1602	1602
2.1	建设投资中国内资金	2145	3250							
2.2	流动资金中国内资金									
2.3	经营费用			972	972	972	972	972	972	972
2.4	流到国外的资金			726	697	668	639	610	581	581
2.4.1	国外借款本金偿还			581	581	581	581	581	581	581
2.4.2	国外借款利息支付			145	116	87	58	29		
2.4.3	其他									
2.5	项目间接费用			49	49	49	49	49	49	49
3	国内投资净效益流量（1-2）	-2145	-3250	1019	1048	1077	1106	1134	1164	2060

计算指标：经济内部收益率：10.7%；

经济净现值：138万元。

项目投资经济效益费用流量表 单位：万元 表 8-3

序号	项 目	计 算 期								
		1	2	3	4	5	6	7	8	9
1	效益流量			2766	2766	2766	2766	2766	2766	3662
1.1	项目直接效益			2610	2610	2610	2610	2610	2610	2610
1.2	回收固定资产余值									374
1.3	回收流动资金									522
1.4	项目间接效益			156	156	156	156	156	156	156
2	费用流量	3300	6494	1021	1021	1021	1021	1021	1021	1021
2.1	建设投资	3300	5000							
2.2	流动资金		522							
2.3	经营费用		972	972	972	972	972	972	972	972
2.4	项目间接费用			49	49	49	49	49	49	49
3	净效益流量	−3300	−6494	1745	1745	1745	1745	1745	1745	2641

计算指标：经济内部收益率：6.8%；
经济净现值：−966 万元。

思 考 题

1. 用净现值法能否保证项目决策与私营企业的目标一致？
2. 内部收益率的经济含义是什么？
3. 在什么情况下，净现值法和内部收益率法得出的决策建议肯定是一样的？
4. 为什么在评价互斥方案时，用净现值法和内部收益率法会得出不一样的排序结果？

第九章 建设项目多目标决策

【本章导读】 决策者在对建设项目进行决策时,仅仅是在某些小型的、常规的项目上,才可能依据单一的准则追求满意的结果。但大型建设项目尤其是巨大工程,因其社会因素复杂,社会影响久远,社会效益较为显著,社会矛盾较为突出,社会风险较大,则需要依据多个准则进行决策。本章主要介绍建设项目多目标综合评价的方法,主要内容包括:多目标决策的特征;指标的标准化处理;权重系数的确定方法;多目标决策准则。

第一节 问题的提出

一、建设项目战略决策的多目标性

某大型水利枢纽工程需要大量移民搬迁和占用大量的农田,从以人为本、社会和谐稳定的角度出发,必须研究项目对社会的影响。分析的主要内容如表 9-1 所示。

项目社会影响分析表　　　　　　　表 9-1

序号	社会因素	影响的范围、程度	可能出现的后果	措施建议
1	对居民收入的影响			
2	对居民生活水平与生活质量的影响			
3	对居民就业的影响			
4	对不同利益群体的影响			
5	对弱势群体的影响			
6	对地区文化、教育、卫生的影响			
7	对地区投资环境的影响			
8	对少数民族生活习惯和宗教的影响			

美国北达科他州建设的 GDU 大型水利工程,由于该工程对于美国既有好处,又有坏处,对于加拿大则几乎全是坏处,可能污染加拿大水资源,造成生态环境系统的破坏。因此引起许多政治势力的冲突,最后不得不修改原设计方案。

可见,大型建设项目涉及因素众多,后果影响重大而深远,决策不仅要涉及技术、经济问题,还要涉及政治、社会和生态环境等问题,是典型的多目标决策。这些众多因素,无论与建设项目是直接的还是间接的,即使有些表面上看来处于非常次要的地位,一旦发生问题,都将不同程度地影响工程建设总体,有时甚至造成的损失还相当严重和难以挽回。因此,对大型建设项目必须从政治、社会、经济、技术、生态环境、组织和风险等方面进行多目标综合评价。

二、国民经济管理决策的多目标性

管理决策活动的多目标性不仅存在于微观领域中,而且还时常出现于宏观经济政策制定方面。如在制定国民经济的发展计划时,显然不能仅仅把国民生产总值、国民收入、经济增长速度当成一个国家、一个地区或一个部门经济发展水平的唯一指标,而是应该同时考虑经济增长、生产投入、物价水平和就业程度等方面的因素。显然，这也是一个多目标决策问题。

三、企业内部业务决策的多目标性

在企业经营过程中，各部门在进行业务决策时往往也要兼顾质量、技术、成本、工期等多个方面。仅经济方面的指标也不止一个，如产值、利润、成本、资金周转率等。技术质量方面也会包括速度、负载、可靠性、灵敏度、抗疲劳性等指标。显然，这些还是多目标决策问题。

建设项目的多目标性早已被人们所认识，然而，在决策理论和方法的研究初期，人们为了研究上的简便，应先假设决策的目标是单一的，例如运筹学中的主要函数模型都是假设目标函数只有一个；线性规划的目标函数常常是利润最大、费用最小等。如果说早期的单目标决策理论和方法基本上适应了当时的生产和管理决策的水平，那么，由于今天的决策者所面临的绝不仅仅是如何提高效率和利润的技术经济问题，而是必须在决策过程中更多地考虑诸如经济、政治、环境和社会等多方面的因素。因此，决策者不得不寻求众多冲突性目标间的平衡。

第二节 多目标决策的特征

一、多目标决策模型

【例 9-1】 某飞机制造公司，拟建一条新的支线民用小型飞机生产线，现有 4 种机型可供选择，决策者根据民用飞机的性能和费用，考虑了 6 项评价指标，如表 9-2 所示。

支线民用小型飞机投资决策模型　　　　　　　　　　　　表 9-2

方案	指标					
	f_1 最大速度 (M)	f_2 飞行范围 (km)	f_3 最大负载 (kg)	f_4 费用 (百万元)	f_5 可靠性	f_6 灵敏度
A_1	1.6	1200	7000	26.4	5（一般）	9（很高）
A_2	2.0	2200	6500	31.2	3（低）	5（一般）
A_3	1.5	1600	7500	21.6	7（高）	7（高）
A_4	1.8	1500	7000	24.0	5（一般）	5（一般）

【例 9-2】 某汽车运输公司拟购新型客车，共有四种型号可以选择，评价指标有 5 项，各方案指标值如表 9-3 所示。

新型客车投资决策模型　　　　　　　　　　　　表 9-3

方案	指标				
	f_1 投资 (万元)	f_2 百公里油料消耗 (L)	f_3 年经营费 (万元)	f_4 舒适程度 (次序)	f_5 载客人数 (人)
A_1	45	11.5	2	3	50
A_2	65	7.5	3	2	60
A_3	55	9.7	2.7	1	50
A_4	30	17.0	1.5	4	45

【例 9-3】 某水坝建设项目有 5 个方案可供选择,评价指标有两个,指标的得分值如表 9-4 所示。

水坝建设方案投资决策模型　　　　　表 9-4

方案	指标		方案	指标	
	f_1	f_2		f_1	f_2
	结构可靠性（0～1）	适航性（0～1）		结构可靠性（0～1）	适航性（0～1）
A_1	0.95	0.15	A_4	0.97	0.65
A_2	0.93	0.25	A_5	0.99	0.55
A_3	0.92	0.40			

很显然,以上三例都是多指标、多方案的决策问题,其模型有以下 3 个构成要素：
(1) 有 n 个评价指标 f_j,$(1 \leqslant j \leqslant n)$；
(2) 有 m 个决策方案 A_i,$(1 \leqslant i \leqslant m)$；
(3) 有一个决策矩阵 $D = (x_{i,j})_{m \times n}$,$(1 \leqslant i \leqslant m, 1 \leqslant j \leqslant n)$。

其中元素 $x_{i,j}$ 表示第 i 个方案 A_i,第 j 个指标 f_j 的指标值。决策矩阵是一个具有 m 行 n 列的矩阵。

二、多目标决策的特征

1. 决策的结果是满意解

单目标最优化方法（如线性规划、动态规划等）的特征和优点是能够获得"最优解",因为单目标最优化问题是 1 个指标值大小比较,无论可行解的维数有多大,其目标值总是实数大小比较,其本质是实数大小比较,最优目标总是唯一,也是绝对最优的。对于多目标决策问题,因为是多个指标值同时比大小,其本质是向量大小比较,这时,由于多个指标之间通常是相互冲突的,因此,要求所有目标均达到"最优解"一般是不可能的。为此,多目标决策采用相对意义的"满意解"代替"最优解"。

2. 行动方案的多样性

单目标最优化模型追求唯一最优解,它告诉决策者的信息只是"必须这样去做"；而多目标决策模型具有很大的灵活性,它可以提供一组有效解及其相关信息,决策者可以根据自己的偏好,进行判断和选择。

三、多目标决策解的涵义

1. 理想点和最优解

假定多指标都是求最大值,令 $F^* = (f_1^*, f_2^*, \cdots f_n^*)$,称 F^* 为多指标决策的理想点,其中 $f_j^* = \max\limits_{1 \leqslant i \leqslant m}(x_{ij})$,$(j = 1, 2, \cdots, n)$ 为单指标排序下的最大值。如果在 m 个备选方案中,方案 A^* 的 n 个指标恰好等于 f_j^*,则 A^* 为最优解。

2. 优势原则和劣解

如果两个备选方案 A_s 和 A_t 有关系式

$$x_{sj} \geqslant x_{tj} \quad (j = 1, 2, \cdots, n)$$
$$x_{sj} > x_{tj} \quad \text{至少对一个 } j \text{ 成立}$$

则称方案 A_s 优于 A_t,记为 $A_s \succ A_t$。这时方案 A_t 就是劣解,可将其淘汰。

例如,从【例 9-3】的表 9-4 中可以看出,对于指标 f_1 和 f_2,方案 A_4 和 A_5 都比方

案 A_1、A_2 和 A_3 优，所以方案 A_1、A_2 和 A_3 为劣解，可以淘汰。

3. 非劣解

对于某一方案 A_k，如果不存在其他方案 A_i 优于它（$i=1, 2\cdots, m, i \neq k$），则称 A_k 为非劣解，或称有效解。

例如，从【例 9-3】的表 9-4 中可以看出，对于指标 f_1 和 f_2，没有比方案 A_4 和 A_5 更优的了，则 A_4 和 A_5 为非劣解。

4. 满意解

根据决策者的偏好信息，从非劣解中选择出来最优非劣解，一般来说它总是某种意义下的最优非劣解。

对于【例 9-3】表 9-4 中的方案 A_4 和 A_5，它们两个指标各有所长，无法判断其优劣。此时，决策者有以下 4 个满意解：

(1) 认为方案 A_4 和 A_5 都是好方案，从中选择一个方案实施；
(2) 认为方案 A_4 和 A_5 都是好方案，然后把它们再综合出一个新的好方案实施；
(3) 认为结构安全重要，选择方案 A_5；
(4) 认为适航性重要，选择方案 A_4。

在多目标决策中，一般都存在多个非劣解。【例 9-1】的表 9-2 中的 4 个方案均为非劣解，决策者的满意解至少有以下几种：如果重视最大速度、飞行范围，可选择方案 A_2；如果重视最大负载、可靠性和费用最省，可选择方案 A_3；如果更重视灵敏度，则可选择方案 A_1。【例 9-2】的表 9-3 中的 4 个方案也均为非劣解，决策者的满意解至少有以下几种：如果追求投资最省、年经营费最低、舒适程度最佳，可选择方案 A_4；如果追求油耗最少、座位最多，可选择方案 A_2。

四、多目标决策的步骤

从以上三个例子可以看出，求解多目标决策问题可分为两步：
(1) 从可行解集合中淘汰劣解，找出非劣解（有效解）；
(2) 从非劣解集合中选取一个满意解。

第三节 指标值规范方法

在非劣解集合中选择最优满意方案，可以采取各方案指标加权和的方法。这时需要将多目标决策矩阵中的指标值进行规范化处理，形成无量纲、无数量级差别的标准分 v_{ij}，[$0 \leqslant v_{ij} \leqslant 1$ ($1 \leqslant i \leqslant m$, $1 \leqslant j \leqslant n$)]，以消除由于指标单位不同、量纲不同、数量级不同、方向不同给决策造成的不利影响。

假定原决策矩阵为 $D=(x_{i,j})_{m \times n}$，（$1 \leqslant i \leqslant m$，$1 \leqslant j \leqslant n$），经过规范化处理后得到的矩阵为 $V=(x_{i,j})_{m \times n}$。

一、功效系数法

对于越大越好的指标，有

$$v_{ij} = \frac{x_{ij} - \min\limits_{1 \leqslant i \leqslant m} x_{ij}}{\max\limits_{1 \leqslant i \leqslant m} x_{ij} - \min\limits_{1 \leqslant i \leqslant m} x_{ij}} \tag{9-1}$$

对于越小越好的指标，有

$$v_{ij}=\frac{\max\limits_{1\leqslant i\leqslant m} x_{ij}-x_{ij}}{\max\limits_{1\leqslant i\leqslant m} x_{ij}-\min\limits_{1\leqslant i\leqslant m} x_{ij}} \tag{9-2}$$

功效系数法的特点是：对于每一个指标总是有最优值为 1 和最劣值为 0。

二、指数法

对于越大越好的指标，有

$$v_{ij}=\frac{x_{ij}}{\max\limits_{1\leqslant i\leqslant m} x_{ij}} \tag{9-3}$$

对于越小越好的指标，有

$$v_{ij}=\frac{\min\limits_{1\leqslant i\leqslant m} x_{ij}}{x_{ij}} \tag{9-4}$$

指数法的特点是：计算方便。

三、归一法

对于越大越好的指标或越小越好的指标，有

$$v_{ij}=\frac{x_{ij}}{\sqrt{\sum\limits_{i=1}^{m} x_{ij}^2}} \tag{9-5}$$

归一法的特点是：

(1) 对于每一个指标 f_i，矩阵 V 中列向量的模为 1，因为

$$\sum_{i=1}^{m} v_{ij}^2 = 1 \quad (1 \leqslant i \leqslant m)$$

(2) 没有统计指标的方向，只适用于多指标均为越大越好或越小越好决策模型。

对于【例 9-1】的多目标决策模型，分别采用功效系统法和指数法计算得到了决策矩阵分别为：

(1) 采用式 (9-1) 和式 (9-2)，可得

$$V=\begin{array}{c} f_1 \quad f_2 \quad f_3 \quad f_4 \quad f_5 \quad f_6 \\ \left|\begin{array}{cccccc} 0.2 & 0 & 0.5 & 0.5 & 0.5 & 1 \\ 1 & 1 & 0 & 0 & 0 & 0 \\ 0 & 0.4 & 1 & 1 & 1 & 0.5 \\ 0.6 & 0.3 & 0.5 & 0.75 & 0.5 & 0 \end{array}\right| \begin{array}{c} A_1 \\ A_2 \\ A_3 \\ A_4 \end{array} \end{array}$$

(2) 采用式 (9-3) 和式 (9-4) 可得

$$V=\begin{array}{c} f_1 \quad f_2 \quad f_3 \quad f_4 \quad f_5 \quad f_6 \\ \left|\begin{array}{cccccc} 0.8 & 0.55 & 0.93 & 0.82 & 0.71 & 1 \\ 1 & 1 & 0.87 & 0.69 & 0.43 & 0.56 \\ 0.75 & 0.73 & 1 & 1 & 1 & 0.78 \\ 0.9 & 0.68 & 0.93 & 0.90 & 0.71 & 0.56 \end{array}\right| \begin{array}{c} A_1 \\ A_2 \\ A_3 \\ A_4 \end{array} \end{array}$$

第四节 权重系数确定方法

权重系数也称权系数或相对权数，是反映评价指标之间相对重要程度的系数，用 w_j

($j=1, 2, \cdots, n$) 表示。下面介绍权重系数的确定方法。

一、专家法

通过专家确定权重系数的方法由以下步骤组成：

1. 指标排序

邀请相关领域的专家，请他们独立对指标按照重要性排出先后次序，然后按照指标排序给指标的权重系数赋值。

【例 9-4】 某企业邀请专家对生产线技术改造方案进行评价，选取了 5 个指标：f_1——收益，f_2——稳定性，f_3——产品质量，f_4——外观，f_5——安全性。以下是甲专家指标排序赋值过程。

解： 通过两两指标比较判断，得结果：

$f_1 > f_2$；$f_1 > f_3$；$f_1 > f_4$；$f_1 > f_5$；$f_2 < f_3$；$f_2 > f_4$；$f_2 < f_5$；$f_3 > f_4$；$f_3 < f_5$；$f_4 < f_5$。

对上述关系一律用 ">" 符号进行整理，得结果：

$f_1 > f_2$；$f_1 > f_3$；$f_1 > f_4$；$f_1 > f_5$；$f_3 > f_2$；$f_2 > f_4$；$f_5 > f_2$；$f_3 > f_4$；$f_5 > f_3$；$f_5 > f_4$。

按照指标出现在关系符号 ">" 左边的次数的多少来排列次序。如 f_1 出现在关系符号 ">" 左边的次数为 4 次，f_2 为 1 次，f_3 为 2 次，f_5 为 3 次。因此，排序结果为 $f_1 > f_5 > f_3 > f_2 > f_4$。指标赋值结果依次为：0.8；0.6；0.4；0.2；0.1。

2. 填表并计算偏差

将各位专家的指标赋值结果填列于表中，并计算各指标平均权重系数和每个专家估计值与专家平均值的偏差。

在【例 9-4】中，企业邀请了 4 位专家，各专家对各指标的赋值及各指标的平均权重系数见表 9-5。

指标权重系数计算表　　　　　　　　　　　　　　　　表 9-5

专家	指标				
	f_1	f_2	f_3	f_4	f_5
甲	0.8	0.2	0.4	0.1	0.6
乙	0.8	0.6	0.7	0.1	0.2
丙	0.9	0.3	0.3	0.2	0.7
丁	0.8	0.3	0.5	0.1	0.5
平均权重	0.825	0.35	0.475	0.125	0.5

每个专家的估计值与专家平均值的偏差计算结果见表 9-6。

偏差值计算结果　　　　　　　　　　　　　　　　　表 9-6

专家	指标				
	f_1	f_2	f_3	f_4	f_5
甲	−0.025	−0.15	−0.075	−0.025	0.1
乙	−0.025	0.25	0.225	−0.025	−0.3
丙	0.075	−0.05	−0.175	0.075	0.2
丁	−0.025	−0.05	0.025	−0.025	0
平均权重	0.825	0.35	0.475	0.125	0.5

3. 达成共识

依据偏差结果召开专家讨论会，首先让那些有最大偏差的专家发表意见，在表 9-6 中，专家乙对第二、第三、第五个指标的估计值与他人有较大的偏差，应请他阐明意见，通过充分讨论以达到对各目标重要性的比较一致的认识，如表 9-7 所示。

指标权重系数调整计算表　　　　　　　　　表 9-7

专家	指标				
	f_1	f_2	f_3	f_4	f_5
甲	0.8	0.2	0.4	0.1	0.6
乙	0.8	0.2	0.5	0.1	0.5
丙	0.9	0.3	0.3	0.2	0.7
丁	0.8	0.3	0.5	0.1	0.5
平均权重	0.825	0.25	0.425	0.125	0.575

4. 权重系数归一化处理

以表 9-7 为例，各指标的权重值分别为：

$$w_1 = \frac{0.825}{0.825 + 0.25 + 0.425 + 0.125 + 0.575} = 0.375$$

$$w_2 = \frac{0.25}{0.825 + 0.25 + 0.425 + 0.125 + 0.575} = 0.114$$

$$w_3 = \frac{0.425}{0.825 + 0.25 + 0.425 + 0.125 + 0.575} = 0.193$$

$$w_4 = \frac{0.125}{0.825 + 0.25 + 0.425 + 0.125 + 0.575} = 0.057$$

$$w_5 = \frac{0.575}{0.825 + 0.25 + 0.425 + 0.125 + 0.575} = 0.261$$

二、两两比较法

1. 强制评价法

强制评价法，也被称为 0～1 评分法。首先把各指标排列成矩阵形式，然后按指标重要程度作一对一的比较。重要的得 1 分，次要的得 0 分，然后把指标得分累计起来，再被全部指标得分总数除，得到的结果即为该指标的权重系数，如表 9-8 所示。

指标权重系数计算表　　　　　　　　　表 9-8

指标	一对一比较结果					得分	功能系数
	f_1	f_{2+}	f_3	f_4	f_5		
f_1	×	1	0	1	1	3	0.3
f_2	0	×	0	1	1	2	0.2
f_3	1	1	×	1	1	4	0.4
f_4	0	0	0	×	0	0	0
f_5	0	0	0	1	×	1	0.1
合计						10	1.0

2. 多比例评分法

由于强制评分法只有得 1 分或得 0 分两种情况，不能反映功能之间的真实差别，所以出现了多比例评分法。常用的有 0~4 评分法和 1~9 评分法，下面介绍 0~4 评分法。

0~4 评分法与 0~1 法基本相同，不同的是打分标准有所改进。当对评价指标进行一对一比较时，分为四种情况：①非常重要的指标得 4 分，很不重要的指标得 0 分；②比较重要的指标得 3 分，不太重要的指标得 1 分；③两个功能重要程度相同时各得 2 分；④自身对比不得分。如表 9-9 所示。

指标权重系数计算表（0~4 评分表） 表 9-9

指标	f_1	f_2	f_3	f_4	得分	权重系数
f_1	×	3	4	2	9	0.375
f_2	1	×	3	1	5	0.208
f_3	0	1	×	0	1	0.042
f_4	2	3	4	×	9	0.375
合计					24	1

3. 倍比确定法

这种方法利用指标之间的相关性进行比较而定出权重系数。其具体步骤如下：

(1) 根据各指标的重要程度按上高下低原则排序。

(2) 从上至下把相邻的两个指标重要程度进行比较。如 f_1 是 f_2 的 2 倍，f_4 是 f_3 的 3 倍等。

(3) 令最后一个指标得分为 1，按上述各指标之间的相对比值计算其他指标的得分。

(4) 计算各指标的权重系数。

倍比确定法计算指标权重系数的过程见表 9-10。

倍比确定法确定指标权重系数表 表 9-10

指标	相对比值	得分	权重系数
f_1		9	0.51
f_2	$f_1/f_2=2$	4.5	0.26
f_3	$f_2/f_3=1.5$	3	0.17
f_4	$f_3/f_4=3$	1	0.06
合计		17.5	1

第五节　多目标综合决策准则

在多目标决策时，面对若干个非劣解组成的集合，可以按照决策人的偏好进行决策，也可以按照一些惯用准则进行决策。

一、最大最小准则

最大最小准则的主要依据是"木桶原理"：桶的容量取决于最短的木板的长度。其满意方案 A^* 的表达式为：

$$A^* = \{A_i \mid \max_{1\leqslant i\leqslant m}[\min_{1\leqslant j\leqslant n}(v_{ij})]\} \tag{9-6}$$

如【例 9-1】购买小型支线飞机的多目标决策问题，如果用指数法得到的规范化矩阵为

$$V = \begin{array}{c} \begin{array}{cccccc} f_1 & f_2 & f_3 & f_4 & f_5 & f_6 \end{array} \\ \left| \begin{array}{cccccc} 0.8 & 0.55 & 0.93 & 0.82 & 0.71 & 1 \\ 1 & 1 & 0.87 & 0.69 & 0.43 & 0.56 \\ 0.75 & 0.73 & 1 & 1 & 1 & 0.78 \\ 0.9 & 0.68 & 0.93 & 0.90 & 0.71 & 0.56 \end{array} \right| \begin{array}{c} A_1 \\ A_2 \\ A_3 \\ A_4 \end{array} \end{array}$$

按最大最小准则式 (9-6) 得到：

$$\max_{1\leqslant i\leqslant m}[\min_{1\leqslant j\leqslant n}(v_{ij})] = \max[0.55, 0.43, 0.73, 0.56] = 0.73$$

所以最满意方案为 $A^* = A_3$。

二、最大最大准则

如果最大最小准则是悲观准则的话，则最大最大准则就是乐观准则。其满意方案的 A^* 的表达式为：

$$A^* = \{A_i \mid \max_{1\leqslant i\leqslant m}[\max_{1\leqslant j\leqslant n}(v_{ij})]\} \tag{9-7}$$

如【例 9-1】购买小型支线飞机的多目标决策问题，如果用指数法得到的规范化矩阵为

$$V = \begin{array}{c} \begin{array}{cccccc} f_1 & f_2 & f_3 & f_4 & f_5 & f_6 \end{array} \\ \left| \begin{array}{cccccc} 0.8 & 0.55 & 0.93 & 0.82 & 0.71 & 1 \\ 1 & 1 & 0.87 & 0.69 & 0.43 & 0.56 \\ 0.75 & 0.73 & 1 & 1 & 1 & 0.78 \\ 0.9 & 0.68 & 0.93 & 0.90 & 0.71 & 0.56 \end{array} \right| \begin{array}{c} A_1 \\ A_2 \\ A_3 \\ A_4 \end{array} \end{array}$$

按最大最大准则式 (9-7) 得到：

$$\max_{1\leqslant i\leqslant m}[\max_{1\leqslant j\leqslant n}(v_{ij})] = \max[1, 1, 1, 0.93] = 1$$

所以最满意方案为 $A^* = A_1$，$A^* = A_2$，$A^* = A_3$。

三、折中准则

令 β 为折中系数，$0 \leqslant \beta \leqslant 1$，则满意方案的 A^* 的表达式为：

$$A^* = \{A_i \mid \max_{1\leqslant i\leqslant m}[\beta \max_{1\leqslant j\leqslant n}(v_{ij}) + (1-\beta)\min_{1\leqslant j\leqslant n}(v_{ij})]\} \tag{9-8}$$

如果取 β 值为 0.7，购买小型支线飞机的规范化决策矩阵为

$$V = \begin{array}{c} \begin{array}{cccccc} f_1 & f_2 & f_3 & f_4 & f_5 & f_6 \end{array} \\ \left| \begin{array}{cccccc} 0.8 & 0.55 & 0.93 & 0.82 & 0.71 & 1 \\ 1 & 1 & 0.87 & 0.69 & 0.43 & 0.56 \\ 0.75 & 0.73 & 1 & 1 & 1 & 0.78 \\ 0.9 & 0.68 & 0.93 & 0.90 & 0.71 & 0.56 \end{array} \right| \begin{array}{c} A_1 \\ A_2 \\ A_3 \\ A_4 \end{array} \end{array}$$

则 $\max_{1\leqslant i\leqslant m}[0.7\max_{1\leqslant j\leqslant n}(v_{ij}) + 0.3\min_{1\leqslant j\leqslant n}(v_{ij})] = \max[0.865, 0.829, 0.919, 0.819] = 0.919$

最满意方案为 $A^* = A_3$。

四、线性加权准则

对规范化后的多目标决策矩阵，计算如下线性加权和：

$$U(A_i) = \sum_{j=1}^{n} w_j v_{ij} \quad i = 1, 2, \cdots, m \tag{9-9}$$

其中，$U(A_i)$ 为方案 i 的线性加权和；$w_j \geqslant 0, j = 1, 2, \cdots, n, \sum_{j=1}^{n} w_j = 1$ 分别为 n 个指标的权重系数。然后按如下准则选择满意方案 A^*：

$$A^* = \{ A_i \mid \max_{1 \leqslant i \leqslant m} [U(A^i)] \} \tag{9-10}$$

如在购买小型支线飞机的多目标决策问题中，规范化的决策矩阵为

$$V = \begin{array}{c} \\ \\ \end{array} \begin{array}{cccccc} f_1 & f_2 & f_3 & f_4 & f_5 & f_6 \\ \end{array} \\ \left| \begin{array}{cccccc} 0.8 & 0.55 & 0.93 & 0.82 & 0.71 & 1 \\ 1 & 1 & 0.87 & 0.69 & 0.43 & 0.56 \\ 0.75 & 0.73 & 1 & 1 & 1 & 0.78 \\ 0.9 & 0.68 & 0.93 & 0.90 & 0.71 & 0.56 \end{array} \right| \begin{array}{c} A_1 \\ A_2 \\ A_3 \\ A_4 \end{array}$$

分别取 6 个指标的权重系数为：$w_1 = 0.2, w_2 = 0.1, w_3 = 0.1, w_4 = 0.1, w_5 = 0.2, w_6 = 0.3$，则根据标准化矩阵可得：

$$U(A_1) = 0.2 \times 0.8 + 0.1 \times 0.55 + 0.1 \times 0.93 + 0.1 \times 0.82 + 0.2 \\ \times 0.71 + 0.3 \times 1 = 0.832$$

$$U(A_2) = 0.2 \times 1.0 + 0.1 \times 1.0 + 0.1 \times 0.87 + 0.1 \times 0.69 + 0.2 \\ \times 0.43 + 0.3 \times 0.56 = 0.71$$

$$U(A_3) = 0.2 \times 0.75 + 0.1 \times 0.73 + 0.1 \times 1.0 + 0.1 \times 1.0 + 0.2 \\ \times 1.0 + 0.3 \times 0.78 = 0.857$$

$$U(A_4) = 0.2 \times 0.9 + 0.1 \times 0.68 + 0.1 \times 0.93 + 0.1 \times 0.90 + 0.2 \\ \times 0.71 + 0.3 \times 0.56 = 0.741$$

最满意方案为 $A^* = A_3$。

思 考 题

1. 什么类型的建设项目需要多目标决策？
2. 多目标决策与多目标规划的区别与联系各是什么？
3. 为什么多目标决策很难得到最优解？
4. 单主体多目标决策与多主体多目标决策的差异在何处？

第十章 建设项目不确定性与风险分析

【本章导读】 建设项目投资决策是面对未来，由于自然、社会、经济、技术和人为因素的影响，项目建设和运营总会存在一定程度的不确定性和风险。为了尽量避免投资决策失误，有必要进行不确定性与风险分析。建设项目不确定性分析主要包括盈亏平衡分析、敏感性分析和不确定性决策。建设项目的风险分析主要涉及风险识别、风险估计、风险决策和风险应对。本章旨在使读者了解建设项目不确定性和风险分析的内容及方法。

第一节 不确定性与风险

一、不确定性

不确定性（Uncertainty）就是主体认识和判断不具备完全条件或不具备完全掌握准确的对象事物属性和规律性的情况下，对事物所做出的趋势性的可能判断及由此产生的偏差程度。

不确定性产生的原因是多种多样的，既有系统外部环境变化的原因，也有系统自身变化的原因，更有人的思想和行为变化的原因。

对不确定性度量的方法主要是绝对离差法，即用行为结果的可能最好值与可能最差值之差的绝对值作为不确定程度的度量指标。假定 U 代表不确定程度，X 为可能最好的结果，x 为可能最差的结果，则：

$$U = |X - x| \tag{10-1}$$

理性人的基本行为准则是"有的放矢"，"不打无把握之仗"，而不确定性的存在使理性人的这一愿望难以实现。当不确定性高到一定程度时，理性人就会放弃该项行为。可见，不确定性是建设项目决策的一大障碍。

但另一方面，不确定性又有可能创造收益更大的投资机会。因为，遵循已知规律的变化会导致很低的利润，可度量的风险产生利润也很有限，因为这样的风险都能够通过保险或其他措施来消除。而不确定有时意味着商机无限。在 1992~1999 年间，美国有 409 家互联网公司上市，市场价值达 1.3 万亿美元，其中仅 1999 年就有 309 家互联网公司上市。之所以有那么多投资者要往互联网上投资，就是因为互联网发展还很不确定，这种不确定性可以给投资者无限的想象空间。如果互联网的发展已经确定了，那么投资的热潮肯定会下降。直到目前，这个市场远远没有确定：一方面，新的商业模式还在不断地出现；另一方面，某一具体的商业模式的网上业务的转型远远还没有停止。比如说目前美国的零售业务，大概有 1‰~2‰ 开始从传统领域转向网络领域。那么，未来 5%、15% 还是 50% 能从传统领域转移到网络领域，这些目前是远远没有确定，这种不确定性为互联网进一步发展提供了巨大的空间。

二、风险

1. 风险的概念

风险,是相对于预期目标而言,经济主体遭受损失的不确定性。

理解风险的概念应该把握以下三要素:

(1) 不确定性是风险存在的必要条件。风险和不确定性是两个不完全相同但又密切相关的概念。如果某种损失必定要发生或必定不会发生,人们可以提前计划或通过成本费用的方式予以明确,此时风险是不存在的;只有当人们对行为产生的未来结果无法事先准确预料时,风险才有可能存在。

(2) 潜在损失是风险存在的充分条件。不确定性的存在并不一定意味着风险,因为风险是与潜在损失联系在一起的,即实际结果与目标发生的负偏离,包括没有达到预期目标的损失。例如,如果投资者的目标是基准收益率为15%,而实际的内部收益率在20%~30%之间,虽然具体数值无法确定,但最低的收益率都高于目标收益率,绝无风险而言。如果这项投资的内部收益率估计可能在12%~18%之间,则它是一个有风险的投资,因为实际收益率有小于目标水平15%的可能性。

(3) 经济主体是风险成立的基础。风险成立的基础是存在承担行为后果的经济主体(个人或组织),即风险行为人必须是行为后果的实际承担人。如果有某位投资者对其投资后果不承担任何责任,或者只负盈不负亏,那么投资风险对他就没有任何意义,他也不可能花费精力进行风险管理。

2. 风险的分类

按照风险与不确定性的关系、风险与时间的关系和风险与行为人的关系,可以对风险进行以下分类。

(1) 纯风险和理论风险:这是根据风险与不确定性的关系进行分类的一种方法。纯风险是指不确定性中仅存在损失的可能性,即纯风险没有任何收益的可能,只有损失的可能。例如由于火灾或洪水造成对财产的破坏,以及由于事故或疾病造成的意外伤亡等。理论风险是指不确定性中既存在收益的不确定性也存在损失的不确定性。高新技术开发活动和证券投资活动往往包含理论风险。

(2) 静态风险和动态风险:这是根据风险与时间的关系划分风险类型的一种方法。静态风险是社会经济处于稳定状态时的风险。例如,由于飓风、暴雨、地震等随机事件而造成的不确定性。动态风险则是由于社会经济的变化而产生的风险。例如经济体制的改革、城市规划的改变、日新月异的科技创新、人们思想观念的转变等带来的风险。

静态和动态风险并不是各自独立的,较大的动态风险可能会提高某些类型的静态风险。例如,与天气状况有关的损失导致的不确定性,这种风险通常被认为是静态的。然而,越来越多的证据显示,日益加速的工业化造成的环境污染,可能正在影响全球的天气状况,从而提高了静态风险发生的可能性。

(3) 主观风险和客观风险:按照风险与行为人的关系可以将风险划分为主观风险和客观风险。主观风险本质上是心理上的不确定性,这种不确定性来源于行为人的思维状态和对行为后果的看法。客观风险与主观风险的最大区别在于它从感官上可更精确的观察和测量。

主观风险提供了一种方法来解释人们面临相同的客观风险却得出不同的结论这一行

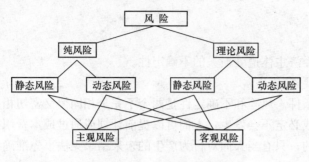

图 10-1 各种风险类型的关系

为。因此,仅知道客观风险的程度是远远不够的,还必须了解一个人对风险的态度。

各种风险类型之间的关系如图 10-1 所示。

3. 工程项目风险的主要来源

(1) 市场风险,指由于市场价格的不确定性导致损失的可能性。具体讲,就是由于市场需求量、需求偏好以及市场竞争格局、政治、经济等方面的变化导致市场价格有可能发生不利的变化而使工程项目经济效果或企业发展目标达不到预期的水平,比如营业收入、利润或市场占有率等低于期望水平。对于大多数工程项目,市场风险是最直接也是最主要的风险。

(2) 技术风险,指高新技术的应用和技术进步使建设项目目标发生损失的可能性。在项目建设和运营阶段一般都涉及各种高新技术的应用,由于种种原因,实际的应用效果可能达不到原先预期的水平,从而也就可能使项目的目标无法实现,形成高新技术应用风险。此外,建设项目以外的技术进步会使项目的相对技术水平降低,从而影响了项目的竞争力和经济效果。这就构成了技术进步风险。

(3) 财产风险,指与项目建设有关的企业和个人所拥有、租赁或使用的财产,面临可能被破坏、被损毁以及被盗窃的风险。财产风险的来源包括火灾、闪电、洪水、地震、飓风、暴雨、偷窃、爆炸、暴乱、冲突等。此外,与财产损失相关的可能损失还包括停产停业的损失、采取补救措施的费用和不能履行合同对他人造成的损失。

(4) 责任风险,指承担法律责任后对受损一方进行补偿而使自己蒙受损失的可能性。随着法律的建立健全和执法力度的加强,工程建设过程中,个人和组织越来越多地通过诉诸法律补偿自己受到的损失。司法裁决可能对受害一方进行经济补偿,同时惩罚与责任有关的个人或组织。即使被告最终免除了责任,辩护一个案子的费用也是必不可少的。因此,经济主体必须谨慎识别那些可能对自己造成影响的责任风险。

(5) 信用风险,指由于有关行为主体不能做到重合同、守信用而导致目标损失的可能性。在工程项目的建设过程中和生产营运过程中,合同行为作为市场经济运行的基本单元具有普遍性和经常性,如工程承发包合同、分包合同、设备材料采购合同、贷款合同、租赁合同、销售合同等。这些合同规范了诸多合作方的行为,是使工程顺利进行的基础。但如果有行为主体钻合同的空子损害另一方当事人的利益或者单方面无故违反承诺,则毫无疑问,建设项目将受到损失,这就是信用风险。

(6) 金融风险,指任何有可能导致企业或机构财务损失的风险。从世界上一些国家的教训看,金融风险不管由什么原因引起,最终都表现为支付危机,即:或是无法清偿到期的债务,或是银行系统已不能满足存款者的普遍提存要求继而进一步导致挤提甚至是银行破产。因而,金融风险也可定义为支付链条遭到破坏或因故中断导致的危险现象。

第二节 建设项目不确定性分析

一、盈亏平衡分析

盈亏平衡分析是在完全竞争或垄断竞争的市场条件下，研究工程项目特别是工业项目产品生产成本、产销量与盈利的平衡关系的方法。对于一个工程项目而言，随着产销量的变化，盈利与亏损之间一般至少有一个转折点，我们称这种转折点为盈亏平衡点 BEP（Break Even Point），在这个点上，营业收入与成本费用相等，既不亏损也不盈利。盈亏平衡分析就是要找出项目方案的盈亏平衡点。一般说来，对工程项目的生产能力而言，盈亏平衡点越低，项目盈利的可能性就越大，对不确定因素变化所带来的风险的承受能力就越强。

盈亏平衡分析的基本方法是建立成本与产量、营业收入与产量之间的函数关系，通过对这两个函数及其图形的分析，找出盈亏平衡点。线性盈亏平衡分析的基本公式如下：

年营业收入方程： $R = P \cdot Q$ (10-2)

年总成本费用方程： $C = F + V \cdot Q + T \cdot Q$ (10-3)

年利润方程： $B = R - C = (P - V - T)Q - F$ (10-4)

式中 R——年总营业收入；
P——单位产品销售价格；
Q——项目设计生产能力或年产量；
C——年总成本费用；
F——年总成本中的固定成本；
V——单位产品变动成本；
T——单位产品销售税金；
B——年利润。

当盈亏平衡时，$B=0$，则：

年产量的盈亏平衡点：

$$BEP_Q = \frac{F}{P-V-T} \quad (10\text{-}5)$$

当采用含增值税价格时，式中分母还应扣除增值税。

营业收入的盈亏平衡点：

$$BEP_R = P\left(\frac{F}{P-V-T}\right) \quad (10\text{-}6)$$

盈亏平衡点的生产能力利用率：

$$BEP_Y = \frac{BEP_Q}{Q} = \frac{F}{(P-V-T) \times Q} \quad (10\text{-}7)$$

经营安全率： $BEP_S = 1 - BEP_Y$ (10-8)

平衡点的生产能力利用率一般不应大于 75%；经营安全率一般不应小于 25%。

产品销售价格的盈亏平衡点： $BEP_P = \dfrac{F}{Q} + V + T$ (10-9)

单位产品变动成本的盈亏平衡点：

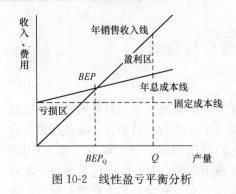

图 10-2 线性盈亏平衡分析

$$BEP_V = P - T - \frac{F}{Q} \quad (10\text{-}10)$$

以上分析如图 10-2 所示。

【例 10-1】 某设计方案年产量为 12 万 t,已知每吨产品的销售价格为 675 元,每吨产品缴付的销售税金为 165 元,单位可变成本为 250 元,年总固定成本费用为 1500 万元,试求用产量表示的盈亏平衡点、盈亏平衡点的生产能力利用率、盈亏平衡点的售价。

解：
$$R = 675 \times Q$$
$$C = 1500 + (250 + 165) \times Q$$
$$BEP(产量) = 1500 \div (675 - 250 - 165) = 5.77 \text{ 万 t}$$
$$BEP(生产能力利用率) = 5.77 \div 12 \times 100\% = 48.08\%$$
$$BEP(产品售价) = 1500 \div 12 + 250 + 165 = 540 \text{ 元/t}$$

在需要对若干个互斥方案进行比选的情况下,如果有某一个共有的不确定因素影响这些方案的取舍,可以先求出两两方案的盈亏平衡点,再根据盈亏平衡点进行方案取舍。

【例 10-2】 某产品有两种生产方案,方案 A 初始投资为 70 万元,预期年净收益 15 万元;方案 B 初始投资 170 万元,预期年收益 35 万元。该项目产品的市场寿命具有较大的不确定性,如果给定基准收益率为 15%,不考虑期末资产残值,试就项目寿命期分析两方案的临界点。

解：设项目寿命期为 n
$$NPV_A = -70 + 15(P/A, 15\%, n)$$
$$NPV_B = -170 + 35(P/A, 15\%, n)$$

当 $NPV_A = NPV_B$ 时,有
$$-70 + 15(P/A, 15\%, n) = -170 + 35(P/A, 15\%, n)$$
$$(P/A, 15\%, n) = 5$$

查复利系数表得 $n \approx 10$ 年。

这就是以项目寿命期为共有变量时方案 A 与方案 B 的盈亏平衡点。由于方案 B 年净收益比较高,项目寿命期延长对方案 B 有利。故可知：如果根据市场预测项目寿命期小于 10 年,应采用方案 A;如果寿命期在 10 年以上,则应采用方案 B,如图 10-3 所示。

二、敏感性分析

敏感性分析是通过研究建设项目主要不确定因素发生变化时,项目经济效果指标发生的相应变化,找出项目的敏感因素,确定其敏感程度,并分析该因素达到临界值时项目的承受能力。

1. 敏感性分析的目的

(1) 把握不确定性因素在什么范围内变化,方案的经济效果最好,在什么范围内变化效果最差,以便对不确定性因素实施控制;

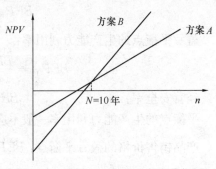

图 10-3 【例 10-2】盈亏平衡分析图

(2) 区分敏感性大的方案和敏感性小的方案，以便选出敏感性小的，即风险小的方案；

(3) 找出敏感性强的因素，向决策者提出是否需要进一步搜集资料，进行研究，以提高经济分析的可靠性。

2. 敏感性分析的步骤

一般进行敏感性分析可按以下步骤进行。

(1) 选定需要分析的不确定因素。这些因素主要有：产品产量（生产负荷）、产品售价、主要资源价格（原材料、燃料或动力等）、可变成本、固定资产投资、建设期贷款利率及外汇汇率等。

(2) 确定进行敏感性分析的经济评价指标。衡量建设项目经济效果的指标较多，敏感性分析一般只对几个重要的指标进行分析，如财务净现值、财务内部收益率、投资回收期等。由于敏感性分析是在确定性经济评价的基础上进行的，故选为敏感性分析的指标应与经济评价所采用的指标相一致。

(3) 计算因不确定因素变动引起的评价指标的变动值。一般就所选定的不确定因素，设若干级变动幅度（通常用变化率表示），然后计算与每级变动相应的经济评价指标值，建立一一对应的数量关系，并用敏感性分析图或敏感性分析表的形式表示。

(4) 计算敏感度系数并对敏感因素进行排序。所谓敏感因素是指该不确定因素的数值有较小的变动就能使项目经济评价指标出现较显著改变的因素。敏感度系数的计算公式为：

$$\beta = \Delta A / \Delta F \tag{10-11}$$

式中 β——评价指标 A 对于不确定因素 F 的敏感度系数；

ΔA——不确定因素 F 发生 ΔF 变化率时，评价指标 A 的相应变化率（%）；

ΔF——不确定因素 F 的变化率（%）。

(5) 计算变动因素的临界点。临界点是指项目允许不确定因素向不利方向变化的极限值。超过极限，项目的效益指标将不可行。例如当建设投资上升到某值时，内部收益率将刚好等于基准收益率，此点称为建设投资上升的临界点。临界点可用临界点百分比或者临界值分别表示某一变量的变化达到一定的百分比或者一定数值时，项目的评价指标将从可行转变为不可行。临界点可用专用软件计算，也可由敏感性分析图直接求得近似值。

根据项目经济目标，如经济净现值或经济内部收益率等所做的敏感性分析叫经济敏感性分析；而根据项目财务目标所作的敏感性分析叫做财务敏感性分析。

依据每次所考虑的变动因素的数目不同，敏感性分析又分单因素敏感性分析和多因素敏感性分析。

【例 10-3】 设某项目基本方案的基本数据估算值如表 10-1 所示，试进行敏感性分析（基准收益率 $i_c = 8\%$）。

基本方案的基本数据估算表　　　　表 10-1

因素	建设投资 I（万元）	年营业收入 R（万元）	年经营成本 C（万元）	期末残值 L（万元）	寿命 n（年）
估算值	1500	600	250	200	6

解：（1）以年营业收入 R、年经营成本 C 和建设投资 I 为拟分析的不确定因素。

（2）选择项目的内部收益率为评价指标。

（3）作出本方案的现金流量表如表10-2所示。

基本方案的现金流量表　单位：万元　　　　表10-2

年　份	1	2	3	4	5	6
1 现金流入		600	600	600	600	800
1.1 年营业收入		600	600	600	600	600
1.2 期末残值回收						200
2 现金流出	1500	250	250	250	250	250
2.1 建设投资	1500					
2.2 年经营成本		250	250	250	250	250
3 净现金流量	−1500	350	350	350	350	550

则方案的内部收益率 IRR 由下式确定：

$$-I(1+IRR)^{-1}+(R-C)\sum_{t=2}^{5}(1+IRR)^{-t}+(R+L-C)(1+IRR)^{-6}=0$$

$$-1500(1+IRR)^{-1}+350\sum_{t=2}^{5}(1+IRR)^{-t}+550(1+IRR)^{-6}=0$$

采用试算法得：

$$NPV(i=8\%)=31.08 \text{万元}>0$$
$$NPV(i=9\%)=-7.92 \text{万元}<0$$

采用线性内插法可求得：

$$IRR=8\%+\frac{31.08}{31.08+7.92}(9\%-8\%)=8.79\%$$

（4）计算营业收入、经营成本和建设投资变化对内部收益率的影响，结果见表10-3。

因素变化对内部收益率的影响　　　　表10-3

不确定因素 \ 变化率 内部收益率(%)	−10%	−5%	基本方案	+5%	+10%
营业收入	3.01	5.94	8.79	11.58	14.30
经营成本	11.12	9.96	8.79	7.61	6.42
建设投资	12.70	10.67	8.79	7.06	5.45

内部收益率的敏感性分析图见图10-4。

（5）计算方案对各因素的敏感度

平均敏感度的计算公式如下：

$$\beta=\frac{\text{评价指标变化的幅度}(\%)}{\text{不确定性因素变化的幅度}(\%)} \tag{10-12}$$

对于【例10-3】的方案而言，

$$\text{年营业收入平均敏感度}=\frac{|14.30-3.01|\div 3.01}{20}=18.75\%$$

$$\text{年经营成本平均敏感度}=\frac{|6.42-11.12|\div 11.12}{20}=2.11\%$$

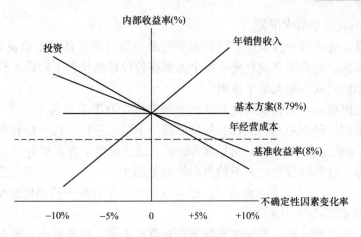

图 10-4　单因素敏感性分析图

$$建设投资平均敏感度 = \frac{|5.45 - 12.70| \div 12.70}{20} = 2.85\%$$

显然，内部收益率对年营业收入变化的反应最为敏感。

敏感性分析在一定程度上就各种不确定因素的变动对方案经济效果的影响作了定量描述。这有助于决策者了解方案的风险情况，有助于确定在决策过程中及各方案实施过程中需要重点研究与控制的因素。但是，敏感性分析没有考虑各种不确定因素在未来发生变化的概率，这可能会影响分析结论的准确性。实际上，各种不确定因素在未来发生某一幅度变动的概率一般是有所不同的。可能有这样的情况，通过敏感性分析找出的某一敏感因素未来发生不利变动的概率很小，因而实际上所带来的风险并不大，以至于可以忽略不计；而另一不太敏感的因素未来发生不利变动的概率却很大，实际上所带来的风险比那个敏感因素更大。这种问题是敏感性分析所无法解决的，必须借助于风险概率分析方法。

三、不确定性决策

如果一个建设项目具有多个备选方案，每个方案有多个可能结果为已知，但各种自然状态的概率是未知的，这种情况为不确定决策问题，表 10-4 为不确定决策模型。

【例 10-4】　某汽车制造企业欲生产一款新车型，考虑了三种方案：新建一种生产线（A_1）；改建原来的生产线（A_2）；外购零配件进行组装（A_3）。预计未来的市场状态有四种：较好（S_1）；一般（S_2）；较差（S_3）；与目前一样（S_4）。每个方案在各种市场状态下的相对损益值如表 10-4 的所示。

由于决策者所处的环境不同，偏好不同，分析问题的思路不同，评价方案的准则也不同。所以，对同一决策问题，可能有不同的选择结果，这是不确定决策的突出特点。

不确定决策准则有：最大最小或最小最大准则；最大最大或最小最小准则；赫威茨准则；等可能准则和后悔值准则，现分述如下。

不确定性决策模型　　　　　　　　　　　　　　表 10-4

方　案	自　然　状　态			
	S_1	S_2	S_3	S_4
A_1	3	−1	1	1
A_2	4	0	−4	6
A_3	5	−2	0	2

1. 最大最小或最小最大准则

对收益来说，先求每个方案在自然状态下的最小值，再求各最小收益值中的最大值，故称最小最大准则。对费用来说，先求每个方案在各种自然状态下的最大值，再求各最大费用值中的最小值，故称最大最小准则。

这种准则的思想是，对客观情况总是抱悲观态度，万事总觉得不如意，为保险起见，总是把事情结果估计得很不利，想在各种最坏情况下稳扎稳打，找个稳妥点的策略方案。

【例 10-5】 假定表 10-4 中所列各值为收益，试决策哪个方案最有利。

解：三个方案在四种自然状态下的最小收益分别为 -1，-4，-2，三个最小收益中的最大值为 -1，故方案 A_1 为满意方案，也就是说在三个方案中其损失最小。

2. 最大最大或最小最小准则

这个准则也称乐观准则，其实施步骤为：对收益来说，先求每个方案在各种自然状态下的最大值，再求各最大值中的最大值；对费用来说，先求每个方案在各种自然状态下的最小值，再求各最小值中的最小值。这种准则的思想基础是对客观情况总是抱有乐观态度，总想冒险在最有利的条件下获得最大的收益。

【例 10-6】 假定表 10-4 中所列各值为收益，试决策哪个方案最有利。

解：三个方案在四种自然状态下的最大收益分别为 3，6，5，三个最大收益中的最大值为 6，故方案 A_2 为满意方案，也就是说在三个方案中其可能的收益最大。

3. 赫威茨（Hurwice）准则

赫威茨（Hurwice）准则的基本思想是把决策者的目标放在乐观和悲观准则之间，以反映每个决策者乐观或悲观程度。赫威茨（Hurwice）准则设定一个从 0～1 的乐观指数 α。$\alpha=0$ 表示极端悲观，$\alpha=1$ 表示极端乐观。然后，计算每个方案的 C 值：

$$C = \alpha \times 最有利结果 + (1-\alpha) \times 最不利结果 \tag{10-13}$$

将 C 作为判别值，若求各策略方案收益时，取 C 值最大的策略方案；若求各策略方案的费用时，取 C 值最小的策略方案。

【例 10-7】 对表 10-4 中的决策问题，用赫威茨准则决策，乐观指标 $\alpha=0.75$。

解：各方案的 C 值计算结果分别为：

$$C_1 = 0.75 \times 3 + 0.25 \times (-1) = 2.0$$
$$C_2 = 0.75 \times 6 + 0.25 \times (-4) = 3.5$$
$$C_3 = 0.75 \times 5 + 0.25 \times (-2) = 3.25$$

显然方案 A_2 的 C 值最高。

4. 等可能准则

在决策过程中决策人不能肯定哪种状态容易出现，哪种状态不易出现，只好"一视同仁"，认为各种自然状态出现的概率是相等的。如果有 n 个自然状态，每个自然状态的概率为 $1/n$，然后按风险型决策问题的期望值准则来进行决策。

【例 10-8】 对表 10-4 中的决策问题，用等可能准则选择最满意方案。

解：各方案的期望值计算结果分别为：

$$E(A_1) = 3 \times 0.25 - 1 \times 0.25 + 1 \times 0.25 + 1 \times 0.25 = 1.00$$
$$E(A_2) = 4 \times 0.25 + 0 \times 0.25 - 4 \times 0.25 + 6 \times 0.25 = 1.50$$
$$E(A_3) = 5 \times 0.25 - 2 \times 0.25 + 0 \times 0.25 + 2 \times 0.25 = 1.25$$

显然方案 A_2 的期望值最高。

实际上，由于各自然状态的概率相同，故可直接比较各方案在自然状态下的损失值的总和即可。

$$E(A_1)=3-1+1+1=4.00$$
$$E(A_2)=4+0-4+6=6.00$$
$$E(A_3)=5-2+0+2=5.00$$

同样方案 A_2 的期望值最高。

5. 后悔值（Savage）准则

决策者在决策后，若实际情况未能如愿，必然产生后悔的感觉。后悔值准则的出发点是将每种自然状态的最高值（指收益，若为费用应取最低值）定为该状态的理想目标，并用理想目标减去该状态中的其他值，所得之差称为未能如愿的后悔值，如此可得后悔值矩阵。

【例 10-9】 对表 10-4 中的决策问题，用后悔值准则选择最满意方案。

解： 将计算出的后悔值列于表 10-5 中，从表 10-5 中可以看出，方案 A_1 和 A_2 的最大后悔值均大于方案 A_3 的最大后悔值，故最满意方案为 A_3。

后悔值矩阵　　　　　　　　　　　　表 10-5

方案	自然状态				最大后悔值
	S_1	S_2	S_3	S_4	
A_1	5-3=2	1	0	5	5
A_2	5-4=1	0	5	0	5
A_3	5-5=0	2	1	4	4

从以上结果可以看出，不确定决策的满意解不是唯一的，关键要根据决策者的偏好和风险态度合理的选择决策准则。

第三节　建设项目风险分析

风险分析的步骤为：风险识别、风险测度、风险决策和风险控制。

一、风险识别

风险识别，是指采用系统论的观点对项目全面考察、综合分析，找出潜在的各种风险因素，并对各种风险进行比较、分类，确定各因素间的相关性与独立性，判断其发生的可能性及对项目的影响程度，按其重要性进行排队，或赋予权重。确定风险识别是风险分析和管理的一项基础性工作，其主要任务是明确风险存在的可能性，为风险估计、风险评价和风险应对奠定基础。敏感性分析是初步识别风险因素的重要手段。

风险识别是一项极富艺术性的工作，要求风险分析人员拥有较强的洞察能力、分析能力以及丰富的实际经验。

风险识别的一般步骤是：

(1) 明确所要实现的目标；
(2) 找出影响目标值的全部因素；
(3) 分析各因素对目标的相对影响程度；

(4) 根据对各因素向不利方向变化的可能性进行分析、判断，并确定主要风险因素。例如，某工程项目经济评价指标为内部收益率（IRR），识别项目风险的基本过程如下：

(1) 找出可能影响 IRR 的各种因素，如图 10-5 所示；

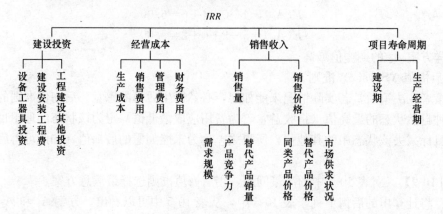

图 10-5　工程项目风险识别图

(2) 对各种因素逐层分解，直至可直接判断其变动可能性为止；
(3) 根据分析的知识和经验，判断可能发生不利变化的主要因素及其可能性大小。

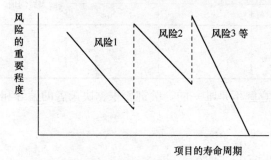

图 10-6　不同阶段项目不同风险的重要程度变化图

工程建设项目投资规模大、建设周期长、涉及因素多，因此，也可以按项目的不同阶段进行风险识别，而且随着建设项目寿命周期的推移，一种风险的重要性会下降，而另一种风险的重要性则会上升，如图 10-6 所示。这样，可以从不同的角度对项目风险进行更深入的认识。

二、风险估计

估计风险大小不仅要考虑损失或负偏离发生的大小范围，更要综合考虑各种损失或负偏离发生的可能性大小，即概率。估计工程建设项目的风险可用项目某一经济效益指标的负偏离（如 $NPV \leqslant 0$，$IRR \leqslant i_c$）发生的概率来度量。

风险估计，是指采用主观概率和客观概率的统计方法，确定风险因素的概率分布，运用数理统计分析方法，计算项目评价指标相应的概率分布或累计概率、期望值、标准差。

概率分为客观概率和主观概率。客观概率是指用科学的数理统计方法，推断、计算随机事件发生的可能性大小，是对大量历史先例进行统计分析得到的。主观概率是当某些事件缺乏历史统计资料时，由决策人自己或借助于咨询机构或专家凭经验进行估计得出的。实际上，主观概率也是人们在长期实践基础上得出的，并非纯主观的随意猜想。

（一）离散概率分布

当变量可能值为有限个数，这种随机变量称为离散随机变量，其概率密度为间断函数。在此分布下指标期望值为：

$$E(x) = \sum_{i=1}^{n} p_i \cdot x_i \tag{10-14}$$

式中　$E(x)$——指标的期望值；

　　　p_i——第 i 种状态发生的概率；

　　　x_i——第 i 种状态下的指标值；

　　　n——可能的状态数。

指标的方差 $D(x)$ 为：

$$D(x) = \sum_{i=1}^{n} P_i (x_i - E(x))^2 \tag{10-15}$$

指标的均方差（或标准差）$\sigma(x)$ 为：$\sigma(x) = \sqrt{D}$。

【例 10-10】　某工程项目的净现值为随机变量，并有如表 10-6 所示的离散型概率分布，求净现值的期望值和方差。

【例 10-10】数据表　单位：万元　　　　　　　　　　　表 10-6

净现值的可能状态	1000	1500	2000	2500
概率分布 P	0.1	0.5	0.25	0.15

解： 净现值的期望值 $= 0.1 \times 1000 + 0.5 \times 1500 + 0.25 \times 2000 + 0.15 \times 2500$

　　　　　　$= 1725$ 万元

净现值的方差 $= 0.1(1000-1725)^2 + 0.5(1500-1725)^2 + 0.25(2000-1725)^2$

　　　　　　$+ 0.15(2500-1725)^2$

　　　　　　$= 186875$ 万元

净现值的均方差 $= 432$ 万元

（二）连续概率分布

当一个变量的取值范围为一个区间，这种变量称为连续变量，其概率密度分布为连续函数。常用的连续概率分布有：

1. 正态分布

正态分布是一种最常用的概率分布，特点是密度函数以均值为中心对称分布。概率密度如图 10-7 所示。正态分布适用于描述一般经济变量的概率分布，如销售量、售价、产品成本等。

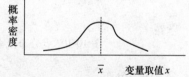

图 10-7　正态分布概率密度图

设变量为 x，x 的正态分布概率密度函数为 $p(x)$，x 的期望值 $E(x)$ 和方差 $D(x)$ 计算公式如下：

$$E(x) = \int x p(x) \mathrm{d}x \tag{10-16}$$

$$D(x) = \int_{-\infty}^{+\infty} (x - E(x))^2 \cdot p(x) \mathrm{d}x \tag{10-17}$$

当 $\overline{x} = 0$、$\sqrt{D} = 1$ 时称这种分布为标准正态分布，用 $N(0, 1)$ 表示。

2. 三角分布

三角分布的特点是密度函数是由悲观值、最可能值和乐观值构成的对称的或不对称的三角形。它适用于描述工期、投资等不对称分布的输入变量，也可用于描述产量、成本等对称分布的输入变量，如图10-8所示。

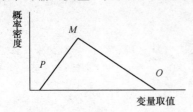

图10-8 三角分布概率密度图

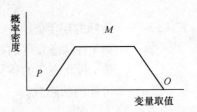

图10-9 梯形分布概率密度图

3. 梯形分布

梯形分布是三角分布的特例，在确定变量的乐观值和悲观值后，对最可能值却难以判定，只能确定一个最可能值的范围，这时可用梯形分布描述，如图10-9所示。

4. β分布

如果某变量服从β分布，则其概率密度在均值两边呈不对称分布，如图10-10所示。β分布适用于描述工期等不对称分布的变量。通常可以对变量做出三种估计值，即悲观值P、乐观值O、最可能值M。其期望值及方差近似等于：

$$E(x) = \frac{P+4M+O}{6} \tag{10-18}$$

$$D(x) = \left(\frac{O-P}{6}\right)^2 \tag{10-19}$$

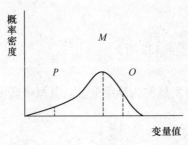

图10-10 β分布概率密度图　　图10-11 均匀分布概率密度图

5. 均匀分布

如果指标值服从均匀分布，其期望值和方差如下：

$$E(x) = \frac{(a+b)}{2} \tag{10-20}$$

$$D(x) = \frac{(b-a)^2}{12} \tag{10-21}$$

式中 a、b 分别为指标值的最小值和最大值。均匀分布的概率密度如图10-11所示。

（三）概率树分析

概率树分析的一般步骤是：

(1) 列出要考虑的各种风险因素，如投资、经营成本、销售价格等；

(2) 设想各种风险因素可能发生的状态，即确定其数值发生变化个数；

(3) 分别确定各种状态可能出现的概率，并使可能发生状态概率之和等于1；

(4) 分别求出各种风险因素发生变化时，方案净现金流量各状态发生的概率和相应状态下的净现值 $NPV^{(j)}$；

(5) 求方案净现值的期望值（均值）$E(NPV)$；

$$E(NPV) = \sum_{j=1}^{k} NPV^{(j)} \times P_j \tag{10-22}$$

式中 P_j——第 j 种状态出现的概率；

k——可能出现的状态数。

(6) 求出方案净现值非负的累计概率；

(7) 对概率分析结果作说明。

【例 10-11】 某项目的技术方案在其寿命期内可能出现的五种状态的净现金流量及其发生的概率见表 10-7，假定各年份净现金流量之间互不相关，基准折现率为 10%，求 (1) 方案净现值的期望值、方差、均方差；(2) 方案净现值大于等于 0 的概率；(3) 方案净现值大于 1750 万元的概率。

解：(1) 对于状态 S_1，净现值计算结果如下：

$$\begin{aligned}NPV^{(1)} &= -22.5 + 2.45(P/A, 10\%, 9)(P/F, 10\%, 1) + 5.45(P/F, 10\%, 11) \\ &= -22.5 + 2.45 \times 5.759 \times 0.9091 + 5.45 \times 0.3505 \\ &= -7.76 \text{ 百万元}\end{aligned}$$

用相同的方法可求得其他 4 种状态的净现值结果，见表 10-7。

不同状态的发生概率及净现金流量 单位：百万元　　　　表 10-7

年末 \ 状态 概率	S_1 $P_1=0.1$	S_2 $P_1=0.2$	S_3 $P_1=0.4$	S_4 $P_1=0.2$	S_5 $P_1=0.1$
0	−22.5	−22.5	−22.5	−24.75	−27
1	0	0	0	0	0
2~10	2.45	3.93	6.90	7.59	7.79
11	5.45	6.93	9.90	10.59	10.94
NPV	−7.76	0.51	17.10	18.70	17.62

根据式（10-14）和式（10-15）计算方案净现值的期望值、方差、均方差如下：

$$\begin{aligned}E(NPV) &= \sum_{j=1}^{k} NPV^{(j)} \times P_j = 0.1 \times (-7.76) + 0.2 \times 0.51 \\ &\quad + 0.4 \times 17.1 + 0.2 \times 18.7 + 0.1 \times 17.62 \\ &= 11.69 \text{ 百万元}\end{aligned}$$

$$\begin{aligned}D(NPV) &= \sum_{j=1}^{k} [NPV^{(j)} - E(NPV)]^2 \times P_j \\ &= [(-7.76) - 11.69]^2 \times 0.1 + (0.51 - 11.69)^2 \times 0.2 + (17.1 - 11.69)^2 \times 0.4 \\ &\quad + (18.7 - 11.69)^2 \times 0.2 + (17.62 - 11.69)^2 \times 0.1 \\ &= 87.82 \text{ 百万元}\end{aligned}$$

$$\sigma(NPV) = \sqrt{D(NPV)} = 9.37 \text{ 百万元}$$

(2) 方案净现值的概率树图如图 10-12 所示。从图中可知，方案净现值大于等于零的概率为：$P(NPV \geqslant 0) = 0.2+0.4+0.2+0.1 = 0.9$。方案净现值大于17.5百万元的概率为：
$$P(NPV>17.5 百万元)=0.2+0.1=0.3$$

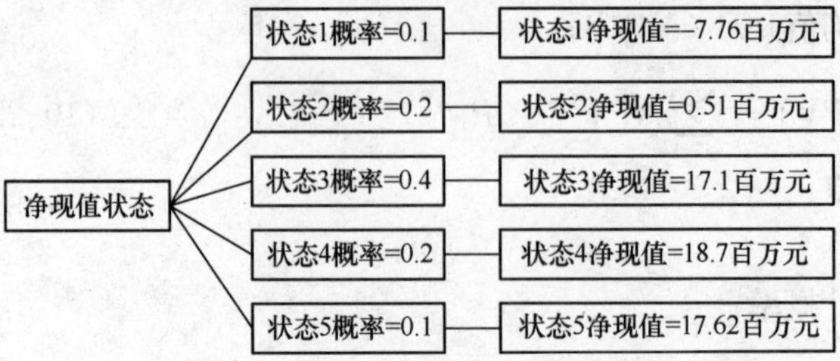

```
净现值状态 ── 状态1概率=0.1 ── 状态1净现值=-7.76百万元
           ── 状态2概率=0.2 ── 状态2净现值=0.51百万元
           ── 状态3概率=0.4 ── 状态3净现值=17.1百万元
           ── 状态4概率=0.2 ── 状态4净现值=18.7百万元
           ── 状态5概率=0.1 ── 状态5净现值=17.62百万元
```

图 10-12 方案净现值的概率树图

【例 10-12】 假定在【例 10-11】中方案净现值服从均值为 11.69 百万元、均方差为 9.37 百万元的正态分布，试求（1）方案净现值大于等于 0 的概率；（2）方案净现值大于 1750 万元的概率。

解： 根据概率论的有关知识，若连续型随机变量 x 服从参数为 μ（均值）、σ（均方差）的正态分布，则 X 小于 x_0 的概率为：

$$P(X<x_0)=\Phi\left(\frac{x_0-\mu}{\sigma}\right) \quad (10-23)$$

Φ 值可由本书附录的标准正态分布表中查出。

在本例中，已知 $\mu = E(NPV) = 11.69$ 百万元，$\sigma = \sigma(NPV) = 9.37$ 百万元，则：

（1）方案净现值大于或等于 0 的概率为：
$$P(NPV \geqslant 0) = 1-P(NPV<0) = 1-\Phi\left(\frac{0-11.69}{9.37}\right) = 1-1+\Phi(1.25) = 0.8944$$

（2）方案净现值大于或等于 1750 万元的概率为：
$$P(NPV \geqslant 17.5) = 1-P(NPV<17.5) = 1-\Phi\left(\frac{17.5-11.69}{9.37}\right) = 1-\Phi(0.62) = 0.2766$$

【例 10-13】 某商品住宅小区开发项目现金流量的估计值如表 10-8 所示，根据经验推断，营业收入和开发成本为离散型随机变量，其值在估计值的基础上可能发生的变化及其概率见表 10-9。试确定该项目净现值大于零及大于或等于 3000 万元的概率。基准收益率 $i_c=12\%$。

基本方案的参数估计　单位：万元　　　　　　　　　　　表 10-8

年 份	1	2	3
营业收入	857	7143	8800
开发成本	5888	4873	6900
其他税费	56	464	1196
净现金流量	-5087	1806	704

不确定性因素的变化范围　　　　　　　　　　　　　　　表 10-9

概率　变幅　因素	-20%	0	+20%
营业收入	0.2	0.6	0.2
开发成本	0.1	0.3	0.6

解：（1）项目净现金流量未来可能发生的 9 种状态如图 10-13 所示。

（2）分别计算项目净现金流量各种状态的概率 P_j（$j=1, 2, \cdots, 9$）：

$$P_1 = 0.2 \times 0.6 = 0.12$$
$$P_2 = 0.2 \times 0.3 = 0.06$$
$$P_3 = 0.2 \times 0.1 = 0.02$$

其余类推，结果见图 10-13 中。

(3) 分别计算项目各状态下的净现值 $NPV^{(j)}$ ($j=1, 2, \cdots, 9$)：

$$NPV^{(1)} = \sum_{t=1}^{3}(CI-CO)_t^{(1)}(1+12\%)^{-t} = 3123.2 \text{ 万元}$$

其余类推，结果见图 10-13 中。

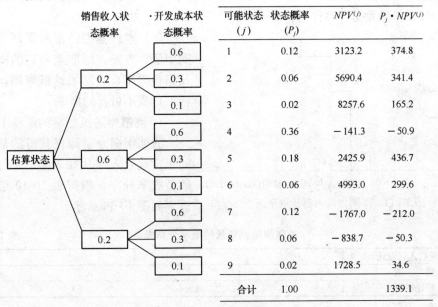

图 10-13 概率树图

(4) 计算项目净现值的期望值：

净现值的期望值 $= 0.12 \times 3123.2 + 0.06 \times 5690.4 + 0.02 \times 8257.6 + 0.36 \times (-141.3)$
$\qquad + 0.18 \times 2425.9 + 0.06 \times 4993.0 + 0.12 \times (-1767) + 0.06 \times (-838.7)$
$\qquad + 0.02 \times 1728.5 = 1339.1 \text{ 万元}$

(5) 计算净现值大于等于零的概率：

$$P(NPV \geqslant 0) = 1 - 0.36 - 0.12 - 0.06 = 0.46$$

(6) 计算净现值大于等于 3000 万元的概率：

$$P(NPV \geqslant 3000) = 0.12 + 0.06 + 0.02 + 0.06 = 0.26$$

结论：该项目净现值的期望值大于零，是可行的。但净现值大于零的概率不够大，说明项目存在一定的风险。

(四) 蒙特卡洛模拟法

在风险测度中，概率树法多用于解决比较简单的问题，比如只有一个或两个参数是随机变量，且随机变量的概率分布是离散型的等。但若遇到随机变量较多且概率分布是连续型的，采用概率树法将变得十分复杂，而蒙特卡洛法却能较方便地解决此类问题。

蒙特卡洛模拟法，是用随机抽样的方法抽取一组输入变量的概率分布特征的数值，输入这组变量计算项目评价指标，通过多次抽样计算可获得评价指标的概率分布及累计概率分布、期望值、方差、标准差，计算项目可行或不可行的概率，从而估计项目投资所承担的风险。

蒙特卡洛模拟法的实施步骤一般为：
（1）通过敏感性分析，确定风险随机变量；
（2）确定风险随机变量的概率分布；
（3）通过随机数表或计算机求出随机数，根据风险随机变量的概率分布模拟输入变量；
（4）选取经济评价指标，如净现值、内部收益率等；
（5）根据基础数据计算评价指标值；

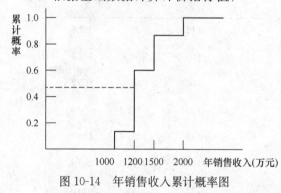

图 10-14　年销售收入累计概率图

（6）整理模拟结果所得评价指标的期望值、方差、标准差和它的概率分布及累积概率，绘制累计概率图，计算项目可行或不可行的概率。

1. 离散型随机变量的蒙特卡洛模拟

假如根据专家调查获得的某种产品的年营业收入服从如表 10-10 所示的离散型概率分布，根据表 10-10 绘制累计概率如图 10-14 所示。

离散型随机变量的概率分布表　　　　　　　　　　　表 10-10

年营业收入（万元）	1000	1200	1500	2000
概　率	0.1	0.5	0.25	0.15
累计概率	0.1	0.6	0.85	1.00

若抽取的随机数为 48867，从累计概率图纵坐标上找到累计概率为 0.48867，划一水平线与累计概率折线相交的交点的横坐标值为 1200 万元/年，即是年营业收入的抽样值。随机数、累计概率与抽样结果的关系如表 10-11 所示。

随机数、累计概率与抽样结果的关系表　　　　　　　表 10-11

年营业收入（万元）	1000	1200	1500	2000
随机数	00000～09999	10000～59999	60000～84999	85000～99999
累计概率	0.1	0.6	0.85	1.00

2. 正态分布随机变量的蒙特卡洛模拟

根据正态分布概率密度分布函数可以绘出它的累计概率分布图如图 10-15 所示。

用随机数作为累计概率的随机值，每个随机数都可在图 10-15 中对应一个随机正态偏差。也可直接查本书附录中的随机正态偏差表查取随机正态偏差值。对应的随机变量的抽样结果可通过式（10-23）求得：

$$抽样结果＝均值＋随机正态偏差×均方差 \quad (10\text{-}24)$$

3. 均匀分布随机变量的蒙特卡洛模拟

具有最小值 a 和最大值 b 的连续均匀分布随机变量，其累计概率分布如图 10-16 所示。令 RN 表示随机数，RN_m 表示最大随机数，根据相似三角形对应成比例的原理，有：

$$\text{抽样结果} = a + \frac{RN}{RN_m}(b-a) = \frac{a+b}{2} - \frac{b-a}{2} + \frac{RN}{RN_m}(b-a) \tag{10-25}$$

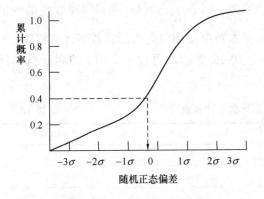

图 10-15 正态分布累计概率图

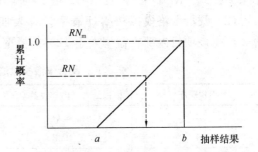

图 10-16 均匀分布累计概率图

如果某均匀分布随机变量的均值为 8，变化范围为 6，则其抽样结果 $=5+\dfrac{RN}{RN_m}\times 6$。

【例 10-14】 某工程项目，采用类似项目比较法能较准确的估算出初始投资为 150 万元，投资当年即可获得正常收益。通过敏感性分析推断项目寿命期和年净收益为风险随机变量。项目寿命期估计为 12～16 年，呈均匀分布。年净收益估计呈正态分布，年净收益的均值为 25 万元，标准差为 3 万元。(1) 试用蒙特卡洛模拟法描述该项目内部收益率的概率分布；(2) 设基准收益率为 12%，计算项目内部收益率大于 12% 的概率。

随机样本数据和 *IRR* 的计算结果　　　　　　　　　　表 10-12

序号	项目寿命随机数	项目寿命（年）	年净收益随机数	年净收益随机正态偏差	年净收益（万元）	内部收益率（％）
1	303	13	623	0.325	25.98	14.3
2	871	16	046	−1.685	19.95	10.7
3	274	13	318	−0.475	23.58	12.2
4	752	15	318	−0.475	23.58	13.2
5	346	13	980	2.055	31.15	18.5
6	365	13	413	−0.220	24.34	12.9
7	466	14	740	0.640	27.22	15.8
8	021	12	502	0.005	25.02	12.7
9	524	14	069	−1.485	20.55	10.2
10	748	15	221	−0.770	22.69	12.6
11	439	14	106	−1.245	21.27	10.8
12	984	16	636	0.345	26.04	15.7
13	234	13	394	−0.270	24.19	12.7
14	531	15	235	−0.725	22.83	12.7
15	149	12	427	−0.185	24.45	12.2
16	225	13	190	−0.880	22.36	11.1
17	873	16	085	−1.370	20.89	11.5
18	135	12	826	−1.145	21.57	9.6
19	961	16	106	−1.245	21.27	11.8
20	381	13	780	0.770	27.31	15.4
21	439	14	450	−0.125	24.63	13.7
22	289	13	651	0.39	26.17	14.4
23	245	13	654	0.395	26.19	14.4
24	069	12	599	0.25	25.75	13.4
25	040	12	942	1.57	29.71	16.7

解： (1) 本例中，需要模拟的随机变量有项目寿命期和年净收益，且两个随机变量相互独立。根据已知条件，项目寿命期的模拟结果为：$12+\dfrac{RN}{RN_m}\times 4$；项目年净收益的模拟结果为：$25+RND\times 3$。表10-12是25个随机样本数据及相应的内部收益率计算结果。

(2) 蒙特卡洛模拟法累计概率计算表如表10-13所示，通过表10-13的累计概率计算，可得该项目内部收益率大于12%的概率为72%。

蒙特卡洛模拟法累计概率计算表　　　　表10-13

模拟顺序	模拟结果（内部收益率%）	概　率*	累计概率
18	9.6	4%	4%
9	10.2	4%	8%
2	10.7	4%	12%
11	10.8	4%	16%
16	11.1	4%	20%
17	11.5	4%	24%
19	11.8	4%	28%
3	12.2	4%	32%
15	12.2	4%	36%
10	12.6	4%	40%
8	12.7	4%	44%
13	12.7	4%	48%
14	12.7	4%	52%
6	12.9	4%	56%
4	13.2	4%	60%
24	13.4	4%	64%
21	13.7	4%	68%
1	14.3	4%	72%
22	14.4	4%	76%
23	14.4	4%	80%
20	15.4	4%	84%
12	15.7	4%	88%
7	15.8	4%	92%
25	16.7	4%	96%
5	18.5	4%	100%

* 每次模拟结果的概率=1/模拟次数。

三、风险决策

(一) 风险态度与风险决策准则

人是决策的主体，在风险条件下决策行为取决于决策者的风险态度。对同一风险决策问题，风险态度不同的人决策的结果通常有较大的差异。典型的风险态度有三种表现形式：风险厌恶、风险中性和风险偏爱。与风险态度相对应，风险决策人可有以下决策准则：满意度准则、最小方差准则、期望值准则和期望方差准则。

（二）风险决策方法

1. 满意度准则

在工程实践中由于决策人的理性有限性和时空的限制，既不能找到一切方案，也不能比较一切方案，并非人们不喜欢"最优"，而是"最优"的代价太高。因此，最优准则只存在于纯粹的逻辑推理中。在实践中只要遵循满意度准则，就可以进行决策。

满意度准则既可以是决策人想要达到的收益水平，也可以是决策人想要避免的损失水平，因此它对风险厌恶和风险偏爱决策人都适用。

当选择最优方案花费过高或在没有得到其他方案的有关资料之前就必须决策的情况下应采用满意度准则决策。

【例 10-15】 设有表 10-14 所示的决策问题。表中的数据除各种自然状态的概率外，还有指标的损益值，正的为收益，负的为损失。如果满意度准则如下：（1）可能收益至少等于 5；（2）可能损失不大于 -1。试选择最佳方案。

满意度准则风险决策　　　　　　　　　　　　　　表 10-14

方案 \ 损益值	自然状态 S_j			
	S_1	S_2	S_3	S_4
	状态概率 $p(S_j)$			
	(0.5)	(0.1)	(0.1)	(0.3)
Ⅰ	3	-1	1	1
Ⅱ	4	0	-4	6
Ⅲ	5	-2	0	2

解： 按准则（1）选择方案时，方案Ⅱ和方案Ⅲ有等于或大于 5 的可能收益，但方案Ⅲ取得收益 5 的概率更大一些，应选择方案Ⅲ。

按准则（2）选择方案时，只有方案Ⅰ的损失不超过 -1，所以应选择方案Ⅰ。

2. 期望值准则

期望值准则是根据各备选方案指标损益值的期望值大小进行决策，如果指标为越大越好的损益值，则应选择期望值最大的方案；如果指标为越小越好的损益值，则选择期望值最小的方案。由于不考虑方案的风险，实际上隐含了风险中性的假设。因此，只有当决策者风险态度为中性时，此原则才能适用。

【例 10-16】 对【例 10-15】的决策问题，用期望值准则决策的结果如表 10-15 所示。

期望值准则风险决策　　　　　　　　　　　　　　表 10-15

方案	各方案期望值
Ⅰ	$3\times0.5-1\times0.1+1\times0.1+1\times0.3=1.8$
Ⅱ	$4\times0.5+0-4\times0.1+6\times0.3=3.4$
Ⅲ	$5\times0.5-2\times0.1+0+2\times0.3=2.9$

应选期望值最大的方案Ⅱ。

3. 最小方差准则

一般而言，方案指标值的方差越大则方案的风险就越大。所以，风险厌恶型的决策人有时倾向于用这一原则选择风险较小的方案。这是一种避免最大损失而不是追求最大收益的准则，具有过于保守的特点。

方差计算公式更为方便的表达式如下：

$$D = \sum_{i=1}^{n} x_i^2 p_i - (\overline{x})^2 \qquad (10\text{-}26)$$

对【例 10-15】的决策问题，用最小方差准则决策的结果如表 10-16 所示。

最小方差准则风险决策 表 10-16

方　案	各　方　案　方　差
Ⅰ	$3^2 \times 0.5 + (-1)^2 \times 0.1 + 1^2 \times 0.1 + 1^2 \times 0.3 - (1.8)^2 = 1.76$
Ⅱ	$4^2 \times 0.5 + (0)^2 \times 0.1 + (-4)^2 \times 0.1 + 6^2 \times 0.3 - (3.4)^2 = 8.84$
Ⅲ	$5^2 \times 0.5 + (-2)^2 \times 0.1 + 0^2 \times 0.1 + 2^2 \times 0.3 - (2.9)^2 = 5.69$

应选择方差最小的方案Ⅰ。

4. 期望值方差准则

期望值方差准则是将期望值和方差通过风险厌恶系数 A 化为一个标准 Q 来决策的准则。

$$Q = \overline{x} - A\sqrt{D} \qquad (10\text{-}27)$$

式中风险厌恶系数 A 的取值范围从 0 到 1，越厌恶风险，取值越大。通过 A 取值范围的调整，可以使 Q 值适合于任何风险偏好的决策者。

对【例 10-15】的决策问题，用期望值准则决策的结果如表 10-17 所示。风险厌恶系数 A 为 0.7。

应选 Q 值最大的方案Ⅱ。

可见，同一个决策问题，采用不同的决策准则，决策结果是不一样的，这正是风险决策的最显著特点。

期望值方差准则风险决策 表 10-17

方　案	各方案的 Q 值
Ⅰ	$1.8 - 0.7\sqrt{1.76} = 0.87$
Ⅱ	$3.4 - 0.7\sqrt{8.84} = 1.32$
Ⅲ	$2.9 - 0.7\sqrt{5.69} = 1.23$

（三）风险评价

风险评价，是指根据风险识别和风险估计的结果，依据项目风险判别标准，找出影响项目成败的关键风险因素。项目风险大小的评价标准应根据风险因素发生的可能性及其造成的损失来确定，一般采用评价指标的概率分布或累计概率、期望值、标准差作为判别标准，也可采用综合风险等级作为判别标准。

1. 以评价指标作为判别标准

（1）财务（经济）内部收益率大于等于基准收益率的累计概率值越大，风险越小；标准差越小，风险越小。

（2）财务（经济）净现值大于等于零的累计概率值越大，风险越小；标准差越小，风险越小。

2. 以综合风险等级作判别标准

根据风险因素发生的可能性及其造成损失的程度，建立综合风险等级的矩阵，将综合风险分为风险很强的 K（Kill）级、风险强的 M（Modify）级、风险较强的 T（Trigger）

级、风险适度的 R（Review and reconsider）级和风险弱的 I（Ignore）级。综合风险等级分类表如表 10-18 所示。

综合风险等级分类表　　　　　表 10-18

综合风险等级		风险影响的程度			
		严重	较大	适度	低
风险的可能性	高	K	M	R	R
	较高	M	M	R	R
	适度	T	T	R	I
	低	T	T	R	I

落在表 10-18 左上角的风险会产生严重的后果；落在表 10-18 右下角的风险，可忽略不计。

四、风险应对

风险应对，是指根据风险决策的结果，研究规避、控制与防范风险的措施，为项目全过程风险管理提供依据。

风险控制的四种基本方法是：风险回避、损失控制、风险转移和风险保留。

1. 风险回避

风险回避是投资主体有意识地放弃风险行为，完全避免特定的损失风险。在这个意义上，风险规避也可以说是投资主体将损失机会降低到 0。例如，在货物采购合同中业主可以推迟承担货物的责任，即让供货商承担货物进入业主仓库之前的所有损失风险。这样，在货物运输时业主可避免货物入库前的损失风险。

简单的风险回避是一种最消极的风险处理办法，因为投资者在放弃风险行为的同时，往往也放弃了潜在的目标收益。所以一般只有在以下情况下才会采用这种方法：

（1）当出现 K 级风险时；

（2）投资主体对风险极端厌恶；

（3）存在可实现同样目标的其他方案，其风险更低；

（4）投资主体无能力消除或转移风险；

（5）投资主体无能力承担该风险，或承担风险得不到足够的补偿。

2. 损失控制

当特定的风险不能避免时，可以采取行动降低与风险有关的损失，这种处理风险的方法就是损失控制。显然损失控制不是放弃风险行为，而是制定计划和采取措施降低损失的可能性或者是减少实际损失。如当存在 M 级风险，就应修正拟议中的方案，通过改变设计或采取补偿措施等；当存在 T 级风险时，或设定某些指标的临界值，指标一旦达到临界值，就要变更设计或对负面影响采取补偿措施。

损失控制在安全生产过程中很常用，控制的阶段包括事前、事中和事后三个阶段。事前控制的目的主要是为了降低损失的概率，事中和事后的控制主要是为了减少实际发生的损失。为了减少管理的费用，在每个阶段又应把握控制重点，如事故高发区和不安全隐患集中的区域。

3. 风险转移

风险转移，是指通过契约，将让渡人的风险转移给受让人承担的行为。当存在 R 级风险时，通过风险转移过程有时可大大降低经济主体的风险程度，因为风险转移可使更多的人共同承担风险，或者受让人预测和控制损失的能力比风险让渡人大得多。风险转移的主要形式是合同和保险。

（1）合同转移。通过签订合同，经济主体可以将一部分或全部风险转移给一个或多个其他参与者。例如，在建设工程发包阶段，业主可以与设计、采购、施工联合体签订交钥匙工程合同，并在合同中规定相应的违约条款，从而将一部分风险转移给了设计、采购和施工承包商。

（2）保险转移。比如说春节大年三十晚上放爆竹，如果是集中在一个地点一起放那就成了大爆炸。但分散在一个城市的不同居民点放，尽管晚上 12 点前后震耳欲聋、硝烟四起，但给人们带来的是节日的喜庆气氛。保险是使用最为广泛的风险转移方式，凡是属于保险公司可保的险种，都可以通过投保把风险全部或部分转移给保险公司。

4. 风险保留

风险控制的第四种方法是风险保留，即风险承担。也就是说，如果损失发生，经济主体将以当时可利用的任何资金进行支付。当存在 R 或 I 级风险时，项目业主可进行风险保留。风险保留包括无计划自留、有计划自我保险。

（1）无计划自留。指风险损失发生后从收入中支付，即不是在损失前做出资金安排。当经济主体没有意识到风险并认为损失不会发生时，或将意识到的与风险有关的最大可能损失显著低估时，就会采用无计划保留方式承担风险。一般来说，无资金保留应当谨慎使用，因为如果实际总损失远远大于预计损失，将引起资金周转困难。

（2）有计划自我保险。指可能的损失发生前，通过做出各种资金安排以确保损失出现后能及时获得资金以补偿损失。有计划自我保险主要是通过建立风险预留基金的方式来实现。

思 考 题

1. 你认为确定性、风险、不确定性与建设项目收益之间的关系是什么？
2. 为什么敏感性分析有助于决策者进行建设项目经济评价？
3. 风险来源有哪些类别？市场风险与金融风险的区别是什么？
4. 何为风险态度？对决策有何影响？一般情况下决策者的风险态度如何？

第十一章 建设项目多主体决策

【本章导读】 大型建设项目资源消耗的多样性、技术系统的复杂性、社会影响的广泛性、环境变化的长远性,会使更多的决策主体关注并参与项目的决策。在决策过程中,参与各方对同样的问题会有不同的看法和解决思路,这样就使得多主体决策与个体决策相比具有明显的差异。本章旨在让读者了解,建设项目多主体决策的类型及基本思想方法。主要内容包括:建设项目博弈决策;建设项目组织决策;建设项目社会决策。

第一节 建设项目博弈决策

一、博弈论的基本内容

博弈即一些个人、队组或其他组织,面对一定的环境条件,在一定的规则下,同时或先后,一次或多次,从各自允许选择的行为或策略中进行选择并加以实施,并各自从中取得相应结果的过程。换言之,在博弈分析中,一定场合中的每个决策者在决定采取何种行动时都是有策略的、有目的的行事,他考虑到他的决策行为对其他人的可能影响,以及其他人的行为对他的可能影响,通过选择最佳行动计划,来寻求收益或效用的最大化。

由于在现实生活中人们的利益冲突与一致具有普遍性,因此,几乎所有的决策问题都可以认为是博弈。博弈论在政治学、军事学、生物进化学、心理学、社会学、伦理学、经济学等许多领域都有着广泛的应用。在经济学中博弈论作为一种重要的分析方法已渗透到几乎所有领域,每一领域的最新进展都应用了博弈论,博弈论已经成为主流经济学的一部分,对经济学理论与方法正产生越来越重要的影响。正因为如此,1994年诺贝尔经济学奖授予了纳什(John Nash)、泽尔腾(Reinhard Selten)和海萨尼(John Harsany)三位博弈理论家和经济学家。

博弈论发展到20世纪80年代末90年代初,已经形成了内容丰富、完善的理论体系,提出了大量有独特理论含义的概念,建立了许多能描述实际问题的模型与方法,得出了许多有意义的结论,并促进博弈论在应用方面向更深更广的领域发展。现代博弈论是个庞大的理论及应用体系,本章并不打算对现代博弈论的理论体系和内容作全面系统地介绍和阐述,而只在博弈论理论的基本框架内,将涉及的基本概念、基本思想及主要结论做一概括性的阐述,以便为后面的分析打下理论基础。

1. 博弈的基本要素

博弈论所关心的是当多个决策者知道其行动相互影响而且每个决策者都考虑这种影响时,理性的决策者如何进行决策的问题。这里的理性是指当事人在有关局势既定的信念下能使自己的目标函数最大化,这是博弈论的一个极为重要的假设。一个正式的博弈包括如下几个要素:博弈的参与者、对弈的次序、博弈时对弈者可利用的信息、行动、策略以及博弈的结果、支付。其中,参与者、规则、策略和支付函数是博弈必不可少的4个基本要素。

(1) 对弈者。又称局中人或参与者，是指博弈中的决策主体。个人、家庭、企业及政府等主体都可以是对弈者。"自然"（一个非目的性的主体）是博弈中的一个特殊的对弈者，它按照固定的概率影响选择行动。这里的"自然"是指决定外生的随机变量的概率分布的机制。在不完全信息博弈中，一般是"自然"先选择对弈者的类型。

(2) 行动。行动是指对弈者在博弈的某个时点的决策变量。

(3) 信息。信息是指有关博弈的知识，如关于"自然"的选择、其他对弈者的特征、行动等知识。显然，博弈中对弈者可利用信息的多少是影响其策略行为的一个重要因素。

博弈论中另一个重要假设是所谓的"共同知识"，这是与信息有关的一个重要概念。它有两层含义：其一是指每个对弈者的理性是共同知识，这里的共同知识是指"每个对弈者都知道它，每个对弈者都知道每个其他对弈者知道它，每个对弈者都知道其他对弈者知道其他对弈者知道它，等等"的事实；其二是指博弈的结构对对弈者来说也是共同知识。

(4) 策略。策略是对弈者在给定信息集的情况下的行动规则，它告诉对弈者在每种可能情况下应采取什么行动。

(5) 支付。又称收益或赢得，是指在一个特定的策略组合下，对弈者所得到或预期得到的效用水平。支付是博弈中对弈者真正关心的。

(6) 结果和均衡。结果是指博弈中对弈者的行动所产生的每一种可能情形，包括策略组合、行动组合及支付组合等；而均衡则是指所有对弈者的最优或相对最优策略的组合，即第 i 个对弈者在均衡情况下，针对自己的策略，选择最大化自己的支付。

一个博弈情形的任何一种描述，都必须有以上要素才是完全定义的。

2. 博弈的类型

博弈的划分可以从参与人行动的先后顺序角度来划分。从这个角度，博弈可以划分为静态博弈（Static Game）和动态博弈（Dynamic Game）。静态博弈指的是博弈中，参与人同时选择行动或虽非同时但后行动者并不知道先行动者采取了什么具体行动；动态博弈指的是参与人的行动有先后顺序，且后行动者能够观察到先行动者所采取的行动。

二、博弈决策的特征

博弈决策具有下列特征：

1. 基本假设的合理性

博弈决策的基本假设有两个：一是强调个人理性，假设当事人在进行决策时能够充分考虑到他所面临的局势，即他必须并且能够充分考虑到人们之间行为的相互作用及其可能影响，能够做出合乎理性的选择；二是假设对弈者最大化自己的目标函数，通常选择使其收益最大化的策略。从社会生活的实际看，这两个假设是符合决策者的心理规律的，因为在各种情况中各行为主体都有自己的利益或目标函数，都面临着选择问题，在客观上也要求他选择最佳策略。从这个意义上看，可以把博弈决策描述为一种分析当事人在一定情形中策略选择的方法。

2. 体现了决策主体之间的相互影响

随着社会经济的发展，大型建设项目日益增多，项目决策的任何一个结果，都是多个决策主体间冲突妥协的结果。可见，决策主体行为之间存在相互作用与相互依赖，不同的行为主体及其不同的行为方式所形成的利益冲突与合作，已成为一种普遍现象，而这正是博弈论研究的核心。在现实世界中，一切涉及人们之间利益冲突与一致的决策、一切以对手的策略为决策依据之一的竞争都是博弈论的研究对象。

3. 研究方法具有规范性、抽象性和综合性

由于博弈决策的复杂性，决定了其研究方法的规范性和抽象性。第一，博弈论从一开始就应用了集合论、泛函分析、实变函数、微分方程等许多现代数学知识和分析工具，具有明显的数学公理化分析方法特征，从而使博弈论所分析的问题更为精确。第二，博弈论把现实世界中人们之间各种复杂的行为关系进行高度抽象，概括为行为主体间的利益一致和本质。加上博弈论大量使用了现代数学，使它所描述和分析的过程及所揭示的结论都带有抽象化的特点。第三，博弈论方法有四个基本要素：对弈者、博弈规则、行动策略、收益函数，任何一种博弈论分析都离不开这几个要素，这意味着博弈论为人们提供了一个统一的分析框架或基本范式，在这种分析框架中可以构建经济行为模型，并能在该模型中考虑各种情形中的信息特征和动态特征。从而使博弈论能够分析和处理其他数学工具难以处理的复杂行为（如非均衡和动态问题），成为行为主体间复杂过程进行缄默的最合适的工具。第四，博弈论方法所涉及学科的综合性，在博弈论分析中，不仅要应用现代数学的大量知识，还涉及经济学、管理学、心理学和行为科学等学科。

4. 研究内容具有现实普遍性

博弈决策最根本的特征是强调决策人之间的相互作用和影响（即个人的收益或效用函数不仅取决于自己的选择，而且还依赖于对手的选择），同时以信息的不完全性作为基本前提之一。这就使它所研究的问题及所提示的结论与现实非常接近，具有真实性。

三、土地使用权挂牌出让中竞价人行为的博弈分析

土地使用权挂牌出让属于多主体博弈问题，在有多个博弈方的多人博弈中，如果部分博弈方通过某种形式的默契或串通形成小团体，可能得到比不串通时更大的利益，那么这些博弈方将会产生很大的串谋动机，当串谋机会产生时则会选择串谋。下面分析一次竞价时竞价人之间的博弈决策和无限次重复竞价时竞价人的博弈决策。

1. 一次竞价时竞价人之间的博弈分析

假设在土地使用权的挂牌出让中，开发商之间可通过某种形式的默契或串通形成小团体。即由一个竞价人负责按照底价竞价，其余竞价人保持沉默，竞得的土地共同开发，此时竞价人和串谋人各获利 $S/2$。若在竞价的过程中，某一竞价人未按照事先的约定进行操作，即他通过略高于底价的竞价获得土地的使用权，其获利为 S'（$S' \geqslant S/2$），则选择串谋的竞价人获利为 0。若竞价人未达成默契或串通，则他们必须严格按照挂牌出让规程参与竞价，价高者得，其获利为 S''（$S \geqslant S' \geqslant S''$），未竞得土地使用权的开发商获利为 0，这时，我们假定竞价人 1 获得土地使用权，获利为 s。现在我们来看表 11-1。

挂牌出让竞价人串谋的博弈分析　　　　　　　　　　　表 11-1

		竞价人 2	
		串谋	不串谋
竞价人 1	串谋	$S/2$，$S/2$	0，S'
	不串谋	S'，0	S''，0

由表 11-1 中我们可以看出，（不串谋，不串谋）将是此博弈唯一的纳什均衡，同时也是一个占优战略（Dominant Strategy）均衡，即无论竞价人 2 如何选择，不串谋将是竞价

人1的占优战略；同时，无论竞价人1如何选择，不串谋也将是竞价人2的占优战略。

2. 无限次重复竞价时竞价人的博弈决策

由于土地具有区域性的特征，参与竞价的开发商彼此之间可能相当熟悉，他们要想使自己的企业长足发展，参与土地挂牌出让的竞价就不会局限于一次，因此可以把他们参与土地挂牌出让竞价的次数看作是无限次。在无限次重复博弈中，我们假设博弈方都采取触发策略：在第一阶段采用串谋，在第 t 阶段，如果 $t-1$ 次的结果都是（串谋、串谋），则继续采取串谋，否则就采取不串谋。在这里我们引进折扣系数 δ 作为后一阶段得益折算或前一阶段得益的贴现系数。则

博弈方1在第一阶段及以后各阶段都选择串谋的总收益为：

$$\pi = 0.5 \times (S + S \cdot \delta + S \cdot \delta^2 + \cdots) = 0.5 \times s\left(1 + \frac{\delta}{1-\delta}\right) \tag{11-1}$$

博弈方1在第一阶段采取不串谋的行为，可得益 S'，但以后就会引起博弈方2的报复（一直选不串谋），这样他自己也只能选择不串谋，每一阶段的得益将具有不确定性，有可能收益很高，也可能收益很小。假定，博弈方1是风险规避者，希望获得稳定的收益，则他会积极的选择串谋。

通过以上的分析，我们可以得出如下的结论：

（1）当参与土地挂牌出让竞价的开发商只同时竞价一块地块时，每个参与土地挂牌出让竞价的开发商都会从自己的利益考虑，只关心一次性支付，在一次博弈中使自己的利益最大化，即无论对方选择串谋还是不串谋，不串谋将是他们的最优选择。

（2）当参与土地挂牌出让竞价的开发商博弈的次数重复多次时，风险规避的开发商则有可能为了长期利益而放弃短期利益（既得利益），从而采取串谋行为。

由于当参与土地挂牌出让竞价的开发商只同时竞价一块地块时，不串谋将是开发商的最优选择，因此对于政府而言，破除土地挂牌出让地域的局限性，扩大允许开发商参与挂牌出让竞价的区域范围，吸引不同地区有实力的开发商前来竞价获取土地使用权，可以打破同时参与土地挂牌竞价的开发商之间的熟悉程度，降低他们长期合作的可能性，从而降低串谋的发生机率。

第二节　建设项目组织决策

当决策人处在组织环境中时，组织的结构、组织的文化、组织的任务特点等都会对决策行为产生影响。

一、组织结构对决策的影响

不同的组织特性对决策方式和内容影响很大。表11-2是组织的四种典型特性。

组织的四种典型特性　　　　表11-2

组织有效性与和谐性	有效性高	有效性低
和谐性高	团结和谐	各司其职
和谐性低	政治民主	自由放任

1. 团结和谐的组织决策

具有团结和谐特性的组织，其协调的有效性高且组织目标的和谐性也高。在这种情况下，组织内部上上下下团结得像一个人一样，这个人按照组织的战略去实现组织的目标。这时可将组织视为一个理性人，用个体理性决策的准则去进行组织决策。这时决策者只需关注以下问题：什么是关键问题？有哪些解决方案？各种方案的成本效益如何？

2. 各司其职的组织决策

各司其职的组织，其目标的和谐性高但组织协调的有效性低。在这样的组织中，有多个决策者，他们目标一致但分工不同，且价值观和判断标准差异也较大。决策者要兼顾每个决策主体的意见，进行很好的沟通和协调。这时决策者一般会关注以下问题：组织是怎样设计的？决策权限是怎样划分的？信息是如何获取和处理的？决策是如何实施的？

3. 政治民主的组织决策

具有政治民主特性的组织相当于在正式组织之外又有一些非正式组织的小团体或联盟，这种组织协调的有效性高而组织目标的和谐性低。在这种组织中，个人或部门的目标可能会取代组织的目标。这时决策者一般会关注以下问题：谁是组织的关键成员？他们追求什么？个人与组织目标的分歧在哪？

4. 自由放任的组织决策

具有自由放任特性的组织其协调的有效性低且组织目标的和谐性也低。在这种组织中，存在着尚未解决的冲突，特别是目标上的不一致，人们各有其打算和要求，组织决策缺乏相关性和一致性，决策面临的环境很复杂。这时决策者一般会关注以下问题：失控的程度有多大？问题的关键是什么？可能的结局是什么？

二、组织文化对决策的影响

组织文化的形态可以用三种典型特性来概括：质量型、创造型和合作型。每种文化的特点及决策要点如下：

1. 质量型的组织决策

质量型组织文化突出技术的重要性，强调按规律、规章、规程、规则办事。这种组织决策的要点是决策要按程序进行，尽可能合法合规。

2. 创造型的组织决策

创造型组织文化强调超常规发展，鼓励创新、实验、试验、标新立异、发明、革新，赞赏具有首创意识的风险偏好者。这种组织决策的要点是备选项目或方案要有创造性和新意，能打开新局面。

3. 合作型的组织决策

合作型的组织决策强调团队意识，提倡集体主义精神，鼓励相互配合、密切沟通。这种组织决策的要点是提高决策的透明度，说明方案的合理性和有效性，取得组织成员的理解和支持。

第三节　建设项目社会决策

当建设项目涉及环境、能源、土地、国家安全、社会就业、公共福利问题时，项目决策结果几乎影响到每个人的切身利益，然而社会公众往往无法直接影响到这类决策。因此社会决策与博弈决策和组织决策又有显著的区别。

一、社会决策的主体

社会决策主体一般可分为两类：一类是社会公众；另一类是政府机构及其他代理机构。由于社会决策的对象往往都是公共物品，因而社会公众在表达他的决策态度时，会产生"搭便车"行为，即个人隐瞒自己的偏好，谎报自己的意愿，以便从其他人的支出而生产的产品中得到好处。搭便车现象存在的可能性，决定了社会决策基本上都是由政府代理的。当然政府作为社会公众的代理人需要在社会决策中受到委托人的监督，以便保证社会决策的效果。然而，由于多级委托代理使监督环节增多、监督成本相对较高，造成委托人对代理人的监督作用有限。

二、社会决策的准则

1. 全体一致准则

它是指在社会决策中，行动方案只有在所有参与者都同意，或者至少没有任何一个人反对的前提下才能实施的一种表决方式。全体一致准则有以下特点：

（1）能够实现帕累托最优状态。即按此准则能使每个人的偏好达到最大限度的满足，而不会使任何一个人的福利受损。

（2）能够保障所有参与者的权利。在此准则下，所有参与者的权利，能够得到绝对平等的保障，因为它体现了参与者之间的自愿性和契约性，任何一个人或集体都不能把自己的意愿强加于别人。

（3）该决策准则的成本偏高。由于参与者的偏好千差万别，对某一项议案很难做到众口一词，要想获得全体一致，需要花费大量的人力、物力去做工作。因而只适用于参与者较少，而且个人偏好比较一致的场合。

2. 多数投票准则

它是指在社会决策中，行动方案必须由所有参与者中超过半数或半数以上的认可才可实施的一种表决方式。多数投票准则有以下特点：

（1）不符合帕累托最优状态。因为决策结果往往只体现了参与者中属于多数派的利益，而属于少数派的利益则被忽略了。

（2）决策结果带有强制性。因为处于多数派地位的决策者会把自己的意愿强加给处于少数派地位的成员。

（3）该规则的决策成本较低。

3. 加权投票准则

这种准则的主要特点是：根据利益差别，将参与成员进行"重要性"程度分类，然后凭借这种分类分配票数，相对重要者，拥有的票数较多，否则就较少。例如，世界银行就是按照各国提供财政援助份额的不同而分配不同比例的选票。采取此项准则主要是承认各参与个体的差别。

4. 否决投票准则

首先让参与投票的每个成员提出自己认为可供选择的一整套建议或行动方案，汇总之后每个成员再从汇总的方案中否决掉自己最不喜欢的那些方案，此时各个成员投票的次序可以随意确定。而最后剩下未被否决掉的方案就成为全体成员可以接受的集体选择结果。

这种准则的主要特点是：比较有利于参与成员之间的沟通和各成员真实愿望的表达。因为这种投票准则使每个参与者都有机会表达自己的偏好情况，同时又有权否决对自己最不利的方案。因而参与者都不会提出被其他成员强烈反对的方案，甚至还会积极考虑其他成员的利益。

思 考 题

1. "上有政策下有对策"的行为会对社会决策造成什么影响？
2. 怎样才能提高政府社会决策的效率？
3. 社会决策的大部分结果是以什么形式来表现的？
4. 为什么社会决策不宜经常变动？

附录Ⅰ 案例

案例一 崇明岛东滩生态城建设规划

2005年8月25日,在中国国家主席胡锦涛和英国首相布莱尔的见证下,上海实业集团与英国奥雅纳(ARUP)工程顾问公司签订了一份关于在上海崇明岛东滩生态城镇进行建筑环境系统规划的协议,目标是把东滩建设成为全球首座"生态城市"。

根据规划,崇明岛东滩将成为一座生动地、具有浓郁现代文化气息与中国特色的、绿色可持续发展的城市。在这座"生态城市"里,最高的建筑仅有8层,而屋顶的草坪与绿色植物是天然隔热层。"市内"将有充足的步行空间,公交车以燃料电池为动力,电动摩托车、自行车随处可见。"市区"还将建立集水、水处理与再利用系统,80%的固体废弃物实现循环利用。在能源方面,以海风为动力的风电场可以发电,燃烧的有机废弃物同样也能"放电"。同时,崇明岛东滩将成为世界上第一座二氧化碳零排放"城市"。

案例图1 东滩生态城规划图

东滩生态城建设规划的提出不是偶然的,它有着自然、经济、技术、政策方面的深刻背景。

1. 自然资源

东滩,位于中国第三大岛屿——崇明岛的最东端(东经121°45′,北纬31°30′),南北濒临长江的入海口,向东缓缓伸向浩瀚的东海,与南北大陆遥遥相对。东滩地势平坦,气候温和湿润,四季分明,日照充足,蕴藏着丰富的风能、潮汐能和太阳能。独特的地理位置和自然条件,打造出了崇明岛东滩丰富的资源。

(1) 土地资源。崇明岛位于长江口和东海的 T 字形交接点上，类似于纽约的长岛，绵长的深水岸线，有利于物流业的发展；崇明岛东滩土地总面积为 8468.7hm^2，主要是长江冲积而成的砂质土，极少部分为壤土、黏土。值得一提的是，目前东滩的土壤未受到重金属和有毒有机化合物的污染，非常有利于绿色食品生产的发展。同时，每年滩涂地向东以 110m 的速度增长，创造了源源不断的土地后备资源。

(2) 湿地资源。崇明岛东滩是上海市发展最完善的河口型潮汐滩涂湿地，是上海唯一大面积的自然原生态区，于 1992 年被列入《中国保护湿地名录》，2001 年正式列入"拉姆萨国际湿地保护公约"的国际重要湿地名录。

(3) 旅游资源。崇明岛东滩面江临海，地势平坦、土地广阔，特具岛屿型生态旅游城市的开发价值，一江两海（长江、黄海、东海）汇集点的标志性建筑也将是岛屿旅游的一大景观，为开辟现代休闲观光旅游业提供了得天独厚的条件。

崇明岛东滩位于候鸟南北迁徙路线的东线中段，是国际飞迁鸟类的重要栖息地，每年春秋两季，有 200～300 万只候鸟来此栖息越冬，形成了一个鸟的乐园。据最新统计，鸟的种类共计 312 种，数量达上百万只，占上海地区鸟类种数的 70%，特别有大量的鸟类是我国和国际上重点保护的珍稀濒危物种，具有很高的观赏价值。此外，东滩及其部分向外延伸的浅滩水域还是古老的中华鲟幼鱼最重要的育肥区。东滩已被列入《中国生物多样性保护行动计划》的优先保护序列和上海市候鸟自然保护区，被湿地国际接纳为东亚——澳大利亚涉禽保护区网络成员。

(4) 生物资源。东滩地处长江入海口，既具有陆生生物资源，也富有淡海水水生生物资源。据上海市环境科学研究院 1997 年 8 月的环境监测结果表明，东滩土壤、水体与环境空气中各污染物含量均在一级标准之内，符合绿色食品水产的环境质量要求，既有利于发展当地的农产品，又有利于发展水产养殖行业。

(5) 可再生能源。崇明岛可再生能源丰富，常年风速大、频率高，风力资源丰富，光照充分，具有太阳能和大量生物能的开发潜力。

上海，世界第八大城市，我国第一大城市，最大的经济中心和贸易港口，最大的综合性工业城市，也是全国重要的科技中心、贸易中心、金融和信息中心。但同时上海也是个资源奇缺、环境容量有限的城市，而崇明岛的开发将可利用其独特的天然条件，率先建设成为上海生态型城市的样板，促进上海全面实施可持续发展经济运行模式。

2. 经济环境

改革开放以来，我国以世界最大的人口规模，在长达近三十年的时间里实现了年均 9.6% 的高速增长，使中国经济从解决温饱到基本实现小康，向全面小康迈进。特别是进入新世纪以后，仍然继续保持年均近 10% 的增长。2007 年，经济总量达到 246619 亿元，居世界第四，全国居民储蓄总额超过 175700 亿元。同时，我国的对外开放程度不断扩大，与世界经济的联系更加紧密。

而我国东部沿海地区，经过 20 多年的高速发展，已进入工业化的起飞阶段。国民经济以年均 10%～11% 的速度增长，经济总量占全国经济总量的 65% 以上，市场经济体制已基本形成，并在 WTO 规则下迅速与国际市场接轨。这一地区形成 3 个中国经济最发达的经济圈和都市圈，即以广州、深圳和珠海为中心的珠江三角洲地区、以上海为中心的长江三角洲地区和以北京、天津为中心的环渤海经济区，这三个区域相继创造出区域发展的奇迹。2007年以来，长三角和珠三角更是高速赛跑，比翼齐飞，成为我国的制造业中心，占全国经济的权重愈来愈大。这就为崇明岛东滩生态城的开发建设提供了坚实的经济后盾。

3. 政策扶持

21世纪已逐渐被清晰地定格为"环境世纪"。环境革命、生态文明将成为世界各国之间综合国力竞争的主要领域。中国在1992年联合国的环境与发展会议之后的两个月内，公开发表了《中国环境与发展十大对策》，宣布中国要实施可持续发展战略。1994年，通过了《中国21世纪议程》，并先后制定了6个环境保护法规和9个资源保护法规，使我国环境治理进入全面规划、统筹实施新阶段，正式确立了可持续发展的战略目标。

1997年国家确定将上海、河北、山西、江西、四川等省和直辖市以及一些中心城市，作为全国地方实施《中国21世纪议程》的试点单位，通过选择具有典型性、代表性和推广意义的地区作为可持续发展实验区，探索一条有中国特色的可持续发展道路，这是对中国进入21世纪进一步提高现代化发展质量的号召，也为上海以及崇明岛东滩新世纪的发展指明了战略方向。

上海市2000年提出要通过5个三年行动计划到2015年将上海建设成为生态型城市，在《"十五"计划纲要》中明确指出："抓紧制定崇明岛总体开发战略，加快基础设施建设，改善投资环境，推进东滩的试点开发，着力保护好崇明的生态环境，为大规模开发做好准备。"同时，上海市遵循2004年7月胡锦涛总书记视察崇明岛所作的建设崇明"生态岛"指示精神，编制《崇明县域总体规划》《崇明现代农业发展总体规划》，以促进崇明岛东滩的开发建设。

4. 技术环境

在经济的飞速发展下，随着我国的基础设施日趋完善，制造业水平迅速提高，科技教育全面发展，劳动力素质明显提高，自主创新能力也不断增强。加入WTO后，我国生态环保企业通过引进外资，借鉴国外先进水平，加强自主研发，不断进行技术创新，很大程度上提高了生态环保产品的技术水平和质量。同时，上海实业集团将为崇明岛东滩生态城汲取国外宝贵的经验，引进世界一流开发技术水平，为项目的建设准备了扎实的技术支持。

国外一些发达国家一直致力于生态技术的研究，在环境无害及无污染的清洁生产技术与废物无害化与资源化技术，如何减少生产过程中废物产生与排放减量，废物回收、废弃物回用及再循环等方面已达到一定的技术水平。虽然我国生态工程起步较晚，但是发展很快，特别在生态技术与工艺方面、生产实际应用方面等。

在生态技术与工艺方面，我国提出了自己的创新模式，如加环（生产环、增益环、减耗环、复合环和加工环）、联结、优化原有相对独立与平行的一些生态系统为共生生态网络，置换、调整一些生态系统内部结构，充分利用空间、时间、营养生态位，多层次分级利用物质、能量、充分发挥物质生产潜力、减少废物，因地制宜促进良性发展。

在生产实际的应用中，我国也取得了较大的成绩。举世瞩目的五大防护林生态工程：三北防护林体系、太行山绿化工程、海岸带防护林体系、长江中上游林体系和农田林网护林体系等，在防风固沙、减少径流、改善保护区内农田小气候，促进农业增产及多种经营等方面显示了良好的效益。

除了建设本身，崇明岛东滩生态城还在商业运作模式和融资模式上有创新突破。东滩生态城通过长短结合、集中分散结合的收入模式实现开发的可持续性，采用债券、信托、投资基金等多种融资方式，保证崇明岛东滩生态城的开发建设。

5. 国际环境

20世纪90年代以来，环境保护与可持续发展已经成为世纪之交的热点话题。随着经济的不断发展，全球面临环境和资源挑战也越来越严峻。目前，全球石油剩余可采储量为1400多亿吨，按目前产量，静态保障年限仅为40年。天然气的剩余可采储量为150亿m^3，静态保障年限仅为60年。与此同时，地球生态系统受到严重破坏，森林锐减、气候变暖、荒漠化土地面积扩大、旱涝灾害频发，一场全面的环境危机摆在人类面前。

面对着这次危机，全世界的人们都积极地迎接这场严峻的挑战，加快向生态文明转型的步伐，以促进全球的可持续发展。1992年联合国环境与发展大会通过了《环境与发展宣言》和《全球21世纪议程》，第一次把可持续发展由理论推向行动。

在能源结构方面，自2000年以来，发达国家的太阳能和风能连续以每年40%左右的速度增长。同时，还不断促进循环经济的发展，比如，2000年德国废钢回收率为80%，荷兰为78%，奥地利为75%，美国为67%。此外，兴办"绿色大学"，开展"绿色教育"，创造和开发"绿色技术"，推动社会的"绿色生产"；创造生态工艺，开发生态技术，建设生态产业。

在环境保护及技术方面，工业发达国家经过数十年的努力，环境状况得到了明显的改善，环保产业及其技术也得到了飞速发展。美国是环保产业兴起较早的国家之一，始于20世纪70年代。至1991年，美国从事环保产业的企业达35000家，从业人员达100万人，产值为120亿美元，约占世界环保产业的42.9%，年增长率达20%以上。德国是个工业高度发达的国家，工业造成的污染严重，但由于德国政府十分重视环保工作，推出了一整套环保政策并制定了一系列的配套措施，因而在环保领域取得了明显的成绩。至2000年，德国的环境技术产品每年出口额超过350亿马克（约合233亿美元），占全球此项贸易额的21%。日本的环保产业在亚洲乃至世界范围内同样占有重要地位，其环保产品及服务市场经过多年的发展已具有相当的规模。

目前，英国伦敦的无碳排放区域项目、法国巴黎东部的马尔纳河谷、美国纽约州的以色佳生态村、阿联酋的阿布扎比生态城也在积极的计划中。上海崇明岛东滩生态城的开发建设正是中国在探索可持续发展道路的重要探索之一。

6. 社会环境

我国经济正处于高速增长期，但人与自然的矛盾不断加剧，面临着一场更为严峻的环境挑战。在农业方面：毁林垦荒、毁牧垦地、围湖造田、填海种植等行为导致森林和草原等植被破坏，加剧了水土流失，湿地减少，土壤退化和沙化、荒漠化、盐碱化；滥用化肥农药，导致土地功能衰退，植物无法生存。在工业方面：废水、废气、废渣不经有效达标治理的大量排放，破坏了整体环境的自然形态。在城市建设方面：布局混乱，工业区与居民区、商业区混杂，人为破坏了区划功能。在资源产业方面：矿业盲目开采，森林乱采滥伐，加之灭绝性地捕杀珍稀濒危野生动植物，破坏了生物链，导致生物多样性无法得到保护，使我国生态环境问题达到了危机的程度，成为制约经济发展、影响社会稳定的一个重要因素。

所以我们必须强化资源环境危机意识，实施绿色战略：发展循环经济，提高资源使用效率；发展清洁生产，降低生产过程中的污染成本；发展绿色消费，减少消费过程对生态的破坏；发展新能源，缓解现存资源短缺的压力。这样，才能最终实现社会的可持续发展，实现人与自然和谐相处的生态文明。

上海实业（集团）有限公司正是按照上海市政府的要求，以上海市的可持续发展和综合竞争力为出发点，立足于全国和上海总体发展的全局，分析世界经济的大趋势，初步形成了以崇明岛东滩为试点建立我国第一个生态综合示范区的思路。

东滩生态城主要由三大板块组成：$24km^2$ 的国际湿地公园、$27km^2$ 的生态农业园、余下的土地逐步作为生态城镇开发。

(1) 国际湿地公园

$24km^2$ 的国际湿地公园，完善被誉为候鸟天堂的长江口最大的鸟类自然保护区——东滩湿地；保留着大片的芦苇荡和原生态的水域，试验种植着各种本地沉水植物、浮水植物、挺水植物、草地、灌木丛、耐盐耐水乔木；建设成为包括水涉禽招引区、珍稀濒危湿地物种再引入区、湿地服务功能展示区、耐盐植物园区等多种功能区域在内的湿地生态示范区；引入与恢复具备完整营养层的生物群落及生物链的湿地生态工程，形成可持续湿地生态系统。这里，将来不仅是鸟的乐园，更是成千上万种生物的心灵驿站。

(2) 生态农业园

$27km^2$ 的生态农业园将打造数个中外生态农庄——中意生态农庄、中德生态农庄和中日生态农庄、东滩台湾民俗村等。人们能够一边在意大利农庄中欣赏佛罗伦萨建筑风格，在德国农庄研究生态建筑的构造，一边还能听到来自各国各地区的乡村音乐。

一望无际的绿荫，大片的果树、蔬菜是生态农庄给人们的第一印象。无论什么时候来到这，都能品尝到丰收的喜悦，葡萄、樱桃、苹果、桃子，一颗颗正在成熟的果子丰满红润，散着甜香。人们可以在这里种植、收割、捕鱼、烧烤，甚至无所事事，四处游走，体验不同于上海大都市风貌的乡村休闲旅游，品味来自佛罗伦萨、北海道或是台湾山地的异域风情。

(3) 东滩生态城镇

东滩南部生态城镇充分从交通、排污、建筑、土地使用、水处理、绿化的设计源头等考虑环保理念，这里将成为一座真正的"环保之城"。

这个城镇可容纳 8 万居住人口，人们在附近即可找到各种工作，无需奔波往返于上海市区。全城居民可以沿专用路线，穿过郁郁葱葱的绿色美景，步行或骑车去上班、购物或上学。同时，这里还会成为上海附近极富吸引力的休闲与度假地。居民能方便地搭乘公共交通工具，500m 以内即可搭乘公交车或水上出租车，实现便捷完善的服务网络。

道路设计将鼓励步行及骑自行车，以减少人均所需道路数量，且降低道路开发的启动资金。按照当地居民住房布局，道路规划将减少畅通车道，努力保证儿童与骑车人的安全。据测算，便捷的公共交通将使东滩减少 190 万 km 旅行距离，一期建设区域每年即可减少 40 万 t 二氧化碳排放量。

垃圾可通过地下封闭管道运往垃圾再利用与处理工厂，转化成肥料和能源。如此，既降低使用垃圾运输车，提升街道和庭院清洁度，又进一步减少对道路的需求。清洁安全的道路和优质的空气质量，都将有助于提高人们的健康水平，并降低医疗支出。

热能和电力将通过风力、生物、垃圾，以及城市建筑物上的太阳能光伏板直接获得。东滩还将成为第一个建立氢能电网的城镇，以满足对电池能源燃料的需求，尤其是交通工具对这种燃料的需求。

河道和湖泊的水量将相当充沛,水资源在经过妥善管理后,用于提供独立的有限饮用水,以及对现场的污水进行再生利用。这样进一步降低了对能源的需求和运行成本,污染问题也能得到有效控制。

城镇的道路两旁将会绿树成荫,夏日里为行人提供无限阴凉。另外,道路上不再有使用汽油或柴油发动机的车辆,它们在运行时不会发出噪声,取而代之的是空中回荡着的鸟鸣和水流声。

建成后的生态城相比传统开发模式,生态足迹可以减少60%,能源使用减少60%,水排放减少88%,需填埋处理的废弃物减少83%。"生态足迹"主要指对食品、能源的消耗,以及工厂、机械、交通、建筑等因素对环境的影响。

东滩生态城启动区域规划面积12.5km², 最大承载8万人口,人均绿化率达到27m², 规划形成"工作、休闲、教育、居住"相融合的各具主题功能的三个特色生态村落。三个特色生态村落,相互连接,每个村庄都为一个以旅游、创新科技,及健康为不同主题的混合功能开发区。项目将依次开发这些村庄,首先动工的是以旅游为主题的村庄,计划在以"城市,让生活更美好"为主题的2010年上海世博会召开之前完工,届时向世人展示一个生动的城市范例。❶

案例二　迪拜棕榈岛项目的提出

从高空俯瞰阿联酋的迪拜,依稀可见两棵巨大的棕榈树漂浮在蔚蓝色的海面上。仔细辨认,棕榈树竟是由一些错落有致、大大小小的岛屿组成。除棕榈树外,还能看到由300个岛屿勾勒的一幅世界地图。缩小的法国、美国佛罗里达州、俄亥俄州都包括在内,甚至原本冰雪覆盖的南极洲也处在当地的炎炎烈日之下。然而,这一派奇特景象并非大自然的鬼斧神工,它是迪拜雄心勃勃的人工岛计划——棕榈岛工程的一部分。

案例图2　阿联酋迪拜棕榈岛工程

---

❶ 刘东辉. 上海崇明岛将建成世界上首座"生态城市"[N]. 《劳动报》,2007年10月29日;施庆. 崇明东滩中国生态城新样本. 外滩画报,2008—07—03,总291期。

棕榈岛工程由"朱迈拉"棕榈岛（The Palm, Jumeirah）、"代拉"棕榈岛（The Palm, Deira）、"阿里山"棕榈岛（The Palm, Jebel Ali）和世界岛（The World）等岛屿群组成。三座棕榈岛群每座岛屿都包括三部分："树干"、"树叶"和新月形围坝，岛上还将种植12000棵棕榈树。世界岛由300多个小岛屿按照世界地图的形状建成，建成后将可以看到由300个岛屿勾勒出的一幅世界地图。

刚完成第一期工程的"朱迈拉"是世界上第一个棕榈树形状的人工岛，"代拉"完成后将是世界上最大的人工岛，而正在建造中的"阿里山"则成为最富诗意的一个人工岛。三座棕榈岛群全部由人工喷砂填海完成，建筑原材料全部就地取材，沙子是从波斯湾海底直接挖掘出来的。岛上计划建造1.2万栋私人住宅和1万多所公寓，还包括100多个豪华酒店以及港口、水主题公园、餐馆、购物中心和潜水场所等设施。此外，一个水下酒店、一栋世界上最高的摩天大楼、一处室内滑雪场、一个与迪拜城市大小相当的主体公园、众多的码头以及无处不在的购物中心也在计划之内。人们可以通过乘船、驾车甚至乘坐单轨火车到达棕榈岛。人工棕榈岛工程完成后，这一大片爪形陆地不仅向海上大大延伸，同时还开辟出了深入沙漠纵深地带的滨水区。

世界岛由300个面积从2.3万至8.4万m^2不等的小岛组成。这些小岛的形状经过精心设计，组成了一个国家或一个地区的形状，投资者可以买下酷似美国的小岛，也可以买下酷似英国的小岛。当来自不同国家的投资者在拿到地块或岛屿后，可以按照岛屿的位置建造相应的充满各国特色的主题建筑，或者建造一些历史遗迹或建筑的复制品，以此来体现世界岛的世界风情。在每个岛屿之间都将有50~100m宽的水域相隔，各岛屿之间完全依靠海上交通，确保了各岛屿的独立性。

那么，堪称"世界第八大奇迹"的棕榈岛工程是谁提出来的？为什么要提出建造这样一座人工岛呢？它是如何提出来的呢？上述问题，主要涉及棕榈岛工程提出的背景、投资目标和提出的过程。

1. 棕榈岛工程提出的背景

迪拜是阿拉伯联合酋长国的第二大城市。虽然地处局势动荡的中东地区，距离伊拉克只有950km，但它却被认为是世界上最安全的城市之一。

直到20世纪60年代，迪拜还只是阿联酋的一个普通港口城市。20世纪60年代中期，这里发现了石油。从此，巨额的石油美元为这个城市插上了腾飞的翅膀。像其他中东城市一样，迪拜因石油而"一夜暴富"。短短几十年，迪拜以令世人惊叹的发展速度创造了奇迹。不过，迪拜没有完全沉湎于石油带来的富庶之中，因为它知道，石油资源总有用完的一天，必须居安思危，发展其他经济项目。对迪拜来讲，除了石油和天然气以外，没有其他的自然资源，而地处亚、非、欧三大洲心脏地带的地理优势无疑成为迪拜可持续发展的最大资源。于是，迪拜不失时机地重点发展金融、商贸、海运和旅游，走出了一条有别于海湾地区许多其他城市的独特的发展道路，成为世界上对石油依赖最少的产油地。到20世纪后期，迪拜已经是一个享誉全球的豪华旅游胜地。它拥有世界上第一家、也是唯一的一家七星级酒店。这里摩天大楼鳞次栉比，到处"金碧辉煌"，其奢华程度在全球独一无二。

一年四季湛蓝的天空、暖热的海水、挺拔的棕榈树和中东最大的辛巴达海上乐园，无论是硬件设施，还是自然条件，迪拜都称得上是完美的旅游点，每年500万名游客纷至沓来。为了确保后石油时代的收入源源不断，迪拜当局不遗余力地发展旅游业，他们希望到2010

年使来访外国游客的人数增长到 1500 万,将迪拜建设成为世界级的商业中心、休闲中心。然而,到 20 世纪末,迪拜 72 公里长的天然海滩已被全部开发完毕。一时间,迪拜似乎失去了进一步发展的空间。但是,迪拜打造"世界头号豪华旅游胜地"的巨大决心不容阻挡。为解决这一难题,一个天方夜谭般的计划因此应运而生,这就是闻名全球的人工棕榈岛工程。

2. 棕榈岛工程的投资目标

棕榈岛工程建成后,这一大片爪形陆地不仅向海上大大延伸,同时还开辟出了深入沙漠纵深地带的滨水区。更重要的是,它们不仅把迪拜的海岸线增加到了惊人的 720km,比原来增加 10 倍以上,并提供了一个独特和具有创意的环境,满足了人们在居住、休闲和娱乐的要求。

棕榈岛工程有对付国家法律的作用。因为阿联酋是君主制国家,法律不允许外国人买地买房子,迪拜酋长为了让本国的发展持续,一定要为外国人解决这个问题。棕榈岛工程正好打了个擦边球,解决了这个问题,这样就可以吸引更多的人来投资和定居。三座形似"棕榈树"的岛屿可以让岛上的每个房间都有机会面对大海,观赏到无垠的海景,加之岛上的豪华建筑和优良设施引起了人们的抢购,致使迪拜沿海地区的房价激增。同时一些世界知名企业也纷纷将资金投向这个充满诱惑的领域。棕榈岛工程设想一经公布就吸引了无数来自世界各地的房地产开发商、建筑公司、设计公司纷纷要求加入,美国建筑业巨头帕森斯和希尔国际参与朱迈拉棕榈岛的设计与实施,中国铁道工程公司也将参与岛屿的建设工作。

棕榈岛工程是迪拜向"打造世界头号豪华旅游胜地"这一总体战略目标加速发展的最新举措。建成后的棕榈岛工程将成为迪拜新的标志性建筑,成为迪拜的一个著名旅游景点,每天吸引至少 2 万名游客,届时到迪拜的游客人数就会增加两倍,达到 1500 万。迪拜棕榈岛工程把迪拜城延伸到波斯海湾,大大拓展了迪拜的生存与发展空间。这项投资巨大的填海计划将促使迪拜加速发展,并将促使迪拜变成超过新加坡、中国香港的新商业中心,成为一举超越美国拉斯维加斯的世界著名休闲之都。

3. 棕榈岛工程的提出过程

为了解决迪拜沿海岸线沙滩资源的日益枯竭,发展遭遇瓶颈这一严重问题。迪拜王储谢赫·默罕默德·拉希德·阿勒马克图姆殿下提出了建造人工岛——朱迈拉棕榈岛的想法,并且让他的私人公司 Nakheel 公司负责招商建设运营。

早在 20 世纪 90 年代中期开始,王储就开始与政府和不同领域的专家就这个构思进行讨论研究,除了听取他们关于技术、财政、商业的意见外,亦参考他们在美学和文化方面的想法。

棕榈树岛形设计在众多方案中脱颖而出,成为方案,有两个主因:首先,棕榈树的概念源自迪拜本身的传统文化。因为当地人视棕榈树为"果园新娘子",而水则长期以来被视为酋长国中最重要的生计、庇荫和贸易之泉;其次,棕榈树形状在几何上能理想地延长海岸线,容许岛上有更多海滨区。

为此,他们邀请了 42 家公司历经 3 年的时间,通过 100 多项关于交通、海洋生态、人口密度和商业发展等方面的研究,形成了最终的可行性方案。随着被喻为"世界第八大奇迹"的朱迈拉棕榈岛工程的顺利实施,棕榈岛工程规模很快被王储大大扩大,由原来的朱迈拉棕榈岛一个岛屿群逐步扩大到 4 个,增加了阿里山棕榈岛、代拉棕榈岛和世界岛。

棕榈岛工程被视为一连串旅游业卓越突破之下的必然发展。

棕榈岛工程是目前世界上最成功的建设项目之一。它的成功正是由于建设项目的正确、合理提出。棕榈岛工程是根据迪拜国民经济长期发展规划和社会经济发展需要提出来的,是结合了迪拜的具体情况提出来的;而且"棕榈树"形人工岛造型独特、创意新颖、目标明确,再加上迪拜雄厚资金实力的保障,所以棕榈岛工程一经公布就被称为"世界第八大奇迹",闻名全球,吸引了无数眼光。所以说一个建设项目的正确提出对项目的成败起着至关重要的作用。❶

案例三 苏通大桥关键性技术难题及其对策

苏通大桥位于江苏省苏州(常熟)市和南通市之间,是交通部规划的国家高速公路沈阳至海口通道的跨江枢纽工程,总投资约64.5亿元。路线全长32.4km,其中跨江大桥长约8.2km,全线采用双向六车道高速公路标准,其主桥采用主跨1088m双塔斜拉桥,桥塔高度达300.4m。规模巨大的苏通大桥是一项拥有自主知识产权的工程,工程人员在建设过程中将攻克一系列世界性技术难题,并创造最大主跨、最深基础、最高桥塔、最长拉索4个世界之最。可以说苏通大桥的建设是当今世界技术最复杂最具挑战意义的宏伟桥梁工程。

案例图3 苏通大桥

大桥的建设条件不容乐观,大桥桥位地处长江河口,在气象、水文、地质和航运等方面的建设条件十分复杂:桥位区,一年中风力达6级以上有179天,降雨天数超过120天,雾天31天,还面临着台风、季风、龙卷风的威胁;江面宽阔,水深流急,一日两潮,

---

❶ Peter Reina(李芳芳译)."棕榈岛"迪拜新财富的象征[N].建筑时报,2007年4月23日第004版;张伟(新华社特稿).阿联酋:世界最梦幻人工岛浮出海面[N].新华每日电讯,2005年02月28日第004版;林琛.迪拜棕榈岛:人间奇迹还是人类的遗憾[N].环球视点(GLOBAL WATCH);地球上最奢侈的居住地——迪拜人造岛.异域风情;世界奇迹 迪拜"朱美拉棕榈岛".格调人生(Life Style);志东.300多座人工岛组成一个世界地图[N].广东建设报.2006年12月15日第A05版.

主桥墩位处水深20~30m，常年流速多在2.0m/s以上；覆盖层厚达300m，且表层以淤泥和粉砂为主，较好的持力层在-80m以下；通航密度高，年均日通过船只2300多艘，高峰时期日通过船只多达6000多艘，航运与施工安全矛盾很突出。

在这样复杂环境条件下，要建一座世界上最大主跨、最深基础、最高桥塔、最长拉索的大桥，几乎"每项必试，每项必创"。建设者们在决策的时候必须要面临：主桥结构体系、抗风性能、抗震性能、防船撞系统、超大群桩基础设计与施工、冲刷防护设计与施工、超高钢混桥塔设计与施工、超长斜拉索减振、主梁架设和施工控制等关键性技术难题。

1. 主桥结构体系问题

在项目建设的前期首先要确定主桥的结构体系及其抗风抗震性能。在经过上千专家研讨论证后，确定了采用索塔与主梁间设置横向抗风支座和纵向带刚性限位功能的阻尼约束，使结构受力和位移得到较好控制，改善了结构的性能；通过大比例风洞试验，确定了结构抗风能力；组织多方深化千米级斜拉桥抗震性能分科研究，提出了结构和构造设计对策，成功解决了特大跨径斜拉桥动荷载位移过大，抗风与抗震安全性难以保证的技术难题。并且开发了一种新型的钢锚箱钢混组合结构，解决了高耸结构刚度小、抗风安全性低、受力传力复杂、施工困难、结构耐久性难以保证的技术难题。

2. 大桥"底盘"稳定性问题

苏通大桥坐落在长江入海口，地质复杂，气象条件恶劣，入海口河床遍布粉细砂，爱"跑路"，这极大影响了拉住钢索的桥塔"底盘"的稳定性。如何才能让"底盘"稳如磐石？最终建设者提出了强潮汐深水流急条件下深水群桩基础永久冲刷防护工程理念，创立了冲刷防护工程施工与检测成套技术。永久冲刷防护的方法的采用，提高了平台安全度，降低了施工风险，缩短了技术施工工期，节约了今后大量工程维护费用。

3. 超大群桩基础设计与施工问题

大桥主塔墩为世界最大群桩基础，是工程施工中的最大难题。为此，建设者们重点研究了超长超大直径钻孔桩群桩基础群桩效应，以及受力、传力机理；开展了大量试桩研究，从工艺技术方面保障超大规模群桩基础优质、顺利实施。在解决了大型深水群桩基础施工平台如何搭设问题后，重达6000t的钢吊箱如何沉放是摆在建设者们面前的又一大难题。最终建设者创造性的采用12个吊点，40台千斤顶计算机集中控制、同步吊放技术，解决了深水潮汐河段大型钢结构沉放施工难题，在世界上创立了一种新型施工工法。吊箱封底关系到基础工程成败，建设者针对吊箱构造复杂的特点，成功配制了高流动、自流平、自密实、缓凝型混凝土，确保了封底混凝土质量。对于超长大直径钻孔灌注桩施工技术难题，又开发了集成PHP泥浆循环系统和悬臂定位导向系统，形成了超长大直径钻孔灌注桩与桩端注浆集成施工技术，成功解决了深水流急环境中软弱地质条件下超长大直径钻孔灌注桩施工技术难题。

4. 超高钢混桥塔设计与施工难题

苏通大桥拥有高达300.4m世界最高桥塔，桥塔建设难度巨大。苏通大桥的建设者们首次采用钢锚箱外包混凝土技术，采用最先进的液压爬模施工塔柱，即混凝土浇筑完成并经过一定时间的养护后，自动液压爬模系统的模板会自动升降，运用这一系统，建设者们创出三天爬升4.5m的极限速度，在梁与柱会合处实现了异步法施工"零等待"。改进后的爬架组合方式可以让6层爬架在高空自如组合，极大地方便了高空施工，外国公司纷纷前来"取经"。这种新创立的高耸结构施工与控制成套施工工法成功解决了300m超高混凝土索塔施工与控制技术难题。

5. 超长斜拉索与宽幅大节段长悬臂钢箱梁架设与控制难题

建设者们创立了斜拉索制作、架设与减振技术，包括高精度长寿命拉索制作技术，使斜拉索精确制作长度达到了580m，制作精度达到1/20000，寿命达到50年，大大高于目前一般斜拉桥斜拉索25年使用寿命的要求，为世界之最；这种斜拉索是由我国宝钢生产的7mm、1770MPa规格高强度镀锌钢丝，它的成功使用打破了国外厂家的技术垄断并填补了国内空白。

建设者们对大节段钢箱梁架设技术进行研究，最终采用分离式双桥面吊机、电脑控制系统、液压自行系统等技术，形成了大节段宽幅箱梁制作、架设施工工法。并且成功进行了几何控制法的千米级斜拉桥尝试，形成了千米级斜拉桥钢箱梁制作、运输、架设成套技术和千米级斜拉桥几何控制工法。大节段钢箱梁架设技术和540m悬臂施工控制技术的创新，成功解决了千米级斜拉桥施工与控制技术难题。

经过四年多的工程建设，苏通大桥这个建桥史上工程规模最大、建设标准最高、技术最复杂的特大型桥梁工程，依靠科技进步和技术创新，在保证工程质量和安全，控制工程造价的前提下，顺利提前完工。最让中国人引以为豪的是，这个"世界第一"的奇迹完全由中国人自己创造，所有项目均不进行国际招标，全部自行设计、自行建造。在建设过程中，项目取得了107项科研成果，顺利攻克四大世界级施工技术难题：创造性的完成了主塔墩永久性冲刷防护工程、主桥全部410根钻孔灌注桩施工、世界最大的两个钢吊箱的沉放及混凝土封底、世界最大群桩基础工程。创造了四个世界第一，最大主跨；最深基础；最高桥塔；最长拉索。苏通大桥是世界第一跨度斜拉桥，也是中国由桥梁大国向桥梁强国转变的第一个标志性建筑。❶

案例四　三峡工程实施方案的制定

三峡大坝工程是当今世界最大的水利枢纽工程，它的战略规划的提出经过了几代人的论证，早在1919年，伟大的中国革命先驱孙中山先生在他的《实业计划》中就提出了要在三峡河段"以水闸堰其水，使舟得以逆流以行，而又可资其水力，"并曾设想要装3000万匹马力的发电机。可以说这是三峡工程计划的最早设想。当然，在当时的历史条件下，也只能是一个伟大的设想。1949年至1992年，新中国成立之时，1949年长江发生了一次仅次于1931年的大洪水，随即于1954年又发生了一次全流域的大洪水。共和国的领袖们很快注意到了长江洪水灾害防治问题的迫切性。虽然新中国成立之初，百废待兴，尚不具备三峡工程的兴建条件，但从此三峡工程计划进入了实质性的阶段。1950年成立了长江流域规划办公室，从组织上保证了三峡工程计划的研究和制定，其后又经历了长达近40

---

❶ 中国江苏＞江苏＞新闻专题＞苏通大桥＞科学创新报道；http://news.jschina.com.cn/gb/jschina/js/node20529/node33884/node33909/；《苏通大桥创新成果集萃》[N]，2008-5-1；《科技铸就"世界第一"》[N]，2008-5-1；《创新之桥——记苏通大桥建设中的技术创新》[N]，2008-5-1。

年的大规模的水文地质勘探、流域规划的基础工作,全国上千名各门类的科学工作者,数十所科研院所、高等院校参与了三峡工程的科研攻关,并深入开展了规划、设计工作,积累了详实的资料及科研成果。

兴建三峡工程符合长江流域的整体规划,是开发长江的关键、首选工程。三峡工程的作用是:调蓄长江的洪水,防洪减灾;水力发电以获得巨大的清洁能源;改善长江的航运条件。

三峡工程的论证是一个复杂的系统工程,为了发扬民主,进行全面、科学的论证和决策,成立了14个专题组,即地质与地震、水文、防洪、泥沙、航运、电力系统、移民、生态与环境、枢纽建筑物、施工、机电设备制造、投资估算、综合规划与水位、综合经济评价等专题组。集中了全国412位专家,经过历时3年多的充分论证,在此基础上重新编制提出了《长江三峡水利枢纽工程可行性研究报告》,主要结论是:

(1) 兴建三峡工程是必要的,其防洪减灾的功能是不可替代的;
(2) 兴建三峡工程技术上是可行的,没有不可克服的困难;
(3) 水库移民虽然量大,但安置条件是具备的;
(4) 生态环境有利的效果大于不利的一面,不利的因素在兴建过程可以克服或减少;
(5) 兴建三峡工程在经济上是合理的。

20世纪80年代,进行了最后一轮的可行性研究,于1990年完成了《长江三峡水利枢纽可行性研究报告》,并经国务院审查,于1991年8月批准并报全国人大审议,于1992年4月全国人大七届五次大会审议通过了兴建三峡工程的决议。

在对三峡工程系统分析和研究之后,决定将三峡工程的坝址选择方案的拟定、开发方案的拟定和水库蓄水位方案的拟定,作为系统关键要素进行深入研究。

1. 三峡工程坝址选择方案的拟定

三峡坝址经过了近半个世纪的选择和20余年大规模的地质勘探研究,结合枢纽布置的要求、综合利用效益的可靠发挥等要求,经过多方面的考察确定了南津关、太平溪和三斗坪作为最有可能的建坝地址。

2. 开发方案的拟定

专家们结合实际,拟定了三个开发方案:一级开发、两级开发、多级开发,分期建设。

3. 水库蓄水位方案的拟定

水库蓄水位的选择关系着众多方面的影响,比如发电容量、坝高、移民区、防洪库容量等。水位的选择必须经过多方面的综合论证从而得出比较合理的水库蓄水位。在考虑了14个主要因素,兼顾各方面效益,以最合理的发挥防洪效益、合理的发电容量及良好通航要求为前提,做出了150m、160m、170m、180m、190m、200m等不同水位的方案。

三峡工程并不是具有高深理论的前沿科学,它是一项集传统、现实和理性为一体的工程,然而它毕竟是当前世界的顶级工程,又是一项综合性的多功能工程,它的建设必然会遇到前所未遇的工程难点和各类挑战性问题,只有在工程建设的实践中,充分做好合理的建设实施方案,应用当前最新科学技术成果、采用先进的施工技术,用创新的思维予以突破,才能取得工程的圆满成功。

三峡工程实施过程中遇到了重重困难,主要包括:①目前世界上还没有切实解决水轮机的水位变幅问题。②导流及围堰工程。③大坝混凝土快速施工的工艺。④通航设施的工程难点。

如何解决在建设实施过程中所遇到的关键问题，是建设三峡大坝所面临的主要难题。根据以上问题，三峡大坝研究人员拟定了解决以上问题的备选方案。

(1) 水轮机特性的选择：轴流式、混流式、冲击式。

(2) 三峡导流及围堰工程方案选择：顺流平堵、顺流立堵、戗堤双向进占、平堵立堵相结合。

(3) 大坝混凝土快速施工的工艺：用常规的汽车水平运输、起重机垂直吊运的办法浇筑大坝混凝土和以塔式皮带机连续输送浇筑为主，辅以大型门塔机和缆机的综合施工两种方案。

(4) 通航设施的高边坡设计和施工方案：高边坡用锚索同时用高强灌浆锚杆进行浇层岩体的加固和岩坡表面设置表面排水系统和全面进行喷混凝土护面进行保护的实施方案。❶

案例五　北京地铁四号线项目融资方案

北京地铁四号线是北京市区轨道交通线网中贯穿城区南北的一条交通主干线，线路南起丰台马家堡，终点为龙背村，途经丰台区、宣武区、西城区、海淀区，线路全长约28.2km，共设 23 座地下车站、1 座地面站、1 个停车场、1 个车辆段，建设期为 2005 年至 2009 年，工程总投资约 153 亿元。

可见，这个建设项目的投资额巨大，资金能否落实到位是该建设项目能否成功的关键要素之一。单靠政府，财政压力过大，个别企业单独投资更不可能。因此，拟定项目实施前的融资方案成了该项目前期工作的重要内容。

北京地铁四号线项目在解决资金供给方面，采用了公私合营模式（PPP 模式，Public-Private Partnership）。

2006 年 4 月，香港地铁有限公司与北京市基础设施投资有限公司、北京首都创业集团有限公司签署《北京地铁四号线特许经营协议》（以下简称《特许协议》）。根据《特许协议》，由香港地铁有限公司、北京首都创业集团有限公司、北京市基础设施投资有限公司三方组建京港地铁有限公司（又称 PPP 特许经营公司），并获得四号线为期 30 年的经营权。另外，《特许协议》还规定，由北京市政府和 PPP 特许经营公司按照 7∶3 的比例进行投资。项目全部建设内容划分为 A、B 两部分：A 部分主要是征地拆迁和车站、洞体及轨道铺设等土建工程，投资额约为 107 亿元，占项目总投资的 70%，由北京地铁四号线投资有限责任公司代表北京市政府筹资建设并拥有产权；B 部分主要是车辆、自动售检票系统、通信、电梯、控制设备、供电设施等机电设备的购置和安装，投资额约为 46 亿元，占项目总投资的30%，由 PPP 特许经营公司来负责完成。PPP 特许经营公司自身投入的注册资本为 15 亿元人民币，其中，香港地铁有限公司和北京首都创业集团有限公司各出资 7.35 亿元，各占注

---

❶ 陆佑楣．三峡工程的决策和实践．中国工程科学，2003 年第 6 期；陆佑楣．在实践中认识三峡工程［R］，2002 年 12 月；曹广晶．三峡二期厂坝工程施工方案．湖北水力发电，1999 年第 3 期。

册资本的49%；北京市基础设施投资有限公司出资0.3亿元，占注册资本的2%。其余31亿元将采用无追索权的银行贷款，占B部分投资的2/3。地铁四号线建成后，PPP特许经营公司将通过与北京地铁四号线公司签订《资产租赁协议》取得A部分资产的使用权。PPP特许经营公司在特许经营期内负责地铁四号线的运营管理、全部设施（包括A和B两部分）的维护和除洞体外的资产更新，以及站内的商业经营，通过地铁票款收入及站内商业经营收入回收投资。特许经营期满后，PPP特许经营公司将B部分项目设施无偿地移交给北京市政府，将A部分项目设施归还给北京地铁四号线公司。

在本项目的PPP融资模式中，为便于市场化融资，北京市政府根据地铁项目准公共产品的经济属性，把地铁四号线项目全部投资建设任务划分为公益性与经营性两部分，分别采取不同的投融资方式。公益性部分（即A部分）完全由政府负责投资建设，具体操作是由北京地铁四号线投资有限公司代表政府出资并拥有该部分的资产所有权；建成后该部分资产以使用权出资和租赁两种方式提供给PPP特许经营公司使用。而经营性部分（即B部分）则由PPP特许公司投资建设并经营管理，通过科学合理的风险分配、收益调节机制的设计，建立适度市场竞争机制，进行市场化融资。项目特许期满后，PPP特许经营公司无偿地将此部分项目资产移交政府。这样，通过公益性资产租赁的形式，实现了公益性资产与经营性资产在一个项目上的管理整体性。同时，政府部门通过采取针对性、契约化的监管方式，确保地铁项目的持续性、安全性、公益性。最终，通过地铁项目投资、建设、运营效率的提高，实现政府部门为市民提供的公共产品服务水平提高、企业获得合理收益的双赢。

另外，项目实施和运营过程中，难免会遇到不同形式的风险，比如经营风险、信誉风险等。为了规避风险或把风险程度降到最低，在北京地铁四号线PPP模式项目融资过程中，北京市政府按照《特许协议》的规定，在建设期内将监督北京地铁四号线公司，确保土建部分按时按质完工，并监督PPP特许经营公司进行机电设备部分的建设。四号线运营票价实行政府定价管理，采用计程票制。在特许期内，北京市政府将根据相关法律法规、本着同网同价的原则，制定并颁布四号线运营票价政策，并根据社会经济发展状况适时调整票价。运营期内按有关运营和安全标准对PPP特许经营公司进行监管。在发生涉及公共安全等紧急事件时，北京市政府拥有介入权，以保护公共利益。如果PPP特许经营公司违反《特许协议》规定的义务，北京市政府有权采取包括收回特许权在内的制裁措施。北京市政府也要履行《特许协议》规定的义务并承担责任，票价仍将由北京市政府统一制订。30年期满后，合资公司将全部设施无偿移交北京市政府。地铁四号线的融资、建设运营过程中，参与各方通过合作协议、特许经营协议、租赁协议和承包协议规范各自行为，使融资、建设运营过程有据可依，责权明确。❶

案例六　风险导致铱星陨落

铱星系统是美国于1987年提出的第一代通信星座系统，每颗星质量670kg左右，功

---

❶ 王琳琳．北京地铁四号线融资模式研究．科技信息，2006年第12期；赵欣．PPP项目融资模式的应用与实践．辽宁经济，2008年07期；冷霜．我国基础设施PPP融资模式的应用浅析．内蒙古科技与经济，2007年第8期。

率为1200W，采取三轴稳定结构，每颗卫星的信道为3480个，服务寿命5~8年。铱星系统的最大特点是，通过卫星之间的接力来实现全球通信，相当于把地面蜂窝移动电话系统搬到了天上。它与目前使用的静止轨道卫星通信系统比较有两大优势：一是轨道低，传输速度快，信息损耗小，通信质量大大提高；二是铱星系统不需要专门的接收站，每部移动电话都可以与卫星联络，这就使地球上人迹罕至的不毛之地，通信落后的边远地区，自然灾害现场都变得畅通无阻。所以说，铱星系统开始了卫星通信的新时代。

美国铱星公司创建于1991年，它耗资50多亿美元建立了一个由66颗低地球轨道卫星组成的通信系统，欲使该公司的移动电话用户在地球上的任何地方都可以与另一地方的人通电话。1997年6月，铱星公司股票上市，受到投资者的追捧。1998年5月，最后一颗卫星升空。1998年11月，铱星公司正式投入商业运营。美国科技产业界颇有影响的《大众科学》杂志，在1998年12月刊登的一篇有关年度100项最佳科技成果的文章中，将电子技术大奖颁给了"铱星电话系统"。数百位中国科学院院士也将其评为1998年世界十大科技成就之一。

虽屡获殊荣，但铱星电话在技术经济方面却存在着可怕的风险。铱星系统的高科技含量是谁也否认不了的，但这个20世纪末的科技童话用66颗璀璨夺目的卫星将自己定位在了"贵族科技"之上。铱星系统技术的先进性在于用户不依赖于地面网而直接通信，它通过卫星之间星际链路直接传送信息。但"事有正亦有反"，正因为如此，才造成了铱星公司系统风险太大、成本过高、维护成本居高不下的竞争劣势。铱星手机个头笨重，在投入运营初期通话质量差；号称可以在南北极的旷野中保证通话，但居然不能在室内和车内使用，用户必须首先将自己置于在电话天线和卫星之间没有任何障碍物的地点，才能顺利地使用电话。价格更是高得让消费者难以接受。铱星手机在1998年11月的价格是4000美元，每分钟通话费为7美元（国内每分钟9.8元人民币，国际每分钟27.4元人民币），虽然最终分别降到3000美元与每分钟1.89美元，但仍大大高于普通移动电话。

这一切使得铱星公司发展的用户数目远远低于它的市场预测，而用户数目是一个通信公司得以运营的最基本的前提。在开业近10个月后，铱星公司的用户仅有两万多，其中一部分还是赠送出去的手机。而一些分析家估计该公司要实现盈利至少需要65万用户，仅在中国市场其初期规模要达到10万个用户。人们讽刺说"需要这种电话服务的用户，比需要与外星人通话的人多不了多少"。1999年8月13日，因无力支付到期的债券利息，铱星公司申请破产保护，股票价格从一年前的每股60美元跌到3.06美元，纳斯达克股市也暂停了铱星股票的交易。美国时间2000年3月6日，占有美国铱星公司18%股份和负责铱星系统运行的摩托罗拉公司，向全球用户寄发了一份紧急通知："除非在3月15日之前有人向铱星通信系统注入资金，否则3月17日午夜11时59分（美国东部时间）之后，铱星通信服务将被停止。"2000年3月17日，纽约联邦破产法院批准铱星公司于当日午夜终止向用户提供通信服务。其最大的股东摩托罗拉公司表示，如果找不到买主，66颗卫星将退出轨道进入地球大气层焚毁，最终这些资产仅以2500万美元的价格被收购，股东、银行与债券持有者损失惨重，数十亿美元的财富化为乌有。铱星公司以巨大的成本向消费者提供的却是极低的效用，结果被市场无情地抛弃，如同一颗流星般迅速陨落。

铱星计划是一个空前绝后的创新构想，在它还没有完成之前，谁也不敢说一定会成功

或失败,在它失败后,谁也不敢说原有的创新构想是错误的。但从失败的原因来看,有以下几点是应引以为戒的:

(1) 研发期过长。1990年初国内购买一部手机的成本是4万元人民币,如果铱星计划再早几年实施,就有可能不会失去市场机会。

(2) 替代性不强。到1998年,地面移动通信的手机价格、款式和区域覆盖程度已经非常成熟,铱星移动手机的优势不是十分明显。

(3) 技术不能代替市场。技术的超前性固然重要,但是它不能代替市场。像铱星这样的伟大创意,对于大多数人的大多数时候,只是一个好看的花瓶。但如果它只是给少数人"享受"的未来科技,缺乏大规模的普遍的市场需求也很难有强大的生命力。

总而言之,铱星系统虽然代表了未来通信发展的方向,但因为在"错误的时间、错误的市场、投入了错误的产品",因而无可奈何地陨落了。❶

案例七 未能分担的风险击垮大博电厂

印度大博电厂(Dabhol Power Company)由美国安然(Enron)公司投资近30亿美元建设,曾是印度国内最大的BOT项目,也是迄今为止该国最大的外商投资项目。项目涉及主办方(项目发起方)—美国安然公司、项目公司—大博电厂、承建商—柏克德(Bechtel)、供应商—通用电气公司(GE)、承购方—马哈拉斯特拉邦电力局(国营)、咨询公司—英国Cliford Chance法律公司、马哈拉斯特拉邦政府、印度中央政府等多个主体。从2000年底开始,有关该厂电费纠纷的报道就不断见诸报端。到2001年,大博电厂与马哈拉斯特拉邦电力局的电费纠纷不断升级,电厂最终停止发电。大博电厂项目为什么会失败?回顾一下大博电厂的建设运营过程,不难找出问题的答案。

20世纪90年代初,亚洲各国兴起了利用项目融资方式吸引外资投资于基础设施的浪潮。在此背景下,基于印度国内电力市场供需情况,印度政府批准了一系列利用外资的重大能源项目,大博电厂正是在这样的背景下开始运作的。

大博电厂工程合同是从1983年开始谈判,最后在1995年国大党被人民党联盟取代后由安然公司与马哈拉斯特拉邦政府签订。

大博电厂项目由安然公司安排筹划,由全球著名的工程承包商柏克德(Bechtel)承建,并由通用电气公司(GE)提供设备,在当时这几乎是世界上最强的组合。电厂所在地是拥有印度最大城市—孟买的马哈拉斯特拉邦(以下简称马邦),这里是印度经济最发达的地区,其国内地位相当于我国的上海,项目前景令人看好。

与常见的项目融资的做法一样,安然公司为大博电厂设立了独立的项目公司。该项目公司与马邦电力局(国营)签订了售电协议,安排了比较完善的融资、担保、工程承包等合同。在项目最为关键的政府特许售电协议中,规定大博电厂建成后所发的电由马邦电力局购买,并规定了最低的购电量以保证电厂的正常运行。该售电协议除了常规的电费收支财务安排和保证外,还包括马邦政府对其提供的担保,并由印度政府对马邦政府提供的担保进行反担保。

---

❶ 《铱星:陨落的神话》,载2000年3月21日《文汇报》。

售电协议规定，电价全部以美元结算，这样一来所有的汇率风险都转移到了马邦电力局和印度政府身上。协议中的电价计算公式遵循这样一个基本原则，即成本加分红电价，指的是在一定条件下，电价将按照发电成本进行调整，并确保投资者的利润回报。这一定价原则使项目公司所面临的市场风险减至最小。售电协议可以被理解为印度政府为吸引外资而为境外投资者提供的一种优惠。但正是这一售电协议使得马邦电力局和印度政府不堪重负，随之产生的信用风险导致了该项目最终以失败告终。

正当项目大张旗鼓地开始建设时，亚洲金融危机爆发了。危机很快波及印度，卢比对美元迅速贬值40%以上。危机给印度经济带来了很大的冲击，该项目的进程也不可避免地受到了影响。直到1999年，一期工程才得以投入运营。工程的延期大大增加了大博电厂的建设费用，因建设风险而导致的成本上升使大博电厂的上网电价大幅度提高。

金融危机造成的卢比贬值使马邦电力局不得不用接近两倍于其他来源的电价来购买大博电厂发出的电力，2000年世界能源价格上涨时，这一差价上升到近4倍。到2000年11月，马邦电力局已濒临破产，因而不得不开始拒付大博电厂的电费。就连印度总理瓦杰帕依（Atal Bih ri Vjapyee）2001年6月在孟买谈到该项目时也说：谁又会购买如此昂贵的电力。根据协议，先是马邦政府继而印度联邦政府临时拨付了部分款项，兑现了所提供的担保与反担保。然而它们却无法承担继续兑现其承诺所需的巨额资金，因而不得不拒绝继续拨款。在这期间，工程承包商柏克德、供货商通用电气也将被迫陆续停止了二期工程最后阶段的工作。至此，该项目运营中的信用风险全面爆发，最终导致了项目的失败。

大博电厂失败的原因有很多，包括：未进行市场预测的盲目决策、印度国内投资环境不完善、管理体制没有配套改革、经济周期和突发事件等，但多主体决策者的风险分担不合理、不公平是其中最主要的原因。印度政府在大博电厂项目中对安然公司提供了极为优惠的待遇，因为签订了类似于包销的售电协议，因此项目中的金融风险、市场风险等几乎全部落到了印方头上。如果没有亚洲金融危机，如果印度国内经济运行良好，在这样的一种风险分配结构下，大博电厂项目或许有可能运营成功。但经济活动不允许有太多的如果，一个成功的项目，在项目初期就应该考虑到可能出现的种种风险，并据以设计出合理的风险分配方案。对于印度政府而言，部分原因是缺乏经验，部分原因是为了尽快促进项目的开展，有关项目的风险分担问题未予以认真考虑，形成了一个风险一边倒的不平等条约。本意为吸引外资的优惠待遇，其结果却导致了政府的失信。从合同上看似无风险的安然公司，事实上被动承担了最大的风险。大博电厂的失败和其他一系列经营失误，使安然的股票价格由2000年的90美元下跌到2001年的不足1美元。2002年1月16日，纽约证交所正式取消安然股票和相关交易，并拟取消其上市资格。[1]

---

[1] 马秀岩，卢洪升. 项目融资. 大连：东北财经大学出版社. 2008；中财讯－财务决策－案例剖析－国内外电力行业项目融资案例初探；深圳科技园论坛，项目合作交流；当心项目融资风险：印度大博（Dabhol）电厂失败案例分析.

附录Ⅱ 附表

标准正态分布表

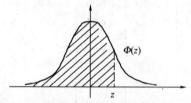

Z	0	1	2	3	4	5	6	7	8	9
−3.0	0.0013	0.0010	0.0007	0.0005	0.0003	0.0002	0.0002	0.0001	0.0001	0.0000
−2.9	0.0019	0.0018	0.0017	0.0017	0.0016	0.0016	0.0015	0.0015	0.0014	0.0014
−2.8	0.0026	0.0025	0.0024	0.0023	0.0023	0.0022	0.0021	0.0021	0.0020	0.0019
−2.7	0.0035	0.0034	0.0033	0.0032	0.0031	0.0030	0.0029	0.0028	0.0027	0.0026
−2.6	0.0047	0.0045	0.0044	0.0043	0.0041	0.0040	0.0039	0.0038	0.0037	0.0036
−2.5	0.0062	0.0060	0.0059	0.0057	0.0055	0.0054	0.0052	0.0051	0.0049	0.0048
−2.4	0.0082	0.0080	0.0078	0.0075	0.0073	0.0071	0.0069	0.0068	0.0066	0.0064
−2.3	0.0107	0.0104	0.0102	0.0099	0.0096	0.0094	0.0091	0.0089	0.0087	0.0084
−2.2	0.0139	0.0136	0.0132	0.0129	0.0126	0.0122	0.0119	0.0116	0.0113	0.0110
−2.1	0.0179	0.0174	0.0170	0.0166	0.0162	0.0158	0.0154	0.0150	0.0146	0.0143
−2.0	0.0228	0.0222	0.0217	0.0212	0.0207	0.0202	0.0197	0.0192	0.0188	0.0183
−1.9	0.0287	0.0281	0.0274	0.0268	0.0262	0.0256	0.0250	0.0244	0.0238	0.0233
−1.8	0.0359	0.0352	0.0344	0.0336	0.0329	0.0322	0.0314	0.0307	0.0300	0.0294
−1.7	0.0446	0.0436	0.0427	0.0418	0.0409	0.0401	0.0392	0.0384	0.0375	0.0367
−1.6	0.0548	0.0537	0.0526	0.0516	0.0505	0.0495	0.0485	0.0475	0.0465	0.0455
−1.5	0.0668	0.0655	0.0643	0.0630	0.0618	0.0606	0.0594	0.0582	0.0570	0.0559
−1.4	0.0808	0.0793	0.0778	0.0764	0.0749	0.0735	0.0722	0.0708	0.0694	0.0681
−1.3	0.0968	0.0951	0.0934	0.0913	0.0901	0.0885	0.0869	0.0853	0.0838	0.0823
−1.2	0.1151	0.1131	0.1112	0.1093	0.1075	0.1056	0.1038	0.1020	0.1003	0.0985
−1.1	0.1357	0.1335	0.1314	0.1292	0.1271	0.1251	0.1230	0.1210	0.1190	0.1170
−1.0	0.1587	0.1562	0.1539	0.1515	0.1492	0.1469	0.1446	0.1423	0.1401	0.1379
−0.9	0.1841	0.1814	0.1788	0.1762	0.1736	0.1711	0.1685	0.1660	0.1635	0.1611
−0.8	0.2119	0.2090	0.2061	0.2033	0.2005	0.1977	0.1949	0.1922	0.1894	0.1867
−0.7	0.2420	0.2389	0.2358	0.2327	0.2297	0.2266	0.2236	0.2206	0.2177	0.2148
−0.6	0.2743	0.2709	0.2676	0.2643	0.2611	0.2578	0.2546	0.2514	0.2483	0.2451
−0.5	0.3085	0.3050	0.3015	0.2981	0.2946	0.2912	0.2877	0.2843	0.2810	0.2776
−0.4	0.3446	0.3409	0.3372	0.3336	0.3300	0.3264	0.3228	0.3192	0.3150	0.3121
−0.3	0.3821	0.3783	0.3745	0.3707	0.3669	0.3632	0.3594	0.3557	0.3520	0.3483
−0.2	0.4207	0.4168	0.4129	0.4090	0.4052	0.4013	0.3974	0.3930	0.3897	0.3859
−0.1	0.4602	0.4562	0.4522	0.4483	0.4443	0.4404	0.4364	0.4325	0.4286	0.4247
−0.0	0.5000	0.4960	0.4920	0.4880	0.4840	0.4801	0.4761	0.4721	0.4681	0.4641

续表

Z	0	1	2	3	4	5	6	7	8	9
0.0	0.5000	0.5040	0.5080	0.5120	0.5160	0.5199	0.5239	0.5279	0.5319	0.5359
0.1	0.5398	0.5438	0.5478	0.5517	0.5557	0.5596	0.5636	0.5675	0.5714	0.5753
0.2	0.5793	0.5832	0.5871	0.5910	0.5948	0.5987	0.6026	0.6064	0.6103	0.6141
0.3	0.6179	0.6217	0.6255	0.6293	0.6331	0.6368	0.6406	0.6443	0.6480	0.6517
0.4	0.6554	0.6591	0.6628	0.6664	0.6700	0.6736	0.6772	0.6808	0.6844	0.6879
0.5	0.6915	0.6950	0.6985	0.7019	0.7054	0.7088	0.7123	0.5157	0.7190	0.7224
0.6	0.7257	0.7291	0.7324	0.7357	0.7389	0.7422	0.7454	0.7486	0.7517	0.7549
0.7	0.7580	0.7611	0.7642	0.7673	0.7703	0.7734	0.7764	0.7794	0.7823	0.7852
0.8	0.7881	0.7910	0.7939	0.7967	0.7995	0.8023	0.8051	0.8078	0.8106	0.8133
0.9	0.8159	0.816	0.8212	0.8238	0.8264	0.8289	0.8315	0.8340	0.8365	0.8389
1.0	0.8413	0.8438	0.8461	0.8485	0.8508	0.8531	0.8554	0.8577	0.8599	0.8621
1.1	0.8643	0.8665	0.8686	0.8708	0.8729	0.8749	0.8770	0.8790	0.8810	0.8830
1.2	0.8849	0.8869	0.8888	0.8907	0.8925	0.8944	0.8962	0.8980	0.8997	0.9015
1.3	0.9032	0.9049	0.9066	0.9082	0.9099	0.9115	0.9131	0.9147	0.9162	0.9177
1.4	0.9192	0.9207	0.9222	0.9236	0.9251	0.9265	0.9278	0.9292	0.9306	0.9319
1.5	0.9332	0.9345	0.9357	0.9370	0.9382	0.9394	0.9406	0.9418	0.9430	0.9441
1.6	0.9452	0.9463	0.9472	0.9484	0.9495	0.9505	0.9515	0.9525	0.9535	0.9545
1.7	0.9554	0.9564	0.9573	0.9582	0.9591	0.9599	0.9608	0.9616	0.9625	0.9633
1.8	0.9641	0.9648	0.9656	0.9664	0.9671	0.9678	0.9686	0.9693	0.9700	0.9606
1.9	0.9713	0.9719	0.9726	0.9732	0.9738	0.9744	0.9750	0.9756	0.9762	0.9767
2.0	0.9772	0.9778	0.9783	0.9788	0.9793	0.9798	0.9803	0.9808	0.9812	0.9817
2.1	0.9821	0.9826	0.9830	0.9834	0.9838	0.9842	0.9846	0.9850	0.9854	0.9857
2.2	0.9861	0.9864	0.9868	0.9871	0.9874	0.9878	0.9881	0.9884	0.9887	0.9890
2.3	0.9893	0.9896	0.9898	0.9901	0.9904	0.9906	0.9909	0.9911	0.9913	0.9916
2.4	0.9918	0.9920	0.9922	0.9925	0.9927	0.9929	0.9931	0.9932	0.9934	0.9936
2.5	0.9938	0.9940	0.9941	0.9943	0.9945	0.9946	0.9948	0.9949	0.9951	0.9952
2.6	0.9953	0.9955	0.9956	0.9957	0.9959	0.9960	0.9961	0.9962	0.9963	0.9964
2.7	0.9965	0.9966	0.9967	0.9968	0.9969	0.9970	0.9971	0.9972	0.9973	0.9974
2.8	0.9974	0.9975	0.9976	0.9977	0.9977	0.9978	0.9979	0.9979	0.9980	0.9981
2.9	0.9981	0.9982	0.9982	0.9983	0.9984	0.9984	0.9985	0.9985	0.9986	0.9986
3.0	0.9987	0.9990	0.9993	0.9995	0.9997	0.9998	0.9998	0.9999	0.9999	0.1000

随 机 数 表

48867	33971	29678	13151	56644	49193	93469	43252	14006	47173
32267	69746	00113	51336	36551	56310	85793	53453	09744	64346
27345	03196	33877	35032	98054	48358	21788	98862	67491	42221
55753	05256	51557	90419	40716	64589	90398	37070	78318	02918
93124	50675	04507	44001	06365	77897	84566	99600	67985	49133
98658	86583	97433	10733	80495	62709	61357	66903	76730	79355
68216	94830	41248	50712	46878	87317	80545	31484	03195	14755
17901	30815	78360	78260	67866	42304	07293	61290	61301	04815
88124	21868	14942	25893	72695	56231	18918	72534	86737	77792
83464	36749	22336	50443	83576	19238	91730	37507	22717	94719
91310	99003	25704	55581	00729	22024	61319	66162	20933	67713
32729	38352	91256	77744	75080	01492	90984	63090	53087	41301
07751	66724	03290	56386	06070	67105	64219	48192	70478	84722
55228	64156	90480	97774	08055	04435	26999	42039	16589	06757
89013	51781	81116	24383	95569	94247	44437	36293	29967	16088
51828	81819	81038	89146	39192	89470	76331	56420	14527	34828
59783	85454	93327	06078	64924	07271	77563	92710	42183	12380
80267	47103	90556	16128	41490	07996	78454	47929	81586	67024
92919	44210	61607	93001	26314	26965	26714	43793	94937	28439
77019	77417	19466	14967	75521	49967	74065	09746	27881	01070
66225	61832	06242	40093	48000	76849	29929	18988	10888	40344
98534	12777	84601	56336	00034	85939	32438	09549	01855	40550
63175	70789	51345	43723	06995	11186	38615	56646	54320	39632
92362	73011	09115	78303	38901	58107	95366	17226	74626	78208
61831	44794	65079	97130	94289	73502	04857	68855	47045	06309
42502	01646	88493	48207	01283	16474	08864	68322	92454	19287
89733	86230	04903	55015	11811	98185	32014	84716	80926	14509
01336	86633	26015	66768	24846	00321	73118	15802	13549	41335
72623	56083	65799	88934	87274	19417	84897	90877	76472	52145
74004	68388	04090	35239	49379	04456	07642	68642	01026	43810
09388	54633	27684	47117	67583	42496	20703	68579	65883	10729
51771	92019	39791	60400	08585	60680	28841	09921	00520	73135
69796	30304	79836	20631	10743	00246	24979	35707	75283	39211
98417	33403	63448	90462	91645	24919	73609	26663	09380	30515
56150	18324	43011	02660	86574	86097	49399	21249	90380	94375
76199	75692	09063	72999	94672	69128	39046	15379	98450	09159
74978	98693	21433	34676	97603	48534	59205	66265	03561	83075
85769	92530	04407	53725	96963	19395	16193	51018	70333	12094
63819	65669	38960	74631	39650	39419	93707	61365	46302	26134
18892	43143	19619	43200	49613	54904	73502	19519	11667	53294
32855	17190	61587	80411	22827	38852	51951	47785	34952	93574
29435	96277	53583	92804	06027	19736	54918	66396	96547	00351
36211	67263	82064	41624	49826	17566	02476	79368	28831	02805
73514	00176	41638	01420	31850	41380	11643	06787	09011	88924
90895	93099	27850	29423	98693	71762	39928	35268	59359	20674
69719	90656	62186	50435	77015	29661	94698	56057	04388	33381
94982	81453	87162	28248	37921	21143	62673	81224	38972	92988
84136	04221	72790	04719	34914	95609	88695	60180	58790	12802
58515	80581	88442	65727	72121	40481	06001	13159	55324	93595
20681	59164	75797	08928	68381	12616	97487	84803	92457	88847

随机正态偏差表

1.102	−0.944	0.401	0.226	1.396	−1.030	−1.723	−0.368	2.170	0.393
0.148	1.10	0.492	−1.210	−0.998	0.573	0.893	−0.855	−2.209	−0.267
2.372	1.353	−0.900	−0.554	−0.343	0.470	−1.033	−1.026	2.172	0.195
−0.145	0.466	0.854	−0.282	−1.504	0.431	−0.060	0.952	−0.343	0.735
0.140	0.732	0.604	−0.016	−0.266	1.372	−0.925	−1.594	−2.004	1.925
1.419	−1.853	−0.347	0.155	−1.078	0.623	−0.024	0.498	0.466	0.049
0.069	−0.411	−0.661	−0.037	0.703	0.532	−0.177	0.395	−0.278	0.240
0.797	0.488	−1.070	−0.721	−1.412	−0.976	−1.953	−0.206	1.848	0.632
−0.393	−0.351	0.222	0.557	−1.094	1.403	0.173	−0.113	0.806	0.939
−0.874	−1.336	0.523	0.848	0.304	−2.202	−1.279	0.501	0.396	0.859
0.125	−1.170	−0.192	1.387	2.291	−0.959	0.090	1.031	0.180	−1.389
−1.091	−0.649	−0.514	−0.232	−1.198	0.822	0.240	0.951	−1.736	0.270
2.304	0.481	−0.987	−1.222	0.549	−1.056	0.277	−0.919	0.148	1.517
−0.961	2.057	−0.546	−0.896	0.165	−0.343	0.696	0.628	−0.929	−0.965
−0.783	0.854	−0.139	1.087	0.515	−0.876	−0.448	0.485	0.589	−0.804
0.487	0.557	0.327	1.280	−1.731	−0.339	0.295	−0.724	0.720	0.331
−0.299	0.979	−0.924	−0.649	0.574	1.407	−0.292	−0.775	−0.511	0.026
1.831	−0.937	−1.321	−1.734	1.677	−1.393	−1.187	−0.079	−0.181	−0.884
0.243	0.466	−1.330	1.078	−1.102	1.123	−0.421	−0.674	−2.951	−0.743
−2.181	−1.854	−1.059	−0.478	−1.119	0.272	−0.800	0.841	−0.061	2.261
0.154	−0.333	1.011	−1.565	1.261	0.776	1.130	1.552	−0.563	0.558
−1.065	1.610	0.463	0.062	−0.086	0.021	1.633	1.788	0.480	2.824
1.083	−0.760	−0.012	0.183	0.155	0.676	−1.315	0.067	0.213	2.380
0.615	−0.594	−0.028	−0.506	−0.054	3.173	0.817	0.210	1.699	1.950
0.178	−0.500	1.100	1.613	1.048	2.323	−0.174	−0.033	2.220	−0.661
−0.507	−1.273	0.596	0.690	−1.724	−1.689	0.163	−0.199	−0.450	0.244
0.362	−0.588	−1.386	0.072	0.778	−0.591	0.365	0.465	2.472	1.049
0.775	1.546	0.217	−1.012	0.778	0.246	1.055	1.071	0.447	−0.585
0.818	0.561	1.024	2.105	−0.868	0.060	−0.385	1.089	0.017	−0.873
0.014	0.240	−0.632	−0.225	−0.844	0.448	1.651	1.423	0.425	0.252
−1.236	−1.045	−1.628	0.687	0.983	−0.840	−1.835	−1.864	1.327	−0.408
−0.567	−1.161	0.010	−0.853	0.111	1.145	1.015	0.056	0.141	1.471
0.278	−1.783	0.170	−0.358	0.705	−0.054	1.098	0.707	−0.585	−0.305
−0.959	−0.497	0.688	−0.268	−1.431	−0.791	−0.727	0.958	0.237	0.092
1.249	0.037	0.497	0.579	−0.227	0.860	0.349	2.355	2.184	−1.744
−0.915	−0.164	−1.166	1.529	0.008	0.636	−1.080	−0.688	2.444	−1.316
0.132	2.809	−1.918	−1.083	−0.642	−0.179	0.339	0.637	0.063	−0.079
−0.156	−1.664	1.140	0.295	1.086	−2.546	−0.002	−0.672	0.205	−0.039
0.538	−1.143	−0.390	0.165	−0.160	0.457	−1.307	0.273	−0.670	−0.988
0.027	−0.057	0.742	−0.149	−0.801	1.702	−0.346	−0.053	0.892	−1.181
0.023	0.423	1.051	−0.831	−0.325	−0.795	−1.129	−0.287	0.172	−0.793
−0.196	−1.457	1.060	0.557	−0.190	−0.891	−0.768	0.282	−1.432	−0.447
0.133	0.577	−0.332	−1.932	0.220	0.189	−1.521	0.896	−0.781	−0.899
0.020	−0.217	−0.856	0.605	0.072	0.520	1.222	−0.181	−0.266	−1.222
1.405	1.065	1.350	1.353	−2.289	−1.003	0.375	1.621	−1.126	0.937
0.178	−1.237	−0.520	−0.603	−0.615	−0.358	0.605	−0.407	−1.579	−1.811
−1.438	0.104	−1.821	−0.390	−0.630	1.294	1.470	0.991	−0.355	−1.285
1.768	−0.175	−0.450	0.915	−0.221	−0.019	1.864	0.038	0.058	1.212
0.099	1.076	2.348	−1.550	0.458	0.147	−1.223	0.994	−1.657	1.264
0.951	0.252	−1.261	−0.963	0.221	0.036	−0.395	−0.252	1.379	1.885

参　考　文　献

[1]　刘晓君主编. 工程经济学(第二版). 北京：中国建筑工业出版社，2008.
[2]　任宏主编. 房地产开发经营与管理. 北京：中国电力出版社，2008.
[3]　刘晓君主编. 技术经济学. 北京：科学出版社，2008.
[4]　[美]　彼得·德鲁克著. 非营利组织的管理. 北京：机械工业出版社，2007.
[5]　国家发展改革委，建设部发布. 建设项目经济评价方法与参数(第三版). 北京：中国计划出版社，2006.
[6]　Niall M. FRASER, IRWIN BERNHARDT, ELIZABETH M. JEWKES. Engineering Economics in Canada. Peartice Hall, 2006.
[7]　尹贻林主编. 建设工程项目价值管理. 天津：天津人民出版社，2006.
[8]　谭术魁主编. 房地产管理学. 上海：复旦大学出版社，2006.
[9]　刘晓君等编著. 廉租住房纵览. 北京：中国建筑工业出版社，2005.
[10]　徐兴恩主编. 资产评估学. 北京：首都经济贸易大学出版社，2005.
[11]　傅家骥，雷家骕，程源著. 技术经济学前沿问题. 北京：经济科学出版社，2003.
[12]　投资项目可行性研究指南编写组. 投资项目可行性研究指南. 北京：中国电力出版社，2002.
[13]　张兵编著. 与厂长经理谈微观经济学. 上海：立信会计出版社，2002.
[14]　林齐宁编. 决策分析. 北京：北京邮电大学出版社，2002.
[15]　中华人民共和国建设部发布. 房地产开发项目经济评价方法. 北京：中国计划出版社，2000.
[16]　(英)菲尔·荷马斯著，王嗣俊，白玉明译. 投资评价. 北京：机械工业出版社，1999.
[17]　COURT LAND A. COLLIER, P. E., CHARLES R. GLAGOLA, P. L. O., P. E. Engineering Economy and Cost Analysis. Addison Wesley Longman. Inc., 1998.
[18]　卢家仪，卢有杰等编著. 项目融资. 北京：清华大学出版社，1998.
[19]　席酉民主编. 经济管理基础. 北京：高等教育出版社，1998.
[20]　张维迎. 博弈论与信息经济学. 上海：上海三联书店，上海人民出版社，1996.
[21]　盛庆琜著，顾建光译. 功利主义新论. 上海：上海交通大学出版社，1996.
[22]　于守法主编. 建设项目经济评价方法与参数应用讲座. 北京：中国计划出版社，1995.
[23]　周三多主编. 管理学—原理与方法. 上海：复旦大学出版社，1993.
[24]　G. J. THRESEN, W. J. FABRYCBY. Engineering Economy, Prentice-Hall, Inc. 1993.
[25]　HANS J. LANG, DONALD N. MERINO. The selection process for capital projects. New York：John Wiley & Sons, Inc., 1993.
[26]　席酉民编著. 大型工程决策. 贵阳：贵州人民出版社，1988.

尊敬的读者：

感谢您选购我社图书！建工版图书按图书销售分类在卖场上架，共设22个一级分类及43个二级分类，根据图书销售分类选购建筑类图书会节省您的大量时间。现将建工版图书销售分类及与我社联系方式介绍给您，欢迎随时与我们联系。

★建工版图书销售分类表（详见下表）。

★欢迎登陆中国建筑工业出版社网站www.cabp.com.cn，本网站为您提供建工版图书信息查询，网上留言、购书服务，并邀请您加入网上读者俱乐部。

★中国建筑工业出版社总编室　电　话：010—58934845
　　　　　　　　　　　　　　　传　真：010—68321361

★中国建筑工业出版社发行部　电　话：010—58933865
　　　　　　　　　　　　　　　传　真：010—68325420
　　　　　　　　　　　　　　　E-mail：hbw@cabp.com.cn

高校工程管理专业规划教材

征订号	书　名	定　价	作　者	备　注
19449	工程管理概论（赠课件）（第二版）	28.00	成　虎	土建学科"十二五"规划教材
20815	工程项目前期策划	36.00	乐　云	土建学科"十一五"规划教材
20730	建设工程项目管理理论与实务（赠课件）	30.00	刘伊生	土建学科"十一五"规划教材
20115	工程财务管理	38.00	叶晓甦	土建学科"十一五"规划教材
21128	工程财务管理案例分析	26.00	叶晓甦	土建学科"十一五"规划教材
15565	工程财务与风险管理	28.00	叶晓甦	土建学科"十一五"规划教材
19376	土木工程经济（赠课件）	23.00	谭大璐	土建学科"十一五"规划教材
20786	建筑工程定额原理与概预算（含工程量清单编制与计价）（赠课件）	48.00	曹小琳、景星蓉	国家"十一五"规划教材、教育部2008年度普通高等教育精品教材
16072	物业管理	40.00	黄安永	土建学科"十一五"规划教材
16174	城市与房地产经济学	23.00	刘洪玉、郑思齐	土建学科"十一五"规划教材
18388	建设法规教程	35.00	朱宏亮	国家"十一五"规划教材
18042	建设项目投资决策理论与方法	22.00	刘晓君	土建学科"十五"规划教材
18154	工程建设法规教程	42.00	何佰洲	国家"十一五"规划教材
18108	建设工程合同管理（第二版）	36.00	李启明	土建学科"十一五"规划教材
18068	工程建设环境与安全管理	35.00	邓铁军	土建学科"十一五"规划教材
18109	建筑企业管理学（赠课件）（第三版）	36.00	田金信	土建学科"十一五"规划教材
16547	国际工程索赔（赠课件）	34.00	陈勇强、张水波	土建学科"十一五"规划教材
16548	国际工程承包（赠课件）	32.00	吕文学	土建学科"十一五"规划教材
20729	国际工程合同管理（赠课件）	45.00	张水波	土建学科"十一五"规划教材、国家精品课程配套教材
16545	建筑系统工程学（第二版）	22.00	王要武	国家"十一五"规划教材
18607	工程施工管理学	42.00	曹吉鸣	可供
16546	建筑企业管理	26.00	尤建新、曹吉鸣	可供
18986	建设工程招标投标与合同管理	28.00	武育秦	可供
17622	工程风险评估与控制	22.00	余建星	可供
20036	设施管理概论	32.00	曹吉鸣　缪莉莉	可供
15575	工程合同管理（双语）	32.00	卢有杰	可供
15568	工程管理专业英语	22.00	张水波	可供
20908	工程造价案例分析	28.00	郭树荣、王红平	可供
15566	建筑工程项目管理	33.00	王延树	可供
15567	建筑企业战略管理	25.00	王孟钧	可供
15225	工程项目管理（第三版）	30.00	丛培经	可供
20873	工程管理专业英语	24.00	徐勇戈 等	可供
20474	工程合同管理（第二版）	38.00	成　虎	可供
20116	建设项目的价值工程	32.00	孙继德	可供
18349	工程项目管理（第三版）	39.00	成　虎	可供
18962	国际工程合同管理（双语）	26.00	韦　嘉	可供
20985	建筑工程定额原理与概预算（第三版）	49.00	胡明德	可供
14916	建筑施工组织学	21.00	同济大学经管院等	可供
20775	建设工程造价管理	22.00	朱嬿	可供
18434	建筑经济与管理	30.00	庞永师	可供

以上为已出版的工程管理专业规划教材，欲了解更多信息，请登录中国建筑工业出版社网站 www.cabp.com 查询。在教材使用过程中，如有任何意见和建议，可发邮件至：jgkejian@163.com。